생명과학과
법의 가까운 미래

요네무라 시게토 편집

김혁돈 · 김성룡 · 황헌순 옮김

生命科学と法の近未来

米村 滋人 編集

SEIMEI KAGAKU TO HO NO KINMIRAI
Copyright © 2018 Shigeto YONEMURA
Korean translation rights arranged with Shinzansha Publisher Co.,Ltd.
through Japan UNI Agency, Inc., Tokyo

이 책의 한국어판 저작권은 Japan UNI Agency를 통해 Shinzansha Publisher Co.,Ltd.와
독점계약한 준커뮤니케이션즈에 있습니다.

이 논문 또는 저서는 2018년 대한민국 교육부와 한국연구재단의 지원을 받아 수행된
연구임(NRF-2018S1A5A2A03039310)

This work was supported by the Ministry of Education of the Republic of Korea
and the National Research Foundation of Korea(NRF-2018S1A5A2A03039310)

역자 서문

생명과학과 법의 가까운 미래는 생명과학연구에 관련된 법적 문제에 대하여 세 가지 영역의 12개의 논문을 소개하고 있는 책이다. 우선 제1부에서는 "의학·생명과학 연구의 법제도 설계-포괄적 제도구축에 대한 입법 제언", "연구를 활성화시키는 규제의 존재 방식-의학연구 규제의 가까운 미래상", "의학연구·첨단의료 규제의 법리학적 검토", "연구윤리란 누구의 것인가-태아 조직의 연구이용을 둘러싸고", "학문의 자유와 생명윤리"의 다섯 논문에서 생명과학연구와 관련된 법적·윤리적 문제에 대하여 검토한 것을 소개하고 있고, 제2부에서 "해외에서의 연구자 주도 임상시험에 대한 법규제"와 "생명과학연구에 대한 국제경제법의 역할·기능-의약품특허의 논의를 중심으로"의 두 논문에서 생명과학연구에 있어 국가 간에 발생할 수 있는 법적·윤리적 문제에 대하여 고찰하고 있다. 마지막 제3부에서는 "생명과학연구에 있어서의 이해충돌 매니지먼트", "생명과학연구·첨단의료의 실제적 과제-오늘날의 게놈연구규제의 과제-", "대규모 게놈분석·뱅크사업에 관한 과제-최근 부상하고 있는 신규과제를 중심으로-", "개체사로서의 심장사-NHB 기부자(Non-Heart-Beating Donor)에 대해서-", "의료방임(ネグレクト, neglect)에 관한 일고찰"의 다섯 논문을 소개하면서 생명과학연구에서의 연구자와 피험자 간에 발생할 수 있는 이해충돌의 문제, 피험자의 개인정보보호의 문제, 장기이식에 있어서의 죽음의 개념의 문제, 미성년자의 인권문제 등을 다루고 있다.

12편의 논문 모두 각각 하나의 중요한 테마가 될 수 있다는 점에서 생명과학연구나 법학을 연구하고 있는 이들이 일독하여야 할 충분한 가치가 있는 글이라고 생각된다. 특히 우리와 법적·문화적 공통점을 가지고 있는 인접국인 일본의 논의상황을 알려주는 글이어서 더욱 의미있다고 할 수 있다.

생명과학을 연구하는 학자에게 있어서 연구의 범위나 수단을 선택함에 있어 한계점이 어디인지 판단하기 어렵고, 일반인의 경우에도 일상생활에서 접하는 여러 가지 한계상황에서 법적이나 윤리적인 기준점을 찾기가 쉽지 않은 것이 오늘날의 현실이라고 하겠다. 이러한 점에서 이 책에서 소개하고 있는 12편의 논문은 우리들 모두에게 어느 정도 기준점을 찾을 수 있는 방법을 제시하고 있다고도 생각한다.

생명과 관련된 주제는 너무 철학적이고 어려운 문제라서 쉽게 결과적으로 도움이 되는지의 여부에 따라 판단하려는 경향으로 나아갈 수 있는데, 이 책에 소개된 글들이 어느 정도의 이정표를 제시할 수 있다면 국내 독자들에게 조심스럽게 소개하는 역자들에게 큰 보람으로 남을 것이라 생각한다.

촉박한 시간에도 세심한 배려와 관심으로 산통을 같이 해준 준커뮤니케이션즈 박준성 사장께 감사의 마음을 전한다. 또한 공역자들께도 감사의 마음을 전한다.

2022. 12. 30.
저물어 가는 한 해를 또 다른 기대로 채우며

대표역자 김혁돈

저자 서문

생명과학은 21세기의 학문이라고 일컬어지는 경우가 있다. 생명과학의 연구자가 이 용어를 언급할 때, 그것은 생명과학이 큰 발전가능성을 감추고 있으며, 또한 그 성과가 가까운 장래에 구현될 것이라는 희망에 찬 메시지로서 받아들여진다. 그런데 법이나 사회의 측면에서 볼 때, 이는 우리 사회가 생명과학의 과정이나 성과를 어떻게 받아들여야 할지 모르는 것을 의미하기도 한다. 사실 최근 수년 간에도 각종 연구부정 사례를 비롯하여 생명과학연구와 관련하여 사회적으로 주목받는 사건이 복수 출현했지만, 그러한 경우들을 통해 드러난 것은 우리 사회가 이러한 종류의 문제에 대해 명확한 규칙 하에서 적절한 해결을 도출할 수 있는 사회기반을 가지고 있지 않다는 사실이었다. 우리는 생명과학의 운영방식을 어떻게 받아들이면 좋을까? 그리고 그것을 어떠한 제도로서 확립해 가야 할 것인가?

본서는 과학연구비조성금·기반연구(A)「생명과학연구의 규제와 지원의 법제도에 관한 포괄적 연구」(2012~2016년도; 연구대표자 요네무라 시게토(米村滋人))에 있어서 연구의 최종성과를 논문집의 형태로 정리한 것이다. 이 연구과제는 생명과학연구와 관련되는 현재의 법제도 내지 법학적 검토에 대해 '4가지의 분단상황'이 존재하는 것을 바탕으로 하여, 그것들을 극복하는 형태로의 문제검토를 기도한 것이다. '4가지의 문제상황'이란 ①검토대상의 분단(종래의 연구규제가 연구분야별로 개별 제도로 구성되고, 신규 분야가 출현할 때마다 새로운 제노구숙이 급박하게 행해지는 것), ②법분야적 분단(법학 측에서의 검토가 헌법·

행정법·민법·형법·지적재산법 등의 법분야로 분할된 점), ③제도화의 분단(연구규제의 각종 제도는 지적재산법이나 각종 연구자금의 급부제도 등 연구지원의 제도와 전혀 별개로 독립적으로 존재하고 있는 점), ④국제적 분단(국제적 연구의 진전이 현저한 가운데에서도 외국 제도와의 조화나 상관관계를 고려하지 않은 제도설계가 이루어지는 점)을 의미하고 있으며, 상기 연구과제는 법분야의 장벽과 현재 제도구조의 차이를 초월하여 국제적 연구를 시야에 두고 포괄적인 법제도설계의 방향성을 검토하고자 한 것이다.

이 연구그룹에는 멤버로서 민법·형법·행정법·법리학 등의 시각에서 의사(医事)법연구에 종사하는 저명한 법학자들이 참가한 이외에도, 의학·생명과학의 시각에서 연구규칙에 관심을 가지는 연구자, 나아가 생명윤리학의 연구자를 비롯하여 외부 전문가도 연구협력자로서 참여해 주셨다. 이 멤버들이 1년에 수회의 연구회, 국내 및 해외의 조사·시찰 등을 6년에 걸쳐 행함으로써 여러 분야에 걸친 검토가 완전히 가능했다는 것이 솔직한 심정이다. 본서는 그러한 연구비조성의 성과를 집대성하는 형태로 문제상황의 정리·분석과 향후 생명과학연구의 제도설계를 위한 방향성의 제시를 시도한 것이다.

구체적인 본서의 구성과 개요는 이하와 같다.
제1부 '연구에 관한 법제도의 기초이론'은 생명과학 연구규제에 관한 이론적 기초를 확립하고, 포괄적 제도설계를 위한 방향성을 제시하

는 각 논문으로 구성된다. 제1장에서는 상기 연구과제의 연구대표자이며, 민법·의사법을 전문으로 하는 요네무라 시게토(米村滋人)에 의해 현재까지의 의학·생명과학 연구규제의 문제점을 정리하고, 법제도설계를 위한 구체적 제언을 언급하고 있다. 제2장에서는 형법·의사법을 전문으로 하는 타츠이 사토코(辰井聡子)에 의해 복제기술규제나 게놈연구규제를 둘러싼 과거의 검토에 대한 문제점을 날카롭게 지적하고, 연구규제의 포괄적 입법의 필요성과 그 구체적인 내용의 제언을 행하고 있다. 제3장에서는 법리학을 전문으로 하는 카바시마 히로시(樺島博志)에 의해 첨단의료의 정당성에 관한 독일의 학설을 상세하게 소개한 후, 첨단의료·의학연구가 가져야 할 윤리적 정당성의 내실에 대해 검토하고 있다. 제4장에서는 생명윤리학을 전문으로 하고, 연구윤리심사에 관한 이론과 실무에 정통한 무토 카오리(武藤香織)에 의해 태아조직의 연구이용에 관한 지금까지의 정부 내의 검토상황 등을 소개한 후에 행정에 의한 연구규제의 한계와 향후 제도설계의 방향성을 제시하고 있다. 제5장에서는 법철학·의사법을 전문으로 하는 오쿠다 쥰이치로(奧田純一郎)에 의해 '연구의 자유와 공공성'에 관한 분석 하에서 과거 성립했던 연구자 커뮤니티의 내부와 외부의 선순환이 이루어지지 않고 있는 현황을 지적하고, 향후 해결에 대한 방향성을 제시하고 있다.

제2부 '연구의 국제화와 법적 규율'은 국가의 틀을 넘어서서 행해지는 연구활동의 진전을 바탕으로, 국제적 규제조화를 염두에 둔 사국 제도의 비교검토나 국제법적인 해결방법의 검토를 행하는 논문으로 구성

된다. 제6장에서는 행정법·의사법을 전문으로 하는 이소베 테츠(磯部哲)에 의해 연구자 주도의 의약품의 임상시험을 소재로 하여 영국·프랑스·미국의 규제방식을 상세하게 소개하고, 일본의 현행 제도가 안고 있는 과제에 대한 시사점을 언급하고 있다. 제7장에서는 국제법을 전문으로 하는 이노세 타카미치(猪瀬貴道)에 의해 의약품 연구의 영역을 소재로 하여 국제경제법 분야의 규제의 변천과 현황 규제에 관한 과제를 지적하고, 향후 국제적 규칙정비의 필요성을 언급하고 있다.

제3부 '생명과학연구·첨단의료의 실제적 과제'는 첨단적 의료연구 및 첨단의료에 있어서 개별적으로 문제되는 경우에 관한 문제검토를 행하는 각 논문으로 구성된다. 제8장에서는 토호쿠(東北)대학에서 이익형량관리를 담당하는 야나이 카즈히코(谷內一彦)·카와시마 후미에(川嶋史絵)에 의해 이익형량에 관해 과거에 문제된 사례나 미국의 이익형량 규제를 소개한 후에 일본의 규제에 대한 특징을 분석하고 있다. 제9장에서는 분자생물학을 전문으로 하는 모리사키 타카유키(森崎隆幸)에 의해 게놈연구의 상황과 일본의 규제에 관한 종래의 방식에 대해 상세하게 정리한 후에 향후 규제방식에 대해 의료응용이나 국제적 연구를 시야에 넣은 복수의 과제를 제시하고 있다. 제10장에서는 대규모연구 프로젝트인 토호쿠 메디컬 메가뱅크계획의 운영에 종사하는 나가미 후지(長神風二)에 의해 바이오뱅크의 운용상 발생할 수 있는 문제를 복수의 가상사례로서 제시하고, 해결에 대한 일정한 방향성과 규칙정비의 필요성을 언급하고 있다. 제11장에서는 형법·의사법을 전문으로 하는

마치노 사쿠(町野朔)에 의해 장기이식과 관련하여 지금도 여전히 문제되고 있는 '죽음'의 개념에 초점을 맞추어, 특히 심장사 하의 장기제공에 관한 미국의 운용이나 논의를 상세하게 참조하면서 심장사·뇌사의 개념에 관한 분석을 행하고 있다. 제12장에서는 민법·가족법을 전문으로 하는 미즈노 노리코(水野紀子)에 의해 의료·의학연구 양자에 있어서 실무적 과제로 되는 의료방임의 문제에 초점을 두어 종래의 행정적 대응이나 판례·학설을 소개한 후에 사전동의나 의료계약에 관한 기초적인 분석을 포함한 검토를 행하고 있다.

이상과 같은 내용을 가진 본서는 현재까지의 생명과학연구·첨단의료에 있어서 법제도의 존재방식이나 실제적인 과제를 바탕으로 한 분석을 행한 것이며, '가까운 미래'의 문제를 해결함에 있어서 아주 중요한 방향성을 제시할 수 있었다고 생각한다. 다만, 그것이 더욱 먼 장래의 과제도 해결하는 방식을 제시하고 있는가 하는 점에 대해서는 단언하기 어렵다. 그 이유는 '생명과학은 21세기의 학문'이라는 점에서, 장래의 예측이 어려울 뿐만 아니라, 사회나 법의 측면도 이러한 종류의 문제에 대해 검토를 행한 경험이 적으며, 충분한 태도결정이 이루어져 있지 않은 부분이 크다는 점 때문이다. 본서의 존재의의는 동시에 본서의 한계를 의미하기도 한다. 생명과학에 관한 법이나 사회의 측면에 대한 문제인식이 높아지고, 먼 장래를 위한 법제도의 검토가 가능하게 되는 것이야말로 본서가 세상에 나오는 의의라 할 것이다. 그러나 본서가 그러한 역할을 담당하기에 충분한 존재인지 여부에 대해서는 독자들의 평가를 기다릴 수밖에 없다.

마지막으로 信山社 출판의 이마이(今井守)씨는 본서의 간행에 있어서 큰 협력을 해 주셨으며, 무리한 일정의 작업을 잘 이해하시고 도와주셨다. 지면을 빌려 깊이 감사드린다. 또한 상기 과학연구비조성의 과정에 있어서는 조사·연구 등의 수행에 있어서 국내외의 생명과학연구자·연구기관이나 법학자, 정부관계자, 규제단체 관계자 등에게 큰 도움을 받았다. 여러 분들께 마음 깊이 감사를 표하는 바이다. 많은 분들의 협력을 통해 간행된 본서가 단순한 연구서로서 뿐만 아니라, 사회 내에서 생명과학의 적정하고 안정적인 발전을 향한 과정에 있어 의의를 발휘할 것을 기원하는 바이다.

2018년 2월

집필자를 대표하여 요네무라 시게토(米村滋人)

<약어표>

ABS (Access and Benefit Sharing) : 유전자원 접근과 이익공유

BIRPI (Bureaux Internationalaux Reunis pour la Protection de la Propiete Intellectuelle ,United International Bureaus for Protection of Intellectual Property) : 지식재산권 보호를 위한 국제사무국

CBD (Convention on Biological Diversity) : 국내에서는 생물다양성협약

GLP (Good Laboratory Practice) : 비임상시험관리기준

COI (Conflict of Interest) : 이해충돌

COP (Conference of the Parties) : '생물다양성협약 당사국총회(CBD의 체약국회의)'

DSB (Dispute Settlement Body, WTO Dispute Settlement Body) : 세계무역기구의 분쟁해결기구

EG세포 (embryonic germ cells) : 배아생식세포

ES 세포 (Embryonic stem cell) : 배아줄기세포

GATT (General Agreement on Tariffs and Trade) : 관세와 무역에 관한 일반협정

GPO (The Government Pharmaceutical Organization) : 태국정부약품국

ICTSD (International Centre for Trade and Sustainable Development) : 무역과 지속가능한 발전을 위한 국제센터

ILCs (Indigenous and Local Communities) : 원주민의 사회 및 지역사회 또는 '토착지역공동체'

iPS세포 (induced Pluripotent Stem cells) : 인공다능성줄기세포(유도만능줄기세포)

MAT (Mutually Agreed Terms) : 상호합의조건

PCT (Patent Cooperation Treaty) : 특허협력조약

PEAB (Panel of Experts on Access and Benefit-Sharing) : 유전자원 접근과 이익배분에 관한 전문가패널

PIC (Prior Informed Consent) : (나고야의정서에 따른) 사전정보에 기초한 자원제공국 동의

PLT (Patent Law Treaty) : 특허법조약

UNCED (United Nations Conference on Environment & Development, 일명 Earth Summit) : UN환경개발회의

UNCTAD (The United Nations Conference on Trade and Development) : UN무역개발회의

UNESCO (United Nations Educational, Scientific and Cultural Organization) : 유엔교육과학문화기구

WGABS (Ad hoc Open-ended Working Group on Access and Benefit-Sharing) : 유선자원접근과 이익배분에 관한 임시작업회의

WHO (World Health Organization) : 세계보건기구

WIPO (The World Intellectual Property Organization) : 세계지식재산권기구

〈읽어두기〉

뉘른베르크강령

뉘른베르크 강령이란 의료 및 심리학적 생체 실험의 준비와 진행에 있어서, 오늘날 쓰이는 핵심적인 윤리 법칙이다. 뉘른베르크 강령은, 뉘른베르크 의사재판의 판결로 만들어진 이후로, 의학교육에서 특히 중요시되고 있다. 의학연구라는 이름으로 인간에게 가해졌던 반인류적인 의학 실험(특히 범죄적인 약물 실험 및 강압적인 여성 불임 시술)이 뉘른베르크 강령이 만들어지게 된 동기다.

헬싱키선언

1947년 6월 나치즘의 인체실험에 대한 반성에서 생긴 뉘른베르크 강령에서 받아, 1964년 핀란드의 수도 헬싱키에서 열린 세계의사협회 제18회 총회에서 채택된 의학 연구자가 스스로를 구제하기 위해 채택된 인체실험에 대한 윤리규범이다. 정식명칭은 '사람을 대상으로 한 의학 연구에 대한 윤리적 원칙'이다. 그 후, 시대의 영향에 의해 몇 번이나 수정 절차를 거쳤으며, 필요에 의해 추가되고 있다. 2000년 10월에 인간 게놈 계획에 관한 부분이 에든버러총회에서 개정되었다.

터키스키사건

터스키기 매독 실험(Tuskegee[/tʌsˈkiːgiː/][1] syphilis experiment)은 1932년에서 1972년 사이에 미국 공중보건국이 매독을 치료하지 않고 내버려두면 어떻게 되는지 알기 위해서 앨라배마의 농촌지역의 흑인들을 대상으로 시행한 악명높은 생체실험이다. 자기도 모르는 사이 매독에 감염되고 방치된 피해자들은 정부의 무료 건강관리를 받는 것이라고 기만당했다. 공중보건국은 대공황 와중이던 1932년 앨라배마의 유명 흑인대학교 터스키기 연구소와 공조하여 실험을 시작했다. 실험에 사용된 피험자들은 600명으로 주로 메이컨군에 거주하는 빈곤한 소작농들이었다. 이들 중 399명은 실험 시작 이전에 이미 매독에 감염된 바가 있었으며, 201명은 매독에 감염된 적이 없었다. 피험자들에게는 무료로 의료, 식사가 제공되었으며 죽었을 경우 상조 비용도 제공되었다. 피험자들 중 실험의 정체에 대해 아는 사람은 한 명도 없었고, 1947년에 이미 매독을 치료할 수 있음이 밝혀진 페니실린 맞은 사람도 한 명도 없었다. 피험자들에게는 매독, 빈혈, 피로증을 모두 통쳐서 말하는 지역 방언인 "나쁜 피(bad blood)"를 치료한다는 정보만이 주어졌다.

공민권운동

아프리카계 미국인 민권 운동(African-American Civil Rights Movement)으로 1950년대에서 1960년대에 걸쳐 미국의 흑인 (아프리카계 미국인)이 시민권 신청과 인종 차별의 해소를 요구한 대중 운동이다. 일반적으로 1954년, 1955년 브라운 대 토피카 교육위원회 재판과 로자 파크스에 의한 몽고메리 버스 보이콧부터 시작되었다고 본다. 이들은 오랜 기간동안 백인들의 차별과 압박 속에서 비참한 생활을 해왔다. 인간으로서의 백인과 동등한 권리를 갖지 못했으며, 투표권 역시 갖지 못했다. 그 결과 이러한 차별로부터 벗어나 자신들의 주체성을 찾기 위해 흑인들은 1950년대 중반부터 본격적으로 백인과의 동등한 권리를 요구하는 비폭력적인 인권운동을 펼쳤다. 1964년 민권법과 1965년 투표권법에 따라 결실을 맺었다.

다키가와(滝川)사건

교토대학사건(京大事件) 또는 다키가와 사건(滝川事件)은 1932년 10월 교토제국대학 법학부 타키가와 유키토키 교수가 사법부가 자신보다 앞선 개인을 고려할 때 일탈의 사회적 뿌리를 이해해야 할 필요성에 대해 강의하면서 시작되어, 1933년 5월 하토야마 이치로 교육부장관이 다키가와 박사의 형법이론이 마르크스주의 철학을 옹호하한다고 주장하면서 그를 교수직에서 사임시켰다고 발표했을 때 발생했다. 법학부의 나머지 구성원들은 항의로 사임했고, 학생들은 수업을 보이콧했으며, 공산주의 동조자들은 항의운동을 조직했다. 교육부는 타키가와를 해고함으로써 운동을 진압했다.

Warnock 보고서

Warnock 위원회는 영국의 특수교육에 큰 영향을 준「장애 청소년의 교육에 관한 조사 위원회(The Committee of Enquiry into the Education of Handicapped Children and Young People)이다. 이 위원회의 위원장이 옥스퍼드대학의 St. Hugh's College의 주임 연구원이 었던 Warnock였기 때문에 통상 Warnock 위원회라고 칭하게 되었다. 위원회의 멤버는 대학, 학교, 행정 관계자를 중심으로 의학, 심리학, 장애인단체의 전문가 총27명으로 구성되었다. 동 위원회는 1974년에 제1회 회의를 9월이 개최하였다. 1975년에는 5세 이하의 장애아의 요구에 관한 검토를 하는 위원회, 일반학교에서의 특수교육을 검토하는 소위원회, 특수학교 및 기숙설비에 관한 검토를 하는 위원회, 중등교육 수료 후의 교육적, 혹은 기타 필요에 관해서 검토를 하는 위원회 등 4개의 소위원회를 중심으로 활동하였다. 1977년 3월에 최종적인 전체위원회가 개최되었다. 1978년 5월에「특별한 교육적 요구」로 제시된 보고서가 영국 의회에 제출되었다. 제출 당시의 이름은「특별한 교육적 요구-장애아 청소년의 교육문제에 관한 조사 위원 보고(Special Educational Needs-Report of The Handicapped Children and Young People)」였다. Warnock Report는 전체 400페이지 총19장 224항목에 걸쳐 특수교육에 대한 권고를 제시하고 있다. Warnock 보고서는 영국에서 특수교육의 전 영역의 개요를 만들어낸 첫 시도였으며, 20세기 후반의 특수교육진흥 계획과 당시의 철학이 제시되었다.

히포크라테스 선서

히포크라테스 선서(Hippocratic Oath)는 의사의 윤리 등에 대한 선서문으로, 희생 · 봉사 · 장인 정신이 담겨져 있다. 히포크라테스는 고대 의사의 전형으로 기록되고 있으며, 그는 이전 학파의 생각을 정리하여 시행해 보고, 환자를 치료한 것을 기록하였다. 그는 히포크라테스 선서를 통해 치료 의학의 발달에 이바지했다고 알려져 있다. 미국에서는 대부분의 의학전문학교가 히포크라테스 선서 대신 그에 추가하여 Osteopathic Oath를 사용한다. Osteopathic Oath는 1938년에 처음 사용되었으며, 현재 버전은 1954년 이래로 사용되었다. 가장 중요한 개정안 중 하나는 1948년 제네

바 선언(Declaration of Geneva)이라고 하는 세계의학협회(World Medical Association, WMA)가 처음 초안을 작성한 것이다. 제2차 세계대전 직후와 창립 직후, WMA는 전 세계의 의학 윤리 상태에 대해 매우 우려를 표했으며 WMA는 세계 의사들에 대한 윤리적 가이드 라인을 설정하는 책임을 맡았다.

리센코

트로핌 데니소비치 리센코(러시아어: ТрофимДенисовичЛысéнко, 1898년 9월 29일 ~ 1976년 11월 20일)는 소비에트 연방의 생물학자로 1930년대에 리센코주의로 알려진 농업 학설에 입각하여 소련의 농업 정책을 펴나갔다. 그는 후천적으로 얻은 형질이 유전된다는 주장을 하였는데, 이 학설은 생물의 유전성은 전적으로 유전자에 달려 있다는 당대의 유전학설을 부정하는 것이었다. 리센코주의는 큰 논란을 불러일으켰으며 그 여파는 과학계뿐만이 아니라 정치와 사회의 전반에 걸친 것이었다. 이오시프 스탈린 치하의 소련에서 리센코는 '맨발의 과학자'로 영웅시되었고 그의 연구 성과는 대대적으로 선전되었다. 그는 1940년 소련 과학원 산하 유전학 연구소 소장이 되었다. 스탈린 지지를 등에 업은 리센코는 자신의 학설에 반대하는 과학자들의 숙청에 앞장섰다. 특히 위대한 생물학자 니콜라이 바빌로프가 비밀경찰인 내무인민위원회(러시아어: НКВД)의 손에 죽임을 당한 것은 리센코의 책임이 크다. 리센코주의 농업 정책은 1960년대 중반까지 계속되었다. 그러나 스탈린의 죽음 이후 어느 정도의 이전 체제 비판이 가능해지면서 소련의 과학자들은 리센코주의에 맞서기 시작했다. 1962년에는 저명한 물리학자들인 야코프 보리소비치 젤도비치, 비탈리 긴즈부르크, 표트르 카피차가 리센코 학설의 비과학성과 리센코의 과학적 정적 탄압을 고발하고 나섰다. 여론이 리센코에 불리하게 기울어지면서 1965년 리센코는 실각하고 소련에서의 리센코주의 농업 정책은 끝이 났다. 그러나 리센코주의는 중화인민공화국에서 수년간 더 영향을 끼쳤다.

놀란 원칙

1994년 영국 정부는 공공생활 표준위원회를 설립했는데, 위원회는 놀란 경이 의장을 맡았으며 공공생활에서 행동기준을 개선하기 위한 권고안을 작성하는 임무를 맡았다. 위원회의 첫 번째 보고서는 "놀란 원칙"으로도 알려진 공공생활의 7가지 원칙을 수립했다. 7가지 원칙은, 이타심, 청렴성, 객관성, 책임, 개방성, 정직, 리더십으로, 놀란 원칙은 과정보다는 행동과 문화에 초점을 맞추었기 때문에 당시에는 혁명적이었다. 누군가가 이러한 가치에 따라 생활한다면 행동을 개선하는 데 큰 도움이 된다. 책임감, 성실성 및 리더십을 실제로 실천하고 있다면, 조직이 명확한 전략을 수립하고 공적 자금을 현명하게 지출하며 모든 이해 관계자에게 탁월한 서비스를 제공하고 있는지 확인할 수 있다. 사심없고 정직하게 행동한다면, 조직의 이익을 위한 결정을 내리고 개인적인 이익을 제쳐두고 객관적이고 독립적으로 행동하게 된다. 개방적인 조직은 계획 프로세스에 이해 관계자가 더 많이 참여하여 공공 서비스를 향상시키는 것으로 나타났다.

TRIPS협정

무역관련 지식재산권에 관한 협정(Agreement on Trade-Related Aspects of Intellectual Property Rights, TRIPs)은 특허권, 디자인권, 상표권, 저작권 등 지식재산권에 대한 최초의 다자간규범이다. WTO협정 부속서 1C로 발효된 동 협정은 총 7개장에 73개 조항으로 구성되어 있다. 제1장은 일반규정 및 기본원칙, 제2장은 보호기준, 제3장은 지식재산권 집행절차, 제4장은 지식재산권 획득, 유지 및 관련 내부절차, 제5장은 분쟁예방 및 해결절차, 제6장 경과조치, 제7장 제도관련규정(최종규정)이다. WTO에 가입한 국가에는 동 협정이 당연히 적용된다. 동 협정 제27조 제3항에 의하면 미생물을 제외한 동물과 식물은 특허의 대상에서 제외할 수 있더라도 식물변종의 보호를 규정하도록 하고 있다.

메디아토르사건

메디아토르는 벤플루오렉스(benfluorex)라고 불리는 분자를 토대로, 애초 혈액 내 지방 수준을 낮추는 약품으로 출발해 1976년 시판되기 시작했다. 하지만 이후 당뇨병 환자들에게 체중 감량에 도움이 되는 것으로 처방됐다. 특히 이 약은 식욕 억제에 효과가 있는 것으로 인식되면서 의사들도 일반치료제로 처방하기 시작했다. 법적으로는 단지 당뇨 환자용으로 승인을 받았지만, 체중 증가를 걱정하는 사람들도 손쉽게 손에 쥘 수 있게 된 셈이다. 이 약품이 프랑스에서 흔히 처방되는 약품 50가지에 포함될 정도로 대중화하면서 2009년 시판 중단까지 복용한 사람만도 약 500만명에 달했다. 주요 제약사인 세르비에측은 이 약품 판매를 통해 최소 10억 유로(1조3천억 원)의 이익을 취한 것으로 알려졌다. 반면 스페인이나 이탈리아와 같은 일부 유럽국가들은 프랑스보다 훨씬 앞서 이미 2000년대 초 이 약품의 판매를 금지했다. 그 사이 메디아토르 관련 사망자는 500명에서부터 최대 2천명이 될 것이라는 주장까지 나왔다. 수천 명이 심장혈관 합병증으로 일상생활에 제한을 받고 있다는 말도 나왔다.

쿠시마현오오노(福島県立大野)병원사건

2004년 11월 병원에서 출산과정 중에 아기는 무사히 출산하였지만 산모가 사망한 사건에서, 4개월 후 병원이 사고조사위원회를 통하여 3가지의 과실(① 유착 태반의 무리한 박리, ② 대응하는 의사의 부족, ③ 수혈 준비 부족)이 있었다는 보고서를 발표하자 2006. 2. 18. 후쿠시마현 경찰이 그 병원의 산부인과 의를 체포한 사건이이다. ②와 ③은 의사 자신의 과실이 아니므로 유착태반을 무리하게 박리한 과실로 기소되었지만 2008년 8월 법원으로부터 무죄판결을 받게 된 사건이다.

목 차

역자 서문
저자 서문
약어표
읽어두기

제Ⅰ부 연구에 관한 법제도의 기초이론 ·························· 1

제1장 의학·생명과학 연구의 법제도 설계
- 포괄적 제도구축에 대한 입법 제언 - ······················ 2
Ⅰ. 시작하며 ··· 2
Ⅱ. 연구 규제의 역사적 전개와 현행 제도들의 평가 ······················ 4
Ⅲ. 의학·생명과학 연구에 관한 제도화의 미래상 ························· 15
Ⅳ. 결론 ·· 34

제2장 연구를 활성화시키는 규제의 존재 방식
- 의학연구 규제의 가까운 미래상 - ························· 36
Ⅰ. 검토의 시점 ·· 37
Ⅱ. 일본의 의학연구정책-간략화된 역사와 현재 ··························· 39
Ⅲ. 어떠한 입법이 필요한가 ··· 61

제3장 의학연구·첨단의료 규제의 법리학적 검토 ············· 66
Ⅰ. 문제구성 - 첨단의료·윤리·법 ··· 66
Ⅱ. 윤리적 고찰의 방법론 ··· 69
Ⅲ. 첨단의료에 대한 윤리적 접근방법의 세 가지 학설 ················ 75
Ⅳ. 결론 ·· 91

제4장 연구윤리란 누구의 것인가
- 태아 조직의 연구이용을 둘러싸고 - ·················· 93
Ⅰ. 시작하며 ·· 93
Ⅱ. 정체되는 연구자들로부터의 발신 ·· 94
Ⅲ. 어느 순간에 용인되어 있던 과제-태아조직의 연구이용 ············ 98
Ⅳ. 마치면서 ·· 106

제5장 학문의 자유와 생명윤리 ·· 108
Ⅰ. 시작하며 ·· 108
Ⅱ. 학문의 자유와 생명윤리의 관계-순접인가, 긴장인가? ············ 109
Ⅲ. 긴장관계에 대한 대처 등, 그리고 법의 존재 방식·역할 ············ 114
Ⅳ. 마치면서-가까운 미래? ·· 119

제Ⅱ부 연구의 국제화와 법적 규율 ··· 121

제6장 해외에서의 연구자 주도 임상시험에 대한 법규제 ·············· 122
Ⅰ. 시작하며 ·· 122
Ⅱ. 영국·프랑스에 대해서 ·· 123
Ⅲ. 미국에 대해서 ·· 134
Ⅳ. 마치면서 ·· 141

제7장 생명과학연구에 대한 국제경제법의 역할·기능
- 의약품특허의 논의를 중심으로 - ·················· 149
Ⅰ. 시작하며 ·· 149
Ⅱ. 의약품개발과 특허제도 ·· 151
Ⅲ. TRIPS협정에 있어서의 의약품 접근 ···································· 155
Ⅳ. 의약품개발에 있어서의 ABS ·· 167
Ⅴ. 마치면서 ·· 177

제Ⅲ부 생명과학연구·첨단의료의 실제적 과제 181

제8장 생명과학연구에 있어서의 이해충돌 매니지먼트 182
Ⅰ. 아카데미에 있어서의 이해충돌 182
Ⅱ. 미국 아카데미에서의 이해충돌 사례와 그 대책 185
Ⅲ. 일본에서의 이해충돌 사례 187
Ⅳ. 선샤인법(Sunshine Act, サンシャイン法)과 NIH의 New Rule 188
Ⅴ. 일본과 미국의 차이 190
Ⅵ. 일본에서의 최근 동향 194

제9장 생명과학연구·첨단의료의 실제적 과제
　　- 오늘날의 게놈연구규제의 과제 - 198
Ⅰ. 시작하며 198
Ⅱ. 게놈연구의 진전과 규제 199
Ⅲ. 의료응용을 목적으로 한 게놈연구의 발전과 과제 208
Ⅳ. 국경을 초월한 연구와 윤리적 문제 209
Ⅴ. 이후의 방향성 210
Ⅵ. 마치면서 210

제10장 대규모 게놈분석·뱅크사업에 관한 과제
　　- 최근 부상하고 있는 신규과제를 중심으로 - 214
Ⅰ. 시작하며-본고에서 다루는 과제의 정리 214
Ⅱ. 배경-대규모 게놈분석, 바이오뱅크, 분양 그리고 사전 동의 217
Ⅲ. 검토①-복수기관에 의해 동일한 검체에 대한 분석결과가 발표되고 공유될
　　가능성에서 오는 문제 220
Ⅵ. 검토②-진료와의 경계 과제 225
Ⅴ. 문제해결을 통해 226
Ⅵ. 마치면서 227

제11장 개체사로서의 심장사
- NHB 공여자(Non-Heart-Beating Donor)에 대해서 - ·············· 229
Ⅰ. 개체사와 장기이식·· 229
Ⅱ. 장기이식법과 뇌사·심장사 ·· 232
Ⅲ. 심장사 상태에서의 장기제공과 NHB 제공자 ······················· 237
Ⅳ. 관리된 DCD에 있어서의 NHB 공여자의 생명 ···················· 244
Ⅴ. 개체사로서의 심장사·· 249

제12장 의료방임(ネグレクト, neglect)에 관한 일고찰················ 253
Ⅰ. 시작하며-부모의 치료거부 ·· 253
Ⅱ. 아동학대에 대한 개입 ··· 255
Ⅲ. 의료방임에 관한 판례 ··· 259
Ⅳ. 의료계약과 사전 동의 ··· 265
Ⅴ. 신생아의 의료방임··· 273

색인 ·· 280

제 I 부

연구에 관한 법제도의 기초이론

제1장

의학·생명과학 연구의 법제도 설계
- 포괄적 제도구축에 대한 입법 제언 -

米村滋人(요네무라 시게토)

Ⅰ. 시작하며

의학·생명과학 분야에 대한 연구는 최근 사회적으로 큰 주목을 받고 있다. 의약품·의료기기나 의료행위의 연구·개발을 통해 구체적인 치료법이 발전될 가능성이 있을 뿐만 아니라 신약 개발(創藥)이나 의료사업을 일본의 성장산업의 하나로서 추진하고자 하는 국가 정책적인 모습도 있으며, 생명과학에 대한 연구가 민관의 여러 자금을 활용하여 실시되는 경향도 있다.

한편 의학·생명과학 분야에 대한 연구에서는 독일 나치에 의한 인권 침해적인 인체실험의 역사에 대한 반성으로 일정한 윤리적 규제가 필요하다는 생각이 오래 존재해 왔다. 일본에서도 2000년경부터 여러 연구영역에서 법률이나 행정지침의 형태로 규제가 행해져 오고 있다. 그러나 이러한 연구 규제의 구조에 관한 현재까지 15년 전후의 운용을 보면, 후술하듯이 연구 규제로서 합리적인 구조를 가지고 있다고 할 수 있을지 의문이 생긴다. 또한 전술한 것처럼 최근 생명과학연구에 관한 동향을 감안할 때, 특히 기업자금을 이용한 연구가 위와 같은 구조에서는 충분히 이루어지기 힘들어 보이고, 2017년에 이르러 임상연구법이 제정되었다. 동법의 내용에 대해서는 후술하지만, 동법을 포함하여 최근 법률의 규제방식은 규제 근거가 불명확한 경우가 있으며, 그것이 연구규제의 제도설계를 곤란케 하고 있을 뿐만 아니라 규제의 합리성이나 효율성에도 문제가 있다.

지금까지 이러한 연구 규제의 문제에 대해서 법적 측면에서의 검토는 거의 이루어지지 않았다고 할 수 있다. 역사적으로 연구 규제의 문제는 생명윤리학의 문제와 연결되어 있으며, 연구업적으로서도 생명윤리학 분야가 압도적으로 다수를 차지하고 있을 뿐만 아니라 최근 규제 동향을 보더라도, 법률가가 장래에 대한 연구규제의 방식을 논하는 경우는 매우 드물다. 본고는 어디까지나 법적인 관점에서 생명과학 분야의 연구에 있어 법적 설계에 대하여 전반적으로 검토하고, 생명과학 분야에 있어 연구방식을 포괄적으로 논하는 것이다.

이 글에서는 생명과학 분야에 대한 연구에 있어 연구 규제와 연구지원에 있어 공통으로 관철할 수 있는 기준에 대하여 검토하고자 한다. 그 점에 대해 머릿말에서 약간 설명을 하자면, 종래의 연구 규제론은 전술한 대로 인권침해적 연구의 규제에 주안점이 두어져 있었다는 등의 사정으로부터 일정한 범위의 (사람을 대상으로 하는) 연구에 대해 오로지 규제에 초점을 맞춘 제도화만을 검토해 왔다. 현재 일본에 존재하는 법률이나 지침도 기본적으로는 전부 규제적인 제도를 규정한 것이다. 한편, 최근의 생명과학연구는 일정한 자금이 없으면 수행할 수 없는 경우가 증가하고 있다. 또한 연구 수행을 위해서 일정한 국가법적 규제를 해제할 필요가 있는 경우도 있다(후술하는 개인정보보호법 문제와의 관계는 그 전형적인 예이다). 이와 같이 연구에 관한 법제도를 설계할 때는 자금 배분이나 연구 환경의 조정을 위한 규칙이 필요한 측면이 있으며, 이러한 점도 연구 규제와 함께 검토하는 것이 효과적이라고 생각한다. 이러한 관점에서 이 글에서는 연구 규제와 연구지원, 양자를 포괄적으로 검토 대상으로 하여 장래의 법제도 설계방식에 대하여 일정한 방향성을 제시하는 것을 목적으로 한다.

Ⅱ. 연구 규제의 역사적 전개와 현행 제도들의 평가

생명과학분야연구에 관한 제도설계를 고찰함에 있어서 지금까지의 역사적 전개나 현재의 연구 규제 등의 개요를 제시하는 것은 아주 중요하다. 이러한 점들은 이미 많은 문헌에서 정리되었지만, 이 글에서도 아래의 검토에 필요한 범위에서 정리해 보고자 한다.

1. 연구 규제의 전개

(1) 세계적인 연구 규제의 역사[1]

의학연구에 대한 규제의 역사는 전술한 대로 독일 나치에서의 인체실험에 대한 반성을 계기로서 시작되었다. 반인류적인 인체실험을 지탄하는 것이 소위 뉘른베르크 재판이었으며, 1947년 판결에서 의학연구의 일반원칙(피험자의 자발적 동의에 의하는 것 등)이 확립되었다. 이것이 소위 뉘른베르크 강령으로서 의학연구에 있어서 세계적 지침이 되었다. 또한 1964년에는 세계의사회는 헬싱키선언을 채택했는데, 이는 뉘른베르크 강령을 다시 확인하면서 더욱 상세한 의학연구의 일반적 규범을 분명히 한 것이었다. 헬싱키선언은 정기적인 개정을 거쳐 현재까지 세계적으로

---

[1] 의학 연구 규제 역사의 상세한 내용은 土屋貴志「歷史的背景」笹栗俊之=武藤香織責任編集 『シリーズ生命倫理学 15 医学研究』(丸善出版, 2012年)1면 이하 참조.

높은 권위를 가지는 윤리강령으로 존중받고 있다.

한편, 의학연구에 대한 규제의 존재 방식에 관한 규범체계는 1970년대 미국에서 크게 발달하였다. 이 시기는 소위 터스키기(Tuskegee) 사건이나 공민권 운동의 영향도 있었고, 미국에서 의학연구에 대한 엄격한 규제를 요구하는 의견이 많았었다. 특히 피험자에 의한 사전 동의(Informed Consent)의 필요성이 주창된 결과, 피험자의 자율성 등을 중시한 윤리적 판단을 이론화하는 움직임이 생겼으며, 이것이 생명윤리학의 확립에도 기여하였다.

이러한 과정에서 미국에 있어 의학연구의 윤리 기준으로 1979년에 책정된 것이 벨몬트 보고서(Belmont report)이다. 이는 의학연구 전반에 타당한 윤리 원칙으로서 ①인격 존중(respect for persons), ②선행(beneficence), ③정의(justice)라는 3원칙을 들고, 이러한 원칙들을 적용하는 형태로 개별적인 연구의 윤리성 판단을 행하여야 한다는 것이었다. 이 기준은 미국 생명윤리학의 일반적인 윤리 원칙(부솀(Beuchamp)-칠드레스(childress)에 의한 자율 존중(respect for autonomy)·무위해(nonmaleficence)·선행(beneficence)·정의(justice)라는 4원칙[2]이 가장 저명함)과 함께 세계적으로 의학연구에 있어 연구 규제의 구체적인 기준으로 받아들여졌다.

(2) 일본에 있어 연구 규제의 전개와 현행 규제의 개요

이상과 같은 세계적인 연구 규제의 움직임이 바로 일본에 영향을 미친 것은 아니다. 일본에서의 연구 규제에 관한 명시적인 규정화는 1990년대 후반에 시작되었다.

---

2) TOM L. BEAUCHAMP & JAMES F. CHILDRESS, PRINCIPLES OF BIOMEDICAL ETHICS(7th ed. 2013), 101-301.

가장 먼저 정비된 것은 약사법(당시)에 기초한 의약품의 임상시험(治驗) 규제이다. 임상시험 규칙에 관한 국제협약의 관점에서 1997년에 「의약품 임상시험의 실시 기준에 관한 성령(GCP후생노동성령)」이 정비되고, 피험자의 동의나 임상시험심사위원회에 의한 심사 등 규제의 기본적인 구조가 마련되었다.

그 후 복제양 돌리의 탄생을 계기로 복제행위에 대하여 규제하여야 한다는 논조가 강해졌으며, 2000년에는 일본에서 처음으로 법률에 따라 복제연구를 규제하는 복제기술규제법이 제정되었다. 또한, 같은 해 대규모 인간게놈해석을 포함한 프로젝트인 밀레니엄 프로젝트[3]가 실시되었으며, 여기에서 게놈해석연구에서의 윤리기준을 규정한 지침(밀레니엄 지침)이 채택되었다. 이 시점으로부터 정부 부처 내에서 의학연구 전반에 관한 규제에 대한 검토가 급속하게 진행되어 2001년에 「인간게놈·유전자해석연구에 관한 윤리지침」(이하 「게놈연구지침」이라 한다), 「ES세포의 수립 및 사용에 관한 지침」이, 2002년에 「역학연구에 관한 윤리지침」(이하 「역학연구지침」이라 한다)과 「유전자치료 임상연구에 관한 지침」이, 2003년에는 「임상연구에 관한 윤리지침」(이하 「임상연구지침」이라 한다)이 각각 채택되었다. 이러한 지침들은 수차의 개정을 거쳐 현재에 이르고 있다. 그러나 이상과 같이 연구 분야마다 복수의 지침이 난립하고 별개의 규제가 실시되는 상황에 대해서 특히 현장의 의학연구자로부터 재검토를 요구하는 주장이 강하게 대두되어, 2014년에 역학연구지침과 임상연구지침을 통합하는 형태로 「인간을 대상으로 하는 의학연구에 관한 윤리지침」(이하 「의학연구지침」이라 한다)이 채택되었다. 이러한 행정지침들은 세부적으로 차이가 있지만 대체적으로는

---

3) 이 프로젝트는 「인류가 직면하는 과제에 따라 새로운 산업을 발생시키는 대담한 기술혁신에 몰두(取り組む)하는 것」(밀레니엄 게놈 프로젝트 평가·조언회의 「밀레니엄 게놈 프로젝트 최종평가보고서」)을 목적으로 정부주도로 여러 조사·연구나 신규 기술개발을 하는 것이었지만, 그 가운데에 인간게놈해석을 내용으로 하는 연구가 있었다.

동일한 내용을 포함하고 있으며, 연구책임자가 상세한 연구계획서를 작성하여 연구기관의 장에게 제출하는 점, 피험자에 대해 충분한 설명을 행하고 사전 동의를 얻을 것, 윤리심사위원회의 승인을 얻을 것 등을 정하고 있다.[4]

한편 법률에 의한 연구 규제는 앞에 소개한 복제기술규제법 이외에는 거의 존재하지 않았던바, "재생의료"라고 칭하는 효과불명의 세포치료가 횡행하는 것에 대응하기 위하여 2013년에 「재생의료안전성확보법」이 제정되어 재생의료 및 재생의료연구에 관한 규제가 임상연구지침과는 별도로 행하여지게 되었다. 또한 의약품에 관한 연구에 있어서의 데이터조작사건이 발생한 것 등으로 인하여 의약품·의료기기를 이용한 연구나 기업자금을 이용한 임상연구에 있어서 법률로써 규제하여야 한다는 주장이 강하게 제기되어 2017년에는 「임상연구법」이 제정되었다. 동법은 임상연구지침과는 별개로 연구 심사하는 제도를 규정하고 있으며, 종래의 지침규제 중심의 규제체계와는 다른 방식으로 규제하고자 하였다.[5]

이상을 정리하면, 일본에서는 비교적 최근까지 가장 일반적이고 광범위한 연구규제는 행정지침의 형식으로 행하여졌고 극히 일부의 특수연구 분야에 한하여 법률에 따라 규제가 이루어졌지만, 2017년의 임상연구법 제정으로 인하여 법률에 의한 규제가 일반적인 것으로 되었다고 할 수 있다. 법률에 의한 규제는 지침규제와는 상당히 다른 구조이며, 어떠한 범위에서 어떠한 규제를 행할지가 현재의 법률 정비에 대

---

4) 각 지침의 내용의 상세한 내용은 人『医事法講義』(日本評論社, 2016年)326면 이하 참조.
5) 그러나 본고 탈고시(2018년 1월)의 단계에서는 임상연구법은 미시행 상태였으며, 동법 시행규칙의 골자가 공표되어 public comment(역자수:의견공모설자)를 행하고 있는 단계였다. 그렇기 때문에 제도의 상세한 내용을 바탕으로 한 검토를 행할 수 없었던 점을 양해해 주길 바란다.

한 검토의 주된 과제로 되어 있다.

2. 종래 연구규제의 특징과 평가

일본에서의 연구 규제 구조는 어떠한 특징을 가지고 있으며, 어떻게 평가될 수 있는가? 지금까지의 규제방식의 특징으로는 ① 연구지침을 중심으로 하는 규제방식인 점, ② 연구 분야별로 규제방식이 결정된다는 점의 두 가지를 들 수 있다. 이하에서는 이에 대하여 구체적으로 언급하고자 한다.

(1) 연구지침 중심의 규제방식

최근까지의 연구 규제는 원칙적으로 법률에 의하지 않고, 윤리강령·윤리지침 등의 soft law*에 의하여 행하여져 왔다. 이는 국내외를 불문하고, 연구에 대한 규제가 국가에 의한 강제력을 수반하는 것에는 신중한 분위기가 강하였기 때문이다. 일본에서는 2000년 이후 각종 연구윤리지침을 채택할 때에 이러한 점이 논의되고, (ⅰ) 법률에 의한 규제는 유연성이 떨어지고, 의학의 발전에 즉시 대응하기 힘들다는 점과, (ⅱ) 연구자의 자율성을 배려하여 법적 구속력이 없는 규칙에 의하여야 한다는 점 등을 이유로 지침규제의 방식이 채택되었다.[6]

그러나 이 방식이 소기의 목적을 달성하는 데에 효과적이었는지에 대해서는 의문이 많으며, 또한 최근에는 이 규제방식에 수반되는 새로운 문제가 발생하고 있다. 여기에서는 세 가지의 문제점을 지적하고자 한다.

첫째, 지침규제 중심의 규제방식은 전술한 대로 의학의 발전에 따른

---

* 역자주 : 연성규범
6) 中垣俊郎 「臨床研究」 年報医事法学27号(2012年)92면 참조.

규제의 유연성을 실현할 수 있다는 점을 목적 달성에 효과적이지 못한 이유의 하나로 꼽고 있다. 그러나 지금까지의 행정지침에 의한 규제의 운용을 고려했을 때, 유연한 규제가 실현되고 있다고 보기는 어렵다. 각종 연구윤리지침은 수회의 개정을 거쳐 현재에 이르고 있고 규정내용이 그때마다 재검토되고는 있지만, 재검토에 있어 연구 수준의 발전에 따라 규제 완화가 이루어진 예는 거의 없으며, 대부분은 개정에 대응하여 규정을 추가하거나 절차 규정의 정비·엄격화 등 행정적인 사정을 배경으로 하는 규제강화가 주를 이루었다.

거의 유일하게 연구 수준의 발전에 수반되는 규제의 재검토가 이루어졌다고 할 수 있는 것은 2004년에 종합과학기술회의 생명윤리전문심사회(당시)에서 인간 복제배아를 이용한 기초연구의 금지해제(解禁)가 결정된 경우뿐이다.[7] 그러나 이때에도 금지해제의 당부를 두고 동 조사회 내부에서도 격렬한 의견대립이 있었으며, 마지막에는 다수결로 결론을 낸 이례적인 결과를 볼 수 있다. 이는 연구 수준의 발전이 있었다 하더라도, 종전의 규제를 명시적으로 완화하는 방향으로 개정하는 것에는 사회적 요구수준이 높으며, 그 실현이 매우 곤란하다는 점을 보여주고 있다고 할 것이다(그러나 지침에서 법률로 격상되는 경우에 규제의 실질이 완화되는 경우는 있다. 그 점에 대한 상세한 내용에 대해서는 후술하도록 하겠다).

둘째, 지침규제 중심의 방식은 법적 구속력이 없는 규제인 점에서 연구자의 자율적인 연구윤리준수를 조성할 수 있다는 점을 들고 있다. 최근에는 지침규제이기 때문에 오히려 연구자의 자율이 침해되는 사태가 발생하고 있다. 그 전형적인 예는 연구에서의 개인정보보호규칙이다. 2003년에 개인정보보호법이 제정된 후, 학문의 자유에 대한 배려가 필요하다는 등의 이유에서 의학연구에서의 개인정보보호규칙은

---

7) 그때 동 조사회의 방침은 2004년 7월 23일의 総合科学技術会議報告書 「ヒト胚の取扱いに関する基本的考え方」 (특히 12면 이하)에 정리되어 있다.

연구윤리지침 내에 규정되었다. 그 후 동법은 2015년에 개정되어 국제 협약의 관점에서 몇 가지의 규제가 강화된 점을 받아들여 2017년에 각종 연구윤리지침도 일제히 개정되고, 당해 지침의 개인정보관련규정에 있어 법 개정의 내용이 반영되었다. 그런데 개정법·개정지침의 내용이 반드시 의학연구에 적합한 것은 아니며, 개정지침의 복잡한 규정형식과 함께 연구의 현장에서는 심한 혼란이 가져오는 원인이 되고 있다.[8]

이러한 사태가 발생하는 가장 큰 원인은 의학연구에서 있어서 개인정보보호규정이 형식적 효력에 있어서 법률보다 열후한 지침의 형태로 규정되어 있기 때문이라고 할 수밖에 없다. 즉, 개인정보보호법제에서는 민간사업자, 행정기관, 독립행정법인 등 각 자치단체가 각자 개별 법령에 따라 규제되고 있으며, 민간사업자를 대상으로 하는 개인정보보호법에는 학술연구 분야에 대한 적용 제외 규정이 있기는 하지만 (동법 제76조), 다른 법령에는 적용 제외 규정이 없다. 그렇기 때문에 연구기관 중에 법률의 적용을 받는 주체와 받지 않는 주체가 혼재하는 상황에 놓이게 되었다. 이 상황에서는 법률보다 효력이 열후한 지침 속에 법률에 반하는 내용의 규정을 둘 수 없으며, 아무리 의학연구에 부적절한 것이라 하더라도 법률의 규정을 그대로 의학연구에 적용할 수밖에 없는 사태가 발생한 것이다. 동일한 상황은 개인정보보호법제 이외의 기존법령과의 관계에서도 발생할 가능성이 있으며, 지침에 의한 규제가 일본의 법체계와 완전히 분리되어 있지 않은 한 지침에 의한 규제는 결국 연구자의 자율을 보장할 수 없다는 점을 여실히 보여주고

---

[8] 그동안의 개정 경위와 지침 규정의 상세한 내용에 대해서는 米村滋人「医学研究における個人情報保護の概要と法改正の影響」NBL1103号(2017年)13면 이하, 米村滋人「医療情報利用の法的課題・序論」論究ジュリスト24号(2018年)102면 이하 참조.

있다 할 것이다.

셋째, 지침에 의한 규제는 현재 실질적으로 법률과 거의 동등한 규제효과를 가지고 있다는 점이다. 이는「보조금적정화법」등 법령에 기초한 연구자금 사용규정에 있어서 각종 연구윤리지침의 준수가 요구되는 등의 사정이 있기 때문이며, 그 결과 행정청지침이 반드시 법적 구속력이 없는 것은 아니게 되었다. 민주적 정당성을 가지지 않는 행정지침에 의해 국민의 권리가 제한되는 것은 침해유보원리에 저촉되는 헌법상의 문제를 야기하게 되는 것이다.[9]

이에 더해 최근 법률에 의한 규제로의 이행 경향을 받아들인 결과 오히려 더 큰 규제의「왜곡(ゆがみ)」현상을 발생시키고 있다.「재생의료안전성확보법」은 전술한 대로 종래의 지침규제와 별개의 규제구조를 가지며, 구체적으로는 지침에 기초한 시설 내 윤리위원회와는 별개의 인정위원회(특정인정재생의료등위원회 또는 인정재생의료등위원회)에 의한 심사제도와 후생노동대신에 대한 신고(다만, 제1종 재생의료 등에 관해서는 실질허가제로서 제도가 설계되어 있음)를 규정하고 있다. 그런데 인정위원회나 후생노동대신이 적합성을 확인해야 할「재생의료 등 제공기준」에는 종래의 지침규제에서 규정하고 있는 기준 전부가 포함된 것은 아니다.[10] 이는 법률에 의한 규제를 전제로 하는 경우에는 법률의

---

9) 이 점에 대해서는 中山茂樹「生命倫理における民主主義と行政倫理指針」青木清＝町野朔 『医科学研究の自由と規制』(上智大学出版, 2011年)166면 이하도 참조.

10) 예컨대 종전의 지침('인간의 줄기세포를 이용하는 임상연구에 관한 지침')은 연구실시의 일반적 기준으로서 "연구자 등은 인간줄기세포 임상연구를 실시함에 있어서 일반적으로 받아들여지는 과학적 원칙에 따라 과학적 문헌, 그 외에 관련되는 정보 및 충분한 실험결과에 기초해야 한다. 원칙적으로 이식 또는 투여되는 인간줄기세포 등은 동물실험 등에 의해 그 유효성이 충분히 기대되며, 또한 그 작용기전이 가능한 한 검토되어 있어야 한다. 나아가 신규 인간줄기세포 임상연구를 실시함에 있어서는 조종양성(造腫瘍性)(역자주:tumorigenicity))의 확인을 포함하는 안전성에 대한 특별한 배려를 해야 한다."는 정함을 두고 있었지만, 재생의료안전성확보법 시행규칙 제10조 제1항은 "의사 또는 치과의사는 재생의료 등을 행할 시에는 그 안전성 및 타당성에 대해서 과학적 문헌, 그 외의 관련되는 정보 또는 충분한 실험 결과에 기초하여 윤리적 및 과학적 관점에서 충분

위임범위에서 의무를 부과할 수 있음에 지나지 않는 점에 더하여 국가가 연구의 윤리성·타당성을 적극적으로 판단하는 것은 적절하지 않다고 생각한 점에서 기인하였다고 볼 가능성이 있다. 이와 관련해 지침규제에서는 실현할 수 있었던 규제가 법률규제의 형식하에서는 실현할 수 없는 경우가 있으며, 이는 민주적 정당성을 가지지 않는 지침규제의 문제점(원래 국가가 행해야 할 것이 아니었던 규제를 "지침"의 형태로 행하고 있었던 것)을 반대의 측면에서 표현한 것이라고도 할 수 있다. 그리고 현실적으로 이에 따라 종전부터 엄격한 규제를 실시해야 한다는 논조에 따라 어쩔 수 없이 지침규제가 법률규제로 이행되면, 규제내용의 실질은 오히려 완화되는 "역행현상"이 발생하게 된다. 2017년에 제정된 「임상연구법」의 규제에서도 동종의 "역행현상"이 발생할 가능성이 있었으며, 지침규제와 법률규제를 병존시키는 것은 전체적으로 엄격하게 규제해야 한다는 기조하에 법률의 적용을 받는 연구가 지침규제의 적용을 받는 연구보다도 관대한 규제를 받게 하는 가능성을 만들 수 있다.

  이상의 세 가지는 모두 지침규제의 문제점을 보여주는 것이지만, 특히 세 번째 사항은 연구 규제 전체의 제도설계에 있어서 간과하기 어려운 불합리를 만드는 것이다. 이러한 현상들을 고려하면, 법적 구속력이 없는 행정지침을 중심에 두면서 법률규제와 지침규제를 병존시킨다고 하는 연구 규제계획은 이미 와해하였다고 평가할 수밖에 없다. 민주적 정당성을 가지지 않는 애매한 법 형식에 따라 연구규칙을 정하는 것은 적절하지 않으며, 헌법이나 각종 기존 법령과의 관계를 명확히 하는 형

히 검토해야 한다."고 규정하고 있으며, 규제의 구체성으로서도, 의무의 정도로서도 대폭 후퇴하고 있다. 여기에서 의료로서의 재생의료 제공기준이라고 하는 점이 전면에 나오고 있으며, 위 규정에서 연구로서의 윤리성·타당성을 배려하는 것이 규정되어 있는지가 분명하지 않은 경우도 있으며, 연구 규제로서는 대폭 규제가 완화되었다고 할 수밖에 없다.

태로 법률에 따라 연구를 규제하는 것이 필요하다고 할 것이다.

(2) 연구 분야별 규제방식

종래의 연구 규제에 관한 두 번째 특징은 연구 분야별로 규제방식이 취해지는 것이다. 그 첫 번째 배경으로서는 연구 규제가 복제·특정 배아연구나 게놈연구 등 윤리 문제에 관한 특별한 고려를 요하는 특수 분야에 대한 규제로부터 시작했다는 역사적 경위를 들 수 있다. 그 결과 지침에 의한 규제인지 법률에 의한 규제인지를 불문하고, 연구 규제는 원칙적으로 개별 연구 분야마다 별개의 제도로 정립되게 되었다.

그러나 전술한 대로 이렇게 다수의 다른 규제제도가 난립하는 상황에 대해서는 특히 현장의 연구자로부터 비판이 강하게 제기되었고, 이러한 규제를 통합하는 것이 장기적인 과제로 되어 왔다. 특히 비판이 강한 것은 윤리심사체제가 지침마다 다른 점이며, 그 결과 각 연구기관은 자체시설 내에 지침의 수만큼 윤리심사위원회를 설치하여 운영하는 것을 어쩔 수 없이 관망하고 있었던 것이다. 이러한 비판을 받아들여 이러한 지침들을 소관하는 문부과학성·후생노동성 등의 담당 과에서는 지침의 통합을 검토해 오고 있으며, 2014년의 의학계 연구 지침은 제1단계의 통합 시도에 대한 성과로서 자리매김하게 되었고, 게놈연구지침도 여기에 통합하는 방향으로 검토되고 있다. 또한 현재 지침에 의한 윤리심사위원회는 물리적인 조직체로서는 단일한 것이라도 무방하다고 보고 있다.

그런데 최근 지침규제가 법률규제로 이행하는 경향을 보이는 가운데 위와 같이 일단 통합의 징조를 보였던 연구 규제가 재차 각 영역에 따라 분리되는 방향성을 보인다. 재생의료안전성확보법이 그 전형적인 예이며, 이를 보면 다른 연구와는 완전히 독립된 절차에 따라 별개 양식에 의한 계획서의 작성 및 제출이 요구되며, 별개의 심사기관(인정재생의료등위원회 등)이 심사하는 것으로 되어 있다. 또한 임상연구법도 "특정임상연구"에 해당하는 경우인지 여부에 따라 적용규범이 다른 규제방식을 채택하고 있으며, 전자에서는 인정임상연구심사위원회가 심사하는 것으로 되어 있기 때문에, 연구내용에 따라 규제방식이 다른 결과를 피할 수 없었다. 그리고 이러한 법률들에 기초한 심의기관은 개별적으로 각 법에 기초한 요건충족을 확인한 후에 후생노동대신이 인정하는 것으로 되어 있기 때문에 물리적인 조직체로서도 별개로 설치하는 형태로 될 수밖에 없다. 이와 같이 법률에 의한 규제를 도입하는 경우에는 다수의 연구 규제 제도가 난립하는 상황이 오히려 증가하는 경향을 띠게 된다.

그러나 이러한 규제방식은 문제가 많다고 할 수밖에 없다. 여기에서 주의해야 할 점은 실제로 연구 규제의 제도운용을 담당하는 것은 행정관도 법률가도 아니라는 점이다. 의학연구를 하는 연구자도, 연구기관의 장도, 또한 심의를 담당하는 심사위원회 구성원도, 위원회사무국을 담당하는 사무직원도 기본적으로 법률이나 행정청의 전문가가 아닌 경우가 많으며, 복수의 다른 제도를 세부적인 부분까지 정확하기 이해하여 운영하기는 매우 어렵다. 이에 더해 아무리 특수영역에 특화된 심의기관을 설치하더라도 심의안건이 적고 회의체의 개최 빈도가 적게 되면, 각 위원들이 연구심사의 기본적인 방식, 최근의 연구 수준, 최근의 법 개정 및 지침개정의 정보 등을 계속하여 파악하는 것이 곤란하며, 심사의 질이 저하될 가능성이 높다(현실적으로 재생의료안전성확보법에 기초한 인정재생의료등위원회에는 동법이 실행된 후에도 심의안건이 없으며 폐점휴업상태의 위원회가 적지 않은 것 같다). 이는 법률이나 행정청의 논리에 따라 규제가 필요한 분야마다 제도화를 하면, 오히려 심사효율이 떨어지고, 심사의 질 저하도 피하기 어렵게 된다는 것을 의미한다. 규제의 분리는 의학관계자가 제도를 정확하게 이해하는 것을 저해할 뿐만 아니라 심사업무의 효율성을 저해하고, 전체적으로 연구의 추진 및 연구의 적정화에 부정적으로 작용할 가능성이 높다.

(3) 정리

이상과 같이 일본에서는 2000년경부터 행정지침을 중심으로 하는 의학·생명과학연구 규제의 제도화가 추진되었지만, 법률과 행정지침이 병존하는 현행 규제구조는 연구자의 자율성을 보장하는 것과 적정수준의 연구윤리심사를 가능케 하는 것 모두에 도움이 되지 않으며, 또한 법률규제와 지침규제 간에 심각한 규제 왜곡 현상이 발생하게 한다. 최근의 연구 규제가 전반적으로 법률에 의한 규제로 이행하는 경향을 보이는 가운데, 법률에 의한 규제와 지침에 의한 규제의 병존상태를 계속 유지하는 것은 많은 문제를 야기하므로, 법률에 의한 포괄적 규제를 중심으로 하는 방향으로 의학·생명과학 연구 규제를 제도화하는 것이 차세대에 있어서 연구추진과 그 적정화를 위해서 필수적이라고 생각한다. 이러한 관점을 바탕으로 하여 의학·생명과학 연구에 있어 규제제도를 어떻게 설계하는 것이 바람직한지 검토해 보고자 한다.

Ⅲ. 의학·생명과학 연구에 관한 제도화의 미래상

1. 기초적 검토

우선 의학·생명과학 연구 제도를 정립함에 있어서 어떠한 사고방식에 입각해야 할 것인지 제도설계에 대한 기본원칙의 내용을 검토할 필요가 있다. 여기에서는 문제상황을 어느 정도 일반적·추상적으로 분석한 후에 지금까지의 연구 규제 운용을 바탕으로 한 실무적인 관점도 함께 고려하여 연구에 관한 법제도설계에 있어 고려해야 할 몇 가지의 요소를 지적하고자 한다.

(1) 문제 상황의 법적 분석-보호되는 권리·이익과 규제 근거

우선 연구 규제를 둘러싼 문제 상황을 분석할 필요가 있다. Ⅱ에서 소개한 것처럼 연구 규제의 역사적 전개 과정 가운데에는 헬싱키선언 등의 윤리강령이나 생명윤리학상의 윤리 원칙을 참조하는 것이 일반적이었으며, 법적인 관점에서의 분석은 거의 이루어지지 않았다. 그러나 법제도 설계를 함에서는 법적인 관점에서의 분석은 필수불가결하다. 기존의 공·사법상의 분석구조에 의하면, 여기에서 먼저 분명히 해야 할 것은 누구의 어떠한 권리·이익이 문제가 되는가, 또한 일정한 경우에 규제의 필요성이 있다고 한다면, 그 규제 근거는 무엇인가(어떠한 이익을 보호하기 위한 규제인가) 하는 점이다. 또한 규제에 따라 제약을 받는 권리·이익에 대해서 어느 정도의 제약이 허용될 수 있는지를 분명히 하는 것도 필요하다. 아래에서는 규제에 따라 제약되는 연구자 측의 권리·이익과 그 반대이익(규제 근거)으로 나누어 이를 분석하고자 한다.

(a) 연구자 측의 권리·이익-학문의 자유

연구자 측의 권리·이익으로서 문제 되는 것은 물론 학문의 자유이다. 학문의 자유는 일반적으로 사상·양심의 자유나 표현의 자유 등과 함께 정신적 자유권의 하나로서 보장된다고 하지만, 학술연구에 의해 이익을 얻는 것은 연구자 개인보다도 오히려 사회 전체라고 할 수 있다. 학술연구는 현대 사회에 불가결한 인프라(물리적인 인프라뿐만 아니라 법률·정치·경제 등의 소프트웨어적인 면도 포함된다)를 정비하고, 현존하는 문제를 인식하여 그 해결을 도출하기 위한 기반을 형성하는 행위이며, 더욱 좋은 사회를 만들기 위해 필수불가결한 것이라 할 수 있다. 이러한 학문연구가 저해되지 않도록 특히 연구자나 연구기관에 일정한 권리가 보장되어야 한다고 할 수 있다.[11] 연구 규제란 학문의 자유에 대한 제약이며, 그것은 모든 출발점으로서 인식되어야 한다. 의학·생명과학 연구도 당연히 학문 자유의 보장영역에 해당하며, 이에 대하여는 의문의 여지가 없다.

(b) 반대이익·규제 근거

(가) 피험자의 권리·이익의 보호

문제는 학문의 자유를 제약하는 근거로 되는 반대이익의 내용이다. 종래의 의학연구 규제는 나치의 인체실험 등에 대한 반성을 출발점으로 하고 있었기 때문에, 피험자의 자기결정권이나 그 생명·신체·사생활 등의 보호가 가장 중시되었다. 연구의 윤리 심사의 주요 목적도 피험자의 자율성 확보와 피험자에게 부여되는 위험의 최소화에 있다고 할 수 있다. 이와 같이 학문의 자유의 반대이익으로서 피험자의 권리·이익이 매우 중시되어 왔으며, 이러한 점은 이후에도 연구에 있어서 가장 고려되어야 할 규제 근거로 자리매김되어야 할 것이다.

그런데 최근의 연구 규제에서는 피험자의 권리보호 시점이 불명확해

---

11) 이 의미에서 학문의 자유는 본래 사회 전체가 받아야 할 이익을 주관적 권리로써 구성하기 위해서 당해 이익을 연구자·연구기관의 권리에 '화체'한 것이라 할 수 있다. 의학·생명과학 연구에 관해서 보면, 연구 성과인 신규 의약품이나 의료기술의 이익을 향유하는 것은 현재 또는 장래의 환자이며, 연구자나 연구기관은 예외적으로 특허료 등을 얻을 가능성이 있지만, 기본적으로는 명예·명성 등 이외의 이익을 받지 않는다. 다만, 현재 또는 장래의 환자가 받을 이익이 불확실하며, 연구 보호의 필요성을 사전에 추측하는 것도 어려우며, 나치의 예를 인용할 것까지도 없이 특정 연구만이 국가나 사회에 의해 특별히 보호되는 것은 학술적인 공정성·중립성을 해하고, 오히려 학문의 진전을 저해할 가능성이 있기 때문에, 학문의 내용을 구분하여 보호수준을 달리하는 것은 곤란하나. 이와 같이 학문의 자유는 근본적으로 권리로서의 구체화나 세밀화가 곤란하며, 학술연구 활동을 총체로서 보호하는 것 외의 수단을 취할 수 없다는 점에 특징이 있다.

지고 있다. 각종 연구윤리지침에서도 이해충돌규제 등 피험자 보호와 관계없는 취지의 규정도 개정에 의해 추가되었지만, 법률의 규제에서는 이 점이 더욱 현저한 것으로 보인다. 임상연구법 제1조는 "임상연구의 대상자를 비롯하여 국민의 임상연구에 대한 신뢰의 확보를 통해 임상연구의 시행을 추진하고, 이를 통하여 보건위생의 향상에 기여하는 것을 목적으로 한다"고 규정하지만, 여기에서 피험자는 국민의 일부로서 연구에 대한 신뢰를 부여할 존재로서만 기재되어 있으며, 피험자 보호를 규제목적으로 한 것이라고는 해석하기는 곤란한 규정으로 되어 있다. 피험자의 보호는 임상연구법의 구체적인 연구심사 방식 등과도 관련되는 중요한 이슈이며, 임상연구법의 규제에서도 피험자 보호에 대한 충분한 고려가 있어야 한다.

(나) 기업자금의 투명성 보호·이해충돌규제

연구 규제는 그 외의 이익보호를 목적으로 하는 경우도 있다. 특히 최근의 규제에 서는 이해충돌 규제가 중시되는 경향이 있다. 의학계 연구지침은 사전 동의에 있어서 설명사항으로서 "연구의 자금원 등 연구기관의 연구수행에서 이해충돌 및 개인의 수익 활동 등 연구자 등의 연구에 있어서 이해충돌행위에 해당하는 경우"를 포함할 것을 원칙으로 하고 있으며, 이는 사전 동의를 통해 이해충돌 상황에 놓이지 않도록 규제하고자 하는 것이다.[12] 또한 기업자금을 이용한 연구에 있어서의 부정행위가 입법 계기가 된 임상연구법은 기업자금에 의한 연구를 "특정임상연구"로 규정하여 엄격하게 규제하고 있으며, 이를 통하

---

12) 그러나 사전 동의는 피험자만에 대해 행하는 것이며, 연구 참가의 한 시점만의 공개이며, 이해충돌 상황의 공개규제로서는 불충분하다고 할 수밖에 없다. 이해충돌에 관한 정보는 계속 누구든지 볼 수 있는 상태에 있을 필요가 있으며, 애초 사전 동의의 일부에 편입되는 것은 적절하지 않다.

여 연구자금의 투명성을 도모함과 동시에 이해충돌 상황에 대하여 적정한 감시와 통제를 하는 기회가 될 것이다.

그러나 이해충돌 규제의 필요성을 이유로 학문의 자유에 대한 대폭적인 제약이 정당화될 수 있을지는 의문이 많다. 현재의 이해충돌 규제는 공개규제 등의 절차적 규제가 중심이며, 그 한도에서는 규제가 허용될 수 있다고 생각되지만, 예컨대 일정액 이상의 기업자금을 받는 연구자의 연구를 금지하는 것과 같은 규제는 헌법상 허용되지 않을 가능성이 높다. 이해충돌 규제를 근거로 하는 경우는 연구 규제로서는 상당히 관대한 규제밖에 할 수 없다는 점에 주목해야 할 것이다.

(다) 데이터 정확성의 보호·연구 부정방지

또한 임상연구법은 미승인 의약품·의료기기에 관한 연구를 '특정임상연구'에 포함하고 이에 대하여 엄격하게 규제할 것을 규정하고 있다. 그 취지가 명확하지는 않지만, 전술한 대로 동법이 의약품 임상시험에서 데이터를 날조하는 사안이 발생한 것을 계기로 하는 것을 고려하면, 연구 성과인 데이터의 정확성을 보호하고 연구 부정을 방지하기 위한 것으로 볼 수 있다.

그러나 성과자료의 정확성을 보호하는 목적에 비추어 동법의 규제구조가 실효적인지, 일부 불필요한 규제가 혼재되어 있는 것은 아닌지는 의문이다. 의학·생명과학연구에 한하지 않고, 연구 부정 일반에 관하여는 법률이 아니라 문부과학성 가이드라인과 각 연구기관의 내부규정에 의하여 사후적으로 조사·인정하는 구조가 마련되어 있다. 임상연구법은 구조 자체에 문제가 많음에도,[13] 운용되고 있다. 이러한 가운데

---

13) 연구 부정 방지를 위한 현행 규제의 문제점에 관해서는 米村滋人「研究不正と法の考え方-科学研究に対する法規制の基本思想」 科学85卷2号(2016年)169면 이하 참조.

임상연구법의 규제가 구체적으로 어떻게 연구 부정 방지에 있어 효과를 발휘할 수 있을지 명확하게 말할 수는 없다. 예컨대, 동법은 종래 지침상의 윤리심사위원회와 동일하게 인정임상연구심사위원회가 연구계획의 사전심사를 하지만, 아직 자료가 수집되어 있지 않은 연구계획 단계에서의 사전심사에 의하여 연구 부정이나 그 위험성이 판명될 가능성은 높지 않다고 생각한다. 가령 동법이 연구 부정의 방지만을 규제 근거로 하는 것이라면, 사후적인 감시(monitoring) 등의 절차를 둔다면 사전심사가 없어도 문제는 없을 것이다. 이러한 점에서 동법의 규제목적과 규제 수단의 합리적 관련성이 있는지 의문이 있다.[14] 연구 부정 방지의 목적만으로는 현재의 임상연구법에 규정된 규제 수단이 정당화되지는 않으며 그 정당화에는 다른 규제 근거를 제시할 필요가 있는 점에 주의하여야 할 것이다.

(라) 그 외의 이익

이상의 내용 외에도 특수한 연구분야에서는 특별한 윤리적 배려가 필요하다고 하며, 그에 기초한 규제가 실행되는 경우가 있다. 복제기술규제법·특정배아지침에 의한 특정 배아 연구 규제나 게놈연구지침의 규제에는 이러한 고려가 포함되어 있다고 생각되지만, 그것이 어떠

---

14) 종래 지침상의 윤리심사위원회는 전술한 대로 피험자의 권리·이익의 보호를 일차적 목적으로 하고 있었기 때문에, 피험자에게 부당한 위험부담 등이 발생하는 것을 회피해야 할 사전심사방식을 채택하고 있었으며, 임상연구법이 동일한 사전심사를 도입하는 것이라면 피험자 보호가 일차적 목적으로 되어야 한다. 임상연구법에 관한 후생노동성의 설명자료(예컨대, http://www.mhlw.go.jp/file/05-Shingikai-10601000-Daijinkanboukouseikagakuka-Kouseikagakuka/0000179678.pdf의 2017년 10월 4일 자료)를 보면, 규제목적과 규제 수단의 논리적 관련성이 정확히 이해되지 않았을 우려가 있다. 규제목적이 분명하지 않으면, 인정위원회가 무엇을 심사해야 할지도 결정되지 않을 것이며, 이 점은 제도의 근간에 관한 문제이다. 임상연구법의 제도설계는 규제목적과의 관련에 있어 향후 더욱 검토가 필요할 것이다.

한 불이익이나 불합리성의 방지를 목적으로 하고 있으며, 어느 구체적 제도를 정당화할 수 있을지는 신중한 검토가 필요하다. 이러한 연구에서는 많은 경우 통상의 연구 규제보다도 엄격한 규제가 정당화된다고 생각하기 쉽지만, 규제 근거와 규제 수단에 합리적 관련성이 있는지 여부 등을 자세히 조사할 필요가 있을 것이다.

(c) 양자의 조정 문제

이상과 같이 생명의학연구에 있어서 연구자의 권리·이익과 규제 근거가 분명하게 되었지만, 현실적으로 규제를 결정함에는 두 가지 측면을 균형적으로 조정하여 판단하는 과정을 거쳐야 한다. 즉, 학문의 자유도 절대 불가침이 아니기 때문에 일정한 경우에는 어쩔 수 없이 제한될 수 있지만, 각종 반대이익에 대한 보호필요성은 학문의 자유를 제약함에 있어 항상 정당화하는 논거가 되는 것은 아니다. 여기에서는 학문의 자유의 특성에 비추어 그 제약한계를 어떻게 설정하느냐는 관점에서 반대이익에 대한 조정판단의 내용을 검토하고자 한다.

학문의 자유에 대한 제약이 어떠한 범위에서 허용되는지는 지금까지 헌법학에서도 분명하게 언급된 것은 아니다. 그러나 최근 이에 대한 논의가 제기되고 있으며, 학문의 자유의 제약을 '내용규제'와 '태양(態樣)규제'로 구분한 후에 '내용규제'에는 엄격한 심사기준이 적용되어야 하는 것으로 본다. '내용규제'가 필요하여 연구심사하는 경우에도 학문의 자율성을 침해하지 않는 수단과 조직에 의하여 심사가 행하여질 필요가 있다고 보는 견해가 유력하다.[15] 이 견해는 기본적으로 중요한 부분을 잘 지적한 것으로 생각되며, 연구 규제가 내용규제에 이르는 경우

---

15) 中山茂樹「研究倫理審査と憲法」岩瀬徹ほか編『刑事法・医事法の新たな展開(下) 町野朔先生古稀記念』(信山社, 2014年)30면 이하.

에는 공권력에 의한 학문연구에 대한 부당한 개입이 발생하지 않도록 신중하게 고려하여 제도화할 필요가 있다.

그것을 전제로 더욱 구체적으로 양자의 조정방식을 검토하고자 한다. 우선 실체 규범으로서는 위의 분류에 따라 내용규제와 태양규제로 구분하고, 태양규제에 해당하는 경우에는 규제목적에 비추어 합리적이라고 인정되는 범위에서 학문의 자유의 제약이 허용된다고 해석된다. 다만 태양규제도 모두 그대로 인정되는 것은 아니며, 학문의 자유를 과도하게 제약하는 경우, 예컨대 특정영역의 연구 자유를 완전히 침해하는 것과 같은 규제는 원칙적으로 인정되지 않는다고 해석해야 할 것이다. 한편, 내용규제에 관해서는 엄격한 위헌심사기준이 적용된다고 하더라도, 어떠한 연구 규제가 학술적·윤리적으로 허용되는 것인지를 일반적으로 제시하는 것은 어려우며, 실제적인 기준을 분명히 제시하는 것도 단념할 수밖에 없다. 여러 반대이익의 존재를 바탕으로 하면서도 학술적 유용성이 높은 연구는 인정해야 할 경우도 있다고 생각되며, 그 판단의 정당성은 절차적으로 담보할 수밖에 없다고 생각한다.

이에 절차 규범의 내용이 문제 된다. 태양규제에 해당하는 경우에는 전술한 대로 규제목적과 합리적인 관련성이 있으면 되며, 절차규제에 대해 특별한 특수성은 없다고 생각된다. 다른 행정적인 규제와 동등한 절차규제가 타당하다고 해석되며, 규체 주체로서는 국가나 지방자치단체의 기관이 직접적으로 규제하는 형태로 하더라도 문제는 없을 것이다. 한편, 내용규제에 해당하는 경우에는 전술한 대로 실체 규범의 불명확성이 크다는 점에서 자의적인 판단에 빠지기 쉬우며, 가능한 한 중립적인 판단이 이루어지도록 절차규제를 마련할 필요가 있다. 현행 헌법에 학문의 자유 규정이 마련된 취지(제2차 세계대전 전의 滝川사건 등을 바탕으로 한 것으로 되어 있음)를 바탕으로 보면, 공권력에 의한 연구의 내용심사를 인정하는 것은 적절하지 않고, 또한 특정한 전문가집단의 영향이 강한 조직도 자의적 판단을 방지할 수 없다고 생각되기 때문에 공권력뿐만 아니라 전문가집단으로부터도 독립된 조직이 내용심사를 담당하는 것이 바람직하다. 그러한 관점에서 다양한 직역(職域)의 구성원으로 이루어진 독립된 합의체가 판단하는 방식(윤리심사위원회 방식은 이에 해당한다)이 기본적으로 합리성을 가진다고 생각된다.

(d) 정리와 검토

이상의 분석을 정리해 보기로 한다. 연구자 측의 권리·이익으로서 언급되는 것은 학문의 자유이며, 그 반대이익에는 여러 가지가 존재하지만, 학문의 자유를 사전심사라는 방법으로 대폭적인 제약하는 것을 정당화할 수 있는 근거가 종래에는 피험자의 권리·이익의 보호 등에 있다고 할 수 있다. 또한 학문의 자유와 그 반대이익과의 조정에서는 '내용규제'와 '태양규제'를 구별하고, 후자에서는 규제목적과 합리적 관련성을 가지는 한 기본적으로는 허용된다고 보는 한편, 전자에 대해서는 헌법에 위반되는지에 대하여 엄격하게 심사할 필요가 있으며, 규제 허용 여부에 대한 판단을 중립적 기관에 맡기는 것을 포함하는 엄격한 절차규제가 필요하다고 할 것이다.

이러한 점들을 바탕으로 보면, 의학계 연구지침의 규제방식은 개입연구와 관찰연구의 구별과 침습성의 유무에 대한 구별을 취하고 있고, 피험자가 부담하는 위험의 정도에 초점을 맞추어 규제 결정을 달리한다고 볼 수 있다. 이러한 점에서 피험자 보호라는 규제목적을 고려하여 규제방식을 채택한 것은 합리적인 제도설계라고 생각된다. 또한 다양한 직역의 구성원으로 이루어진 윤리심사위원회가 내용규제를 포함하여 규제 여부에 대하여 판단하는 점도 전술한 절차규제의 존재 방식에 기본적으로 적합하다고 할 것이다. 한편, 앞에서 언급한 분석으로부터도 판명되듯이 임상연구법의 규제 근거는 애매하며, '특정임상연구'에 포함되는 두 가지의 연구유형에서 규제근거가 다를 가능성이 있는 점과 피험자의 권리·이익의 보호에서는 처음부터 규제목적의 하나로 되어 있는지조차 분명하지 않은 것은 동법에 의한 규제 전반에 대하여 합리적으로 정당화할 수 있을지 의문이라 할 수 있다. 임상연구법은 입법의 계기로 된 문제 사안에 과도하게 초점을 맞추어 연구 규제의 기본원칙을 놓친 형태로 입법되었다고 평가될 가능성이 있으며, 그 점을 운용에 있어 보완할 필요가 있을 것이다. 규제 근거의 명확성과 (전술한 의약계 연구지침과 동일한) 연구의 종류에 따른 규제 수준의 차별화는 동법의 규제대상인 의료행위 대상 연구를 포함하여 임상연구 전반에 필수불가결하다고 생각되며, 이후 심층적인 검토가 필요하다.

(2) 제도설계에서의 다른 고려 요소

이상과 같이 의학·생명과학 분야의 연구 규제에 관한 제도설계에서는 학문의 자유에 대한 제약한계와 그 규제 근거의 내용, 구체적인 규제 수단과의 관련성을 분명히 하는 것이 아주 중요하다. 그러나 그에 더해 최근까지 15년 정도의 제도를 운용한 것을 바탕으로 한 실무적인 면도 몇 가지 고려하여야 할 사항이 있다.

(a) 규제의 실효성·효율성

우선 연구 규제에 관한 제도설계에서 있어서 고려해야 할 요소로서 규제의 실효성과 효율성을 들 수 있다. 모든 규제는 국가·지방자치단체·국민 일반에게 일정한 비용을 부담시키면서 시행되는 것이며, 규제 목적에 비추어 실효적이고 효율적인 규제이어야 바람직하다는 것은 당연하다. 어떤 규제방식이 헌법이나 각종 법령과의 관계에서는 허용될 수 있다고 하더라도 실효적이고 효율적이어야 한다는 점에서 부적절하다고 평가된다면 당해 방식을 채택하는 것은 바람직하지 않다.

이 점과 관련하여 Ⅱ의 분석내용을 바탕으로 보면, 연구 분야마다 각각의 규제방식을 채택하는 것이 합리적인지 문제가 된다. 공연히 연구영역마다 다른 규제방식을 채택하고, 단일한 연구기관 내에 다수의 법령에 기초한 심사기관이 병존하는 상황을 만드는 것은 현장의 의학연구자나 심사담당자 등이 제도를 이해하는 것을 곤란하게 하고, 조직운영비용의 증대와 심사효율이나 심사의 질 저하를 초래할 수 있어 적절하지 않다.

또한 동일하게 효율성에 영향을 미치는 문제로써 일본 전체에서의 심사기관 총수가 문제 될 수 있다. 일본에서는 기관 내 윤리위원회가 난립하고 있으며, 의학계 연구지침에 의한 '연구윤리심사위원회 보고 시스템'에서 일정한 사항을 공표하는 윤리심사위원회만을 검색하더라도 이미 1900개에 가까운 회의체가 등록되어 있다. 다른 법령·지침에 기초한 회의체를 합하면, 상세한 숫자는 불명확하지만 수천 개에 이른다고 생각해도 무리가 아닐 것이다. 그만큼 다수의 회의체가 존재하는 상황에서 연구윤리심사를 위하여 충분한 지식과 경험, 문제의식을 갖춘 구성원으로 구성된 적정한 심사가 담보될 수 있다고는 도저히 생각하기 어렵다. 윤리심사위원회의 집약화가 필요하다는 견해는 생명윤리학의 입장에서도 이전부터 주장되고 있으며,[16] 연구 규제의 실효성과 효율성의 관점에서도 회의체의 총수를 대폭 감소시킬 필요가 있다고 생각한다.

---

16) 武藤香織=佐藤恵子=白井泰子「倫理審査委員会改革のための7つの提言」生命倫理15巻1号(2005年)28면 이하 등.

(b) 연구지원제도와의 정합성

 조금 더 깊이 고민해야 할 점으로는 연구지원제도와의 정합성을 들 수 있다. 연구지원을 위한 제도로 특허법, 저작권법 등에 의한 지식재산권 보호에 더하여 각종 공적 연구자금을 지원하는 것을 들 수 있다. 일본에서는 영미나 유럽에 비해 민간의 연구기금이나 조성금이 많이 적다는 점에 더하여, 최근 국립대학에서 대학운영비를 원 자본으로 하는 기반적 연구자금이 계속 감액되는 추세이기 때문에 연구자금 전체에서 각 연구에 배분되는 금액에 대한 의존도가 급속하게 높아지고 있다. 오늘날 공적자금으로부터의 지원 없이 연구를 수행하는 것은 불가능에 가까운 상황이 되고 있다고 할 수 있다.

 그런데 이러한 연구지원제도 중 지적재산법에 관해서는 이미 법학의 한 분야로서 지위가 확립되었고, 법적인 문제에 대하여 분석이 이루어져 오고 있음에 반해, 공적 연구자금의 운용문제에 대해서는 법적인 관점에서의 분석이 거의 행하여지고 있지 않다. 의사법 분야에서도 전술한 것처럼 연구 규제제도에 대하여 일정 부분 논의의 축적이 있었지만, 공적연구자금의 교부는 의학·생명과학 분야에 한정되지 않는 경우도 있고 연구 규제의 문제와는 완전히 분리되어 있을 뿐만 아니라 연구에 관한 법률문제로서조차 인식되지 않은 채로 오늘에 이르고 있다. 그러한 경향의 배경으로는 전통적인 행정법학에 의하면, 보조금 교부는 급부행정에 해당하며, 규제행정의 문제와는 별도로 정리되는 한편, 급부행정에서의 급부 결정에 대해서는 일반적으로 광범위한 행정 재량이 인정된다고 보기 때문에 교부 기준이나 교부 조건 등의 세부적 사항에 대해 법적 규제라는 측면에서 문제를 검토할 의의가 적다고 생각되었을 가능성이 있다.

 그러나 연구 활동에 대하여 공적자금으로 지원하는 것을 연구 규제의 문제와 완전히 분리하여 규제에 대한 검토 제외사항으로 하는 것은 문제가 될 수 있다. 첫째, 전술한 바와 같이 현재 몇몇 공적 자금에 의한 연구지원에 있어서 연구지원규정에 행정지침 등을 준수하는 것으로 명시되어 있으며, 그렇지 않더라도 사용 규정을 위반한 경우에 대해서는 일반적으로 지원 결정취소 등의 제재가 부과되도록 규정되어 있다. 그렇다면, 공적 자금의 지원기준이나 지원조건은 지원 결정취소 등에 있어서 규제 기준으로도 기능하도록 되어 있으며, 이러한 기준의 법적 합리성은 일관적으로 검토할 필요가 있다. 둘째, 현실 기능적인 측면에서 양자를 일관적으로 운영하는 것이 심사효율이나 심사의 질을 높일 가능성이 크다. 현재는 공적 자금의 심사와 연구의 윤리 심사는 완전히 별개의 기관이 별도의 절차에 따라 시행하고 있지만, 연구계획의 학술적 유용성이나 타당성, 적법성과 윤리성을 함께 고려하는 것이 일반적이며, 관점의 차이는 있더라도 심사내용에는 그렇게 큰 차이가 있지 않다. 연구비 지원에서의 심사와 연구윤리심사를 단순히 행정절차상의 이유로 완전히 분리하여 운용하는 것은 비효율적이며, 가능한 한에서 양자의 심사 절차를 공통화하는 것이 어떤 심사에 관하여서건 유용하다고 생각된다.[17]

---

17) 연구심사에 관해서는 전술한 대로 시설 내 윤리심사위원회의 운용에도 문제가 있지만, 공적 자금의 지원 결정을 위한 심사절차에서의 문제가 훨씬 크다고 할 수 있다. 지원 결정을 위한 심사 절차에 있어 해당 분야에 정통하지 않은 심사자가 많은 경우는 연구계획서 서면만을 심사하는 형태로 제한적인 평가를 할 수밖에 없으며, 더우이 해당 심사지가 동일한 연구계획을 연구공개 후에도 관리하는 것도 아니기 때문에, 연구계획단계에서 괜찮다고 생각한 연구가 현실적으로 순조롭게 수행되는지 여부를 끝까지 지켜보는 경우도 없다. 나아가 연구의 적법성이나 지침 적합성을 충분히 판단할 수 있는 심사자가 얼마나 있는지도 우려되는 부분이다. 결과적으로 심사의 질은 담보되지 않고, 연구의 실질보다도 서면의 '기재 방식 정도(巧拙)'가 중시되어 보기 좋은 연구과제에 자금지원이 될 수 있다. 이러한 연구과제심사 방식이 일본 학술연구 전체를 왜곡하고 있을 가능성도 부정할 수 없을 것이다. 연구의 학술적 의의에 관한 심사는 해당 분야에 전문적인 식견을 가진 자가 계속해서 평가하는 것이 바람직하며, 또한 적법성이나 윤리성을 정당하게 평

2. 구체적 제도에 관한 제언

그러면 의학·생명과학 연구 규제에 관해서 어떠한 제도가 바람직하다고 생각할까? 기초적 검토에서 분석한 결과를 바탕으로 현시점에서 가장 바람직하다고 생각되는 제도설계의 구체적인 안에 대해 새로운 제도를 제언하고자 한다.[18]

(1) 연구 규제의 법형식에 대해서

> 〔 제언 1 〕
> 의학·생명과학연구의 규제는 법률(연구규제 일반법)에 의해 일반적·포괄적인 제도를 구축하는 것이 바람직하다. 특수 분야에 한정된 규제에 대해서는 당해 일반법의 적용을 전제로 하는 추가규제로서 법률 또는 행정청지침에 의해 정해져야 할 것이다.

앞서 Ⅱ에서 언급한 대로 지침규제와 법률규제를 병존하는 것은 여러 가지 폐해를 초래하고 있으며 장차 해소되어야 할 것이다. 의학과 생명과학연구에 일반적으로 적용되는 규범이나 심사 절차는 법률('연구규제 일반법'이라 칭함)에 의해 정하는 것으로 하고, 모든 연구는 일단 동 법률에 의하여 규율되도록 하는 것이 바람직하다. 연구 규제 일반법에서는 연구 전반에 적용되는 실체 규범과 절차 규범을 함께 규정하는 것을 상정할 수 있다. 그렇게 함으로써 연구분야마다 차이가 있을 수

가할 수 있는 자가 심사에 관여할 필요가 있다.
18) 또한 필자를 포함한 법학자·변호사 5명은 공동으로 차세대 의료에 대하여 입법 제안을 포함하는 제언을 발표한 바 있으며(辰井聡子・境田正樹・髙山佳奈子・米村滋人・曽我部真裕 「次世代医療の実現に向けた法制度の在り方:提言」 立教法務研究第7号(2014년)178면), 현재도 필자는 이 제언의 실현이 필요하다고 생각한다. 다만 여기에서는 의학·생명과학의 법제도설계에 초점을 맞추어 지금까지의 운용을 바탕으로 한 교훈을 반영하여 더욱 구체적으로 제언하고자 한다.

는 점을 감안하면서도 모든 연구에 적용되어야 할 공통규범을 명시할 수 있으며, 현장의 의학연구자나 윤리심사위원으로 하여금 제도를 쉽게 이해할 수 있도록 할 수 있고, 연구분야마다 다른 절차를 공통화하여 비효율적인 운용을 피할 수 있다.

(2) 연구 규제 일반법에서 실체 규범의 내용에 대해서

> 〔제언 2〕
> 연구 규제 일반법에서는 실체 규범으로서 ①일반원칙을 선언하는 부분과 ②개별적 의무를 규정하는 부분을 마련해야 할 것이다.
> ①에서는 (ⅰ)피험자의 생명·신체·사생활·자기결정권 등의 권리·이익을 보호할 것, (ⅱ)연구의 학술적 가치가 있을 것, (ⅲ)연구의 공정성을 확보할 것, (ⅳ)연구자의 반대이익에 대하여 적절한 관리를 할 것 등으로 규제 근거가 되는 각 사항을 추상적으로 열거하는 것이 바람직하다.
> ②에서는 명확한 규율로서 기술하기 쉬운 규제를 중심으로 기재하는 것으로, 사전 동의, 개인정보보호, 반대이익 등의 사항에 관한 개별적 의무 규정을 두는 것을 생각할 수 있다.

기초적 검토에서 언급한 것처럼 연구 규제에 관하여는 학문의 자유에 대한 반대이익이 복수로 존재하며, 그것들이 연구의 규제 근거가 되었다. 연구 규제 일반법에서는 규제 근거로 될 수 있는 반대이익의 내용을 추상적으로 열거하여 의학·생명과학 연구자나 심사기관 구성원 등이 연구 수행에 있어 배려하여야 할 점에 대하여 이해를 촉진하도록 하는 것이 바람직하다. 다만 기초적 검토에서 언급한 대로 학문의 자유와 각 반대이익에 대한 조정판단의 내용을 일반적인 형태로 기술할 수는 없기 때문에 반대이익의 내용을 열거하는 것에 그쳐야 할 것이다.

한편 개별적 의무 규정으로서는 명확하게 기술하기 쉬운 일부의 규정만을 기재하는 것이 바람직하다. 현재의 법률·행정지침에서는 사전동의, 개인정보보호, 이해충돌 등에 관한 규정이 존재하지만, 연구의 학술적 가치나 윤리적 타당성에 관한 실질적 규정은 거의 존재하지 않았다. 이는 행정적인 해석과 적용이 용이한 규율은 전자의 분야에 한정되기 때문이라고 추측된다. 이러한 사정은 연구 규제 일반법을 제정하는 경우에도 다르지 않을 것이며, 동법의 의무 규정에서도 동일하게 구성하는 것이 바람직하다. 다만 동법의 개별 의무 규정으로 기재되지 않는 연구의 내용규제에 해당하는 부분에 대해서는 그 판단을 심사담당기관에 위임하는 취지를 규정해야 할 것이다.

(3) 일반법에 있어서 절차 규범의 내용에 대해서

〔제언 3〕
연구 규제 일반법에서는 절차 규범으로서 연구심사기관의 설치·운영·행정 등에 관하여 규율이 정비될 필요가 있다. 연구심사기관은 의학·생명과학·인문과학·사회과학 등의 전문가, 환자·피험자의 대표자, 일반인의 대표자, 대중매체(mass media)의 대표자 등 여러 직역에서 구성원으로 참가하고, 또한 국가·지방자치단체·전문가집단으로부터 독립된 조직으로서 다양성과 중립성을 유지할 수 있도록 설계될 필요가 있다.
이를 바탕으로 연구를 수행하는 자는 연구심사기관에 대하여 연구계획서·보고서 등의 제출 의무를 부담하는 점, 연구공개 전이나 유해한 사실이나 현상 발생 시에 연구심사기관은 연구의 학술적 가치·윤리적 타당성을 포함하여 심사할 수 있는 점, 연구심사기관은 연구의 수행 상황에 따라 일정한 감독 권한을 행사할 수 있는 점 등이 규정되어야 할 것이다.

연구 규제의 절차에 관하여는 우선 연구심사기관의 존재가 아주 중요하다. 동 법률은 의학·생명과학 연구에 대하여 일반적으로 적용되는 법률인 점에서 여기에서의 연구심사기관은 연구 분야나 근거법령에 따르지 않고 공통의 연구심사를 담당하는 기관으로서 설계되어 있다. 이 경우 심사대상으로 되는 연구는 아주 광범위한 분야에 걸쳐 있으며, 심사건수도 상당수에 달하는 점에서 단일 연구기관의 내부에 설치된 조직체로는 충분히 역할수행을 할 수 없다고 예측되며, 일본 전체에서 최대 10개 정도만 설치되는 전문심사기관으로 하는 것이 고려된다(영미나 유럽 각국에서 채택된 지역윤리위원회와 비슷한 것이다). 기초적 검토에서 언급한 대로 연구의 내용규제에 관한 규제를 담당하는 연구심사기관은 공권력 및 특정 전문가집단으로부터 독립된 조직·단체일 필요가 있다.[19]

이 연구심사기관은 연구의 공개에서 종료에 이르기까지 연구를 감시·감독하는 역할을 하며, 내용규제에 관한 심사를 수행하는 것이 바람직하며, 그렇기 때문에 연구계획을 제출받을 뿐만 아니라 연구공개 후에도 적절하게 연구가 수행되고 있는지 상황을 파악하고, 나아가 연구종료 후에 보고받는 것이 바람직하다. 또한 단순히 연구계획의 수행 등을 심사할 뿐만 아니라 더욱 구체적으로 연구의 인원·설비상태나 연구방법 등에 대해 개선 등을 명할 수 있도록 해야 할 것이다.[20]

---

19) 그러나 특정 분야에 편향될 우려가 없으면, 학술단체가 이 종류의 기관을 설치하는 것은 문제없을 것이다. 오히려 학문의 자유의 본래적 취지에서 보면 내용규제의 적합 여부는 학술기관에서 결정하는 것이 바람직하며(米村·전게각주(13)174면 참조), 원칙적으로 이 종류의 기관은 학회 등의 협력체제 하에 조직되는 것이 기대된다.
20) 또한 최근의 법률에 의한 연구 규제에서는 후생노동대신이 연구내용에 관하여 개선명령이나 긴급명령(보충이 필요한 요건의(要件が開かれた) 행정청명령)을 발할 수 있다는 취지의 규정이 있다. 그러나 이는 연구의 직접적인 내용규제를 인정하는 것이며, 헌법상 문제가 있다. 본 제언에서는 국가가 직접적으로 규제 권한을 행사할 수 있는 경우는 개별 의무 규정이 있는 것에 한정하고, 그 외에는 연구심사기관이 규제를 담당하는 방식을 제안하는 것이다.

또한 연구심사기관은 연구공개 후의 연구 수행 상황이나 종료 후의 성과 내용에 대하여도 계속해서 파악한다는 점에서 사후적으로 연구공개 전의 심사 적부에 대해 검증을 하고, 심사의 질 향상에 노력해야 할 것이다.

〔 제언 4 〕
연구심사기관이 하는 학문성·윤리성 심사의 경과와 결과는 다른 관련 연구심사에 있어서 참고 되어야 한다. 또한 해당 연구계획이나 다른 관련 연구계획에 대한 연구기금 지원 결정의 기초자료로써 이용하는 것이 바람직하다.

연구심사는 단순히 연구계획만으로 판단할 것이 아니라, 당해 연구자가 그때까지 행해 온 다른 연구나 연구 성과에 대한 학술적 가치나 수행 가능성을 평가해야 할 것이다. 이런 형태로 연구평가에 있어 연속성을 가지게 하는 것은 심사의 효율과 질을 높이는 것에도 기여한다. 따라서 어떤 연구의 과정이나 결과는 당해 연구의 규제에 있어서 뿐만 아니라 다른 관련 연구의 심사에도 활용하는 것이 바람직하다.

이에 더하여 연구 규제와 연구지원을 완전히 분리하는 것은 적절하지 않고, 조성금 지원 결정을 위한 연구평가 시에도 연구심사기관에 의한 종전의 (관련 연구에 관한) 평가·판단이 참조되어야 할 것이다. 또한 연구기금 지원 결정과정에서의 평가를 연구심사과정에서 참조하는 것도 검토되어야 할 것이다. 연구기금 지원은 연구심사와는 주체가 다르며, 의학·생명과학 분야가 아닌 분야도 대상에 포함되기 때문에 연구심사와 조성금 교부를 위한 연구평가를 절차적으로 일체화할 수는 없지만, 연구에 대한 평가가 상호 참조되는 것은 양쪽의 연구평가에 정합성·일관성을 가져오는 계기가 될 뿐만 아니라 양쪽의 절차에 대해 효율성과

질의 향상을 가져올 수 있다.

(4) 다른 법령과의 관계에 대해서

〔 제언 5 〕
다른 법령에서 규정하는 규제를 해당 연구에 직접적으로 적용하는 것이 바람직하지 않은 경우에는 연구 규제 일반법에 해당 연구에 특화된 특별규정을 마련해야 할 것이다.

의학·생명과학연구에서도 각종 일반 법률에 의한 규제는 적용된다. 그러나 전술한 대로 개인정보보호법에 의한 규제가 연구에 적용됨으로 인하여 연구 현장에 혼란을 초래하는 것과 같이 일반적인 규제를 적용하는 것이 목적하는 성과를 끌어내지 못하는 경우가 존재한다. 그러한 경우에는 연구 규제 일반법('하위법령에 위임하는 형태로도 가능')에서 특별규정을 마련하여 해당 연구의 경우에 적합한 별도의 규제를 도입해야 할 것이다.

개인정보보호와 관련해서는 연구에 적합한 규제 방법을 강구하는 것이 긴급한 과제이며, 복수의 기관에서 공동연구를 행할 경우에 제삼자에 대한 정보제공규제의 완화나 연구기반으로서의 데이터베이스 구축이 원활하게 진행되도록 특별규정이 검토되어야 할 것이다. 또한 연구심사기관이 개인정보보호에 있어서도 일정한 규제 권한을 가지도록 하여, 연구심사기관의 허가에 의해 본인 동의가 면제될 수 있도록 하는 등 개인정보보호에 관한 규제구조를 수정하는 것이 고려되어야 할 것이다.

(5) 특수연구영역에서의 규제에 대해서

〔 제언 6 〕
게놈연구나 인간수정배아를 이용한 연구, 복제·특정배아를 이용한 연구 등의 특수연구영역에서는 연구 규제 일반법을 넘어선 특별규제가 필요하다. 이에 관해서는 별도의 법률 또는 행정지침으로 규제해야 할 것이다. 다만 이러한 경우에서도 연구심사는 동일한 기관이 담당하도록 하고, 동일한 연구심사 절차에 해당 특수영역의 특성을 고려한 심사를 하여야 할 것이다.

연구 규제 일반법의 규제는 의학·생명과학연구 전반에 적용되어야 할 공통규범을 의미하는 것이고 여러 특수영역의 연구에서는 별도의 규제를 행할 필요가 있다. 그러한 영역에서는 다른 법령이나 지침에 의한 추가적인 규제로서 연구 규제 일반법과는 별도의 규제를 결정할 필요가 있다.

그러나 그러한 특수영역의 규제에서 연구 규제의 절차나 심사기관을 별도로 정하는 것은 현재 법률의 규제처럼 공연히 연구 규제의 방식을 이원화하게 되어 심사의 효율과 질을 저하하는 결과를 가져오게 되어 적절하지 않다. 특수영역의 규제에서도 연구심사 등의 절차는 공통으로 하고, 동일한 절차 내에서 해당 영역의 특수성을 고려해야 할 것이다.

IV. 결론

의학·생명과학 연구는 새로운 의료기술이나 의약품·의약기기의 개발 등을 통해 사회 전반에 많은 혜택을 가져올 수 있다. 한편 역사를 돌이켜 보면, 연구에 의해 피험자의 권리를 비롯하여 여러 이익이 침해되는 결과를 가져온 온 경우도 있기에 연구에 일정한 규제를 하는 것이 필요하다. 그러나 일본에서의 15년 정도의 연구 규제 운영이 반드시 부적절한 연구를 배제하면서 연구의 성과를 최대한 이끌어 내는 적절한 규제였다고는 할 수 없으며, 여러 관점에서 불합리하고 비효율적으로 운영하여 왔다고 할 수밖에 없다. 이러한 상황이 계속되는 것은 연구의 적정화 및 연구의 촉진에 있어서도 바람직하지 않으며, 연구 규제의 제도설계는 전반적으로 재검토될 필요가 있다.

본고의 제언은 그러한 관점에서 연구 규제의 제도설계에 있어 근본적인 재검토를 요구하고, 구체적인 제도를 제안하는 것이다. 이런 대폭적인 제도개선이 가능한지 의문을 제기하는 견해도 있겠지만, 일본에서는 이러한 부적절한 제도를 신속하게 개정하지 않음으로 인하여 많은 폐해를 초래한 여러 사례가 있다는 점은 재차 언급할 필요가 없을 것이다. 이런 문제에 늦게 대응하는 것은 의학·생명과학의 발전을 저해하고, 사회 전반의 과학연구에 대한 신뢰를 상실하게 하는 결과를 낳게 될 것이다. 본고에서 지적한 과제나 그 해결의 방향성이 향후 제도개정 등의 검토에 있어 충분히 고려되기를 바라면서 글을 마치고자 한다.

제2장

연구를 활성화시키는 규제의 존재 방식
- 의학연구 규제의 가까운 미래상 -

辰井聡子(타츠이 사토코)

유전자분석(解析) 기술의 발달과 함께 의학연구에서 '기초와 응용', '기초와 임상'이라는 종래의 구별을 유지하는 것은 어렵게 되었다. 질환 관련 유전자에 관한 정보를 수집하고 분석하는 일은 질환 연구라는 의미에서는 '기초'적인 연구이지만, 정보를 제공한 개인의 신체를 안다는 의미에서는 진단에 가까운 '임상'적 성질을 가지며, 이러한 성과는 임상에 직결되는 경우가 자주 있다. 의학연구에 대한 규제의 어려움도 이 점에서 연유하고 있다. 인간의 건강이나 사생활이 침해될 우려가 있는 이상, '연구이기 때문에 자유'라고 할 수는 없다. 한편 리스크를 0으로 하기 위하여 엄격하게 규제하게 되면, 자유로운 연구 환경은 상실되고 선진적인 의료환경을 조성하는 것에 지장을 주게 된다. 이러한 사태에 대응해 가기 위해서는 규제방식 자체에도 혁신이 필요하다. 아래에서는 종래의 규제가 의학연구의 건전한 발전에 충분히 기여한다고는 할 수 없다는 점을 확인하고, 의학연구에 있어서 적합한 규제방식을 고찰하고자 한다.

Ⅰ. 검토의 시점

일본에서의 의학연구에 대한 규제를 검토에 있어서 평가지표로서 아래의 다섯 가지 시점을 설정하고자 한다. 이는 의학연구의 규제에 있어서 특별히 고려할 필요가 있는 사항이다.

1. 연구에 의해 침해될 우려가 있는 이익 · 가치가 적절히 보호될 수 있는가?

의학연구의 규제는 연구 참가자의 생명·신체, 자율성, 사생활 등의 이익, 그리고 사회적인 의사결정에 기초하여 보호할 만한 윤리적 가치를 적절히 보호할 수 있어야 한다.

2. 활기있는 연구 환경을 지원 · 촉진하는가?

의학연구의 규제는 과도하게 억제하는 것이어서는 안 되며, 자유롭고 활기 있는 연구환경을 조화롭게 지원·촉진하는 것이어야 한다. 또한 이익·가치의 보호(전술 1)가 활기 있는 연구 환경을 해치지 않도록 주의해야 할 필요가 있다. 보호의 범위가 적절하고 명확하다면 오히려 자유롭고 활기 있는 연구를 촉진하는 효과를 가져온다.

3. 연구자의 자율성을 존중하고 지원 · 촉진하는가?

연구가 촉진되면 될수록 일률적인 규제에 의하여서는 이익·가치의 적절한 보호를 도모하는 것이 곤란하게 된다. 개별·구체적 경우에 있어서 이익·가치의 보호는 연구자 자신의 손에 맡겨져 있다. 연구의 안전성·타당성의 유지와 활기 있는 연구 환경을 조성하는 것을 양립시키기 위해서는 연구의 타당성에 대한 책임을 연구자 자신 및 연구자 커뮤니티가 주체적으로 담당하는 문화가 구축될 필요가 있다.

4. 기본적인 가치판단은 민주적으로 이루어지고 있는가?

의학연구의 규제방식은 의학연구에 대한 사회의 가치판단이 반영된 것이어야 한다. 사회적으로 의학연구의 가치와 필요성을 적절히 평가하여야 비로소 생명·신체, 사생활, 생명윤리적 가치들과의 비교형량(위험·이익 평가)에 기초한 합리적인 규제 정도를 설정할 수 있다. 이러한 가치판단은 민주적인 형태로 시행되어야 한다.

5. 행정청은 민주적 가치판단 아래에서 적절한 역할을 담당하고 있는가?

일률적인 규제가 유효성에 한계를 가져오는 의학연구의 영역에서는 행정기관이 해야 할 역할이 크다. 행정기관은 높은 전문성과 조사능력을 이용하여 역동적으로 의학연구에 대한 지원·조정기능을 수행할 것이 요구된다.[1] 한편 행정기관의 규제적 기능이 민주적 가치판단(전술 4)을 벗어나 행해져서는 안 된다.[2] 행정기관은 연구 활동에 대하여 직접적으로 그 영향력을 행사하는 입장에 있다. 민주적 가치판단에 기초하여 위 1~3의 시점 아래에서 적절한 역할을 수행하는 것이 중요하다.

---

1) 辰井聡子ほか「次世代医療の実現に向けた法制度の在り方-提言」立教法務研究 7 号(2014年)183면.
2) '법률에 의한 행정'의 원리는 근대 법치국가의 기본원칙이다.

Ⅱ. 일본의 의학연구정책-간략화된 역사와 현재

1. 2개의 축 – 복제 · 인간배아, 유전자

의학계연구의 규제에 대한 논의가 활발해진 것은 1990년대 후반부터이다. 여기에는 복제기술, 유전자분석기술이라는 두 가지의 기술개발이 관련되어 있다. 일본에서 현재까지의 규제방식은 이 두 가지의 흐름을 각각 따라가 보면 이해하기 쉬운 구조로 되어 있다.

(1) 복제, 인간배아

(a) 준비 없이 시작한 논의

복제기술의 경우 사람에 대한 응용문제에서 시작하여 ES세포, 인간배아의 연구목적 이용으로 이어지는 흐름에 있어서 생명에 대하여 조작이나 연구목적 이용이 가능한가라는 근본적인 문제가 논란이 되던 당초부터 입법을 목적에 둔 논의가 이루어졌다. 이 영역에서의 기본원칙은 구 과학기술회의생명윤리위원회와 이를 이어받은 내각부 종합과학기술·이노베이션회의[3] 생명윤리전문조사회가 논의하였으며 그것을 기초로 하여 구체적인 시책은 문부과학성(구 과학기술청)이 담당한다는 것이 기본적 방침으로 되어 있다.[4]

특히 영미나 유럽 각국과 비교하면, 인간복제, ES세포 등의 문제는 일본에 있어서 수행하기 곤란한 정책과제였다고 할 수 있다. 예컨대, 미국은 인공임신중절과의 관계에서 이미 인간배아연구 문제를 논의

---

3) 동 회의는 2001년의 설치 시부터 2014년 5월 19일의 개칭까지 '종합과학기술회의'로 칭해졌다. 본고에서 당시의 활동에 언급하는 경우에는 개칭 전의 명칭을 사용한다.
4) 「ヒトに関するクローン技術等の規制に関する法律(인간에 관한 복제기술 등의 규제에 관한 법률)」(2000년 법률 제146호. 이하「복제기술규제법」이라 한다) 제4조 제3항에 의한다.

하고 있었다.[5] 독일은 일찍부터 우성적 조작에 대한 염려와 태어나지 않은 생명의 보호라는 관점에서 생식의료기술, 사람에 대한 유전자기술의 적용에 대해 논의를 진행하여 1990년에 배아보호법을 제정했다. 영국에서는 주로 생식보조의료의 남용에 대한 우려에서 생식보조의료 및 인간배아연구에 대한 규제논의가 이루어져 1984년에 그 유명한 Warnock보고서[6]가 발표되었다. 이에 반해 일본에서는 인공임신중절에 관한 논의가 중단되어 있었고 생식보조의료에 대하여 기정사실화 하고 있었으며 전통적으로 태어나지 않은 생명에 대한 보호의식이 약하였던 이유로 그동안 배아를 조작·연구이용으로부터의 보호가 정책과제로서 논의된 것이 없었다. '복제인간'의 가능성,[7] 그리고 인간 ES세포의 수립[8](1998)이 보고되어 국제적인 논의가 확산되고 난 이후에야 급히 대응하고자 하게 되었다.

(b) 규제 소극파와 적극파의 대립

복제기술에 의한 인간 개체의 생산을 금지해야 한다는 점에 대해서는 대부분의 국가가 일치하지만, 복제기술에 의한 인간배아생성과 인간ES세포의 수립을 포함하여 인간배아의 연구이용에 대해서는 영미유럽 각국 간에도 일치된 입장을 가지고 있는 것은 아니다. 영국, 미국과 같이 국가로부터의 자유를 중시하는 문화를 가진 국가에서는 인간배아의 연구이용이 일정한 제약 아래에서 인정되고 있다. 독일, 프랑스

---

5) 연방최고재판소가 인공임신중절을 금지하는 것을 위헌으로 판단한 Roe v. Wade 판결 (1973)의 다음 해에 연방의회는 인간배아연구에 대한 연방자금지출보류를 결정했다.
6) Great Britain & Warnock, M., Report of the Committee of Inquiry into Human Fertilisation and Embryology. London; H.M.S.O. 1984.
7) 최초의 포유류 복제인 복제양 돌리의 탄생이 보고된 것은 1997년 2월이었다(영국 Nature지).
8) 1998년 11월 위스콘신대 연구자에 의한 인간ES세포수립이 미국 Science지에 보고되었다.

와 같이 윤리적 가치의 공유가 시민적 가치로서 존중받는 경향이 있는 국가에서는 관점은 조금씩 다르지만 인간배아의 연구이용을 원칙적으로 금지하는 경향을 띠고 있다.

국가에 의한 확고한 전통적 입장을 찾기 어려운 일본에서는 이 두 가지의 가치관(윤리적 가치를 근거로 하여 규제에 신중한 입장 VS 적극적인 입장)의 대립에 의해 그때그때 정책이 결정되어 왔다고 할 수 있다. 그러나 이러한 대립은 일원적인 것이 아니라 윤리를 근거로 한 연구 규제에 대한 입장과 의학연구를 발전시키려는 입장이라는 두 가지의 요소에 의해 견해 간에 어느 정도의 변화(グラデーション)가 일어나고 있다.

(c) 복제기술규제법의 가치판단-규제 소극파의 승리?

(가) 개체 생산으로 이어지는 행위의 금지-첫「생명윤리법」

과학기술회의생명윤리위원회 복제소위원회의 보고서 '복제기술에 의한 인간 개체의 생산 등에 관한 기본적 사고방식(クローン技術による人個体の生産等に関する基本的考え方)'(1999년 11월 17일), 이를 받아들인 과학기술회의 생명윤리위원회보고서 '복제기술에 의한 인간 개체의 생산 등에 대해서(クローン技術による人個体の生産等について)'(1999년 12월 21일)는 모두 인간 복제 개체 및 키메라·하이브리드 개체를 생산시키는 행위는 형벌로 금지해야 한다고 했다. 그 근거로서는 기술의 안전성에 문제가 있을 뿐만 아니라 이러한 개체들의 생산은 인간의 육종(育種), 수단화·도구화로 이어지는 점, 특정인의 '복사'로 의식되는 인간을 만들어 내는 것은 개인 존중의 이념에 반한다는 점, 가족질서의 혼란 등 사회적 폐해를 초래할 우려가 있다는 것이었다.

「인간에 관한 복제기술 등의 규제에 관한 법률(ヒトに関するクローン技

術等の規制に関する法律」(2000년 법률 제146호. 이하 '복제기술규제법'이라 한다)은 인간 복제배아 등의 태내로의 이식을 금지했는데(제3조), 이는 위의 보고서의 기본방침에 따른 것이다. 규제의 근거는 복제 개체, 키메라 개체 등이 인위적으로 생성되면, 그에 따라 '인간 존엄의 보장 및 유지, 인간의 생명 및 신체에 대한 안전 확보 및 사회질서의 유지'에 중대한 영향을 미칠 가능성이 있기 때문이며, 동법의 목적은 이를 방지하여 사회 및 국민생활과 조화를 이룬 과학기술의 발전을 도모하는 것이다(제1조).

복제기술규제법은 '인간의 존엄'이라는 인간의 생명, 신체와 같은 구체적인 이익을 초월하는 윤리적 가치를 전면에 내세워 특정 행위를 규제한 법률이며, 그런 의미에서 '일본의 첫 생명윤리법'이라는 평가도 있다.[9]

(나) 복제배아 등

그러나 여기에서 규제 근거로 된 '생명윤리'는 상당히 한정적인 것이었다는 점도 고려하여야 한다. 이러한 점은 (태내 이식을 수반하지 않는) 배아의 취급에 대한 태도에서 나타나고 있다.

다소 시간을 소급하여 생각해 보자. 앞서 본 과학기술회의생명윤리위원회 및 인간복제소위원회의 보고서는 복제기술에 의한 인간개체의 생산을 중심으로 복제, 키메라·하이브리드 등 고유한 문제에 대해서 검토한 것이며, 배아의 '생명'으로서의 가치에 착안한 논의는 하고 있지는 않다.[10] 인간 ES세포수립에 대한 보고가 있은 후, 인간배아의 연

---

9) 町野朔「ヒトに関するクローン技術等の規制に関する法律―日本初の生命倫理法」法学教室 247号(2001年) 86면.
10) 보고서는 개체 생성을 목적으로 하지 않는 복제배아 등의 연구에 대해서 "거부반응이 없는 이식의료의 연구나 기초연구에서 유용하게 될 가능성이 있으며, 또한 개체를 생산하지 않는 한, 인간의 존엄의 침해나 안전성 측면에서의 중대한 폐해를 수반하는 것도 아

구이용은 일본에서도 정책과제로 되었지만, 이는 생명윤리위원회 산하에 (인간복제소위원회와는 별도로) 설치된 인간배아연구소위원회의 관할로 되었다.

인간배아연구소위원회보고서 '인간배아줄기세포를 중심으로 한 인간배아 연구에 관한 기본적 사고방식(ヒト胚性幹細胞を中心としたヒト胚研究に関する基本的考え方)'(2000년 3월 6일)(이하 '인간배아연구소위원회보고서')은 '인간배아의 연구이용 전반', '인간배아줄기세포(ES세포)', '인간복제배아 등의 취급' 등의 각각에 대하여 검토를 하고 있지만, 전체적 분위기는 '인간배아는 인간 생명의 맹아'이며 '윤리적으로 존중되어야 할 것'이므로 '신중하게 취급되어야 한다'. 따라서 연구를 위한 생성·이용 등은 의료나 과학기술의 발전을 위해서 특별히 필요성이 인정되는 경우에 한하여 엄격한 조건에서만 허용된다는 사고방식으로 일관하고 있다. 이에 따라 인간복제배아, 키메라·하이브리드배아에 대해서는 "인간복제배아 등을 생성·사용하는 연구는 원칙적으로 행할 수 있는 것이 아니지만, …(중략)… 과학적으로 그 실시를 인정할 필요성이 있는 경우에 한하여 엄격한 심사에 따라 개별적으로 실시의 타당성을 고려해 볼 여지를 남기는 것이 필요하다"고 했다. 동 보고서는 '특정 배아'로서 복제기술규제법에서 취급하는 이러한 배아들에 대해서 인간복제개체 등의 생산으로 이어질 우려가 있다는 이유에 더하여 인간배아의 조작, 연구목적에서의 인간배아생성에 있어서와 동일한 '윤리상의 문제'를 지적한 결과, 이러한 배아들의 생성·사용에 대해서 '원칙적 금지·엄격한 심사에 기초한 허가제'의 구조가 타당하다고 한 것이다. 이 입장은 인간

니"라고 하는 한편, "인간 생명의 맹아인 인간배아의 조작으로 이어지는 것인 점에서 인간복제배아의 연구에는 신중한 검토가 필요하다"고 언급하며, 인간배아연구소위원회의 검토 결과를 바탕으로 하여 "인간복제배아의 취급 등도 포함한 규제의 구조를 정비해 가는 것이 필요"하다고 했다. 그 부분의 검토는 인간배아연구소위원회에 위임한 모습이다.

복제개체의 금지 요청이 기본적으로 발생하는 '인간'의 존엄성을 염두에 둔 것임에 반해, 더욱 추상적인 배아의 '생명으로서의 존엄'이라고 하는 보호법익을 상정하고 있는 점에서 생명윤리를 근거로 한 규제로서 더욱 진일보한 내용을 가지는 것이라 할 수 있다.

그러나 중요하면서도 다소 이해되지 않은 점은 복제기술규제법은 생명윤리위원회의 보고(인간배아연구소위원회보고서를 받아들여 정리된 '인간배아줄기세포를 중심으로 한 인간배아연구에 대해서(ヒト胚性幹細胞を中心としたヒト胚研究について)'(2000년 3월 13일 과학기술회의 생명윤리위원회))에 따라 인간복제배아 등의 취급을 동법 내에 두었지만, 인간배아연구소위원회보고서의 입장을 채택하지는 않았다는 점이다.

법률의 취지를 이해하기 위해서 우선 참조해야 할 것은 제1조에 주로 규정되어 있는 목적규정이다. 이미 본 것처럼 복제기술규제법 제1조는 "인간 존엄의 보장 및 유지, 인간의 생명 및 신체의 안전 확보 및 사회질서의 유지"를 언급하고 있지만, 이는 인간 복제개체 등의 인위적인 생성에 의해 이것들이 침해될 우려가 있다고 하고 있을 뿐이며, 여기에서 말하는 '존엄'을 인간배아의 생명으로서의 존엄까지 포함하는 것으로 해석할 수는 없다. 동법의 목적은 어디까지나 '인간복제개체 및 교배(交雜)개체 생성의 방지 및 이와 유사한 개체의 인위적인 생성의 규제를 도모하고, 이로써 사회 및 국민생활과 조화를 이룬 과학기술의 발전을 기하는 것'에 한정하고 있는 것이다.

어디까지나 개체생산의 문제점으로 초점을 좁힘에 따라, 복제기술규제법은 특정배아연구에 대해서도 개체생성으로 이어지는 위험성을 관리한다는 목적에서 규제하게 되었다. 즉 동법은 특정배아연구에 대해서 문부과학대신에게 지침입안을 의무지우고(제4조), 특정배아를 취급하는 자에게는 지침의 준수의무를 규정하고(제5조), 특정배아의 생성·양수, 전입을 신고제로 규정했다(제6조).

'원칙적 금지'를 전제로 하는 허가제와는 달리 신고제는 원칙적 허용을 전제로 하는 구조이다. 지침의 책정, 준수의 의무부과도 배아연구가 허용되는 것을 전제로 하고 있기 때문에 필요하게 되는 것이다. 생명윤리를 보다 더 강조하고, 배아연구의 원칙적 금지를 주장한 '사고방식'과는 달리 복제기술규제법은 생명윤리를 근거로 한 규제에는 신중한 입장을 유지한 채로 인간배아연구에 대하여 원칙적으로 허용을 하고 있다.

(d) 복제기술규제법의 운용-규제 적극파의 반론

(가) 신고제의 허가제로서의 운용

심의회 등에서의 보고서가 입법을 제언한 후에 법안이 문자화되고 제안되기까지의 과정은 입법과정 중에서 가장 가시화되기 어려운 부분이지만, 실제로는 이 단계에서 중요한 변경이 이루어지는 경우가 많다. 복제기술규제법도 그러하다. 동법은 입법안작성 과정에서 내각법제국 등과의 교섭을 거쳐 인간복제배아 등의 배아연구에 대해서는 법률로 금지할 수 있을 만큼의 유해성은 없다고 판단되어[11] 신고제에 그친 것으로 추측된다. 그러나 입안 과정에 관련된 관리들에게는 특정배아연구의 원칙적 허용이 납득하기 어려운 것이었을지도 모른다. 동법은 신고제의 형식을 취하고는 있지만, 신고의 수리로부터 60일이 경과한 후가 아니면 계획을 실시해서는 안 된다고 하여(제8조), 실질적으로 허가제로서의 운용이 가능한 '별도의 과정'을 두고 있었다. 그리고 동법의 운용에서는 인간배아연구소위원회보고서와 친밀도가 높은 '별도의 과정'이 석극석으로 활용되게 된 것이다.

---
11) 무해한 행위를 처벌하는 법률은 일반적으로 헌법 제31조 위반이라고 해석되고 있다.

(나) 특정배아지침-지침에 의한 '원칙적 금지'화

복제기술규제법의 규정에 기초하여(제4조 제3항) '특정배아취급에 관한 지침'의 내용에 대하여 문부과학대신으로부터 자문을 받은 종합과학기술회의 생명윤리전문조사회는 복제기술규제법이 특정배아연구를 금지하고 있지 않다는 사실을 고려할 필요 없이 동법에서 채택되지 않은 인간배아연구소위원회보고서의 '기본적 사고방식'의 입장, 즉 인간배아 그 자체의 생명존엄을 중시하는 입장에서 지침을 검토했다. 그 결과 '특정배아의 취급에 관한 지침(特定胚の取扱いに関する指針)'(2001년 문부과학성고시 제173호. 2009년 문부과학성고시 제83호에 의한 개정 전의 것. 이하 '특정배아지침'이라 한다)은 "특정배아 중 생성할 수 있는 배아의 종류는 당분간 동물성 집합배아에 한하는 것으로 한다."(제2조)고 하여 복제기술규제법이 규정하는 특정배아연구의 대부분이 금지되었다. 동 지침에 의해 문자대로의 '원칙적 금지'화가 실현된 것이다.

여기에 대한 종합과학기술회의의 답변은 다음과 같다. "개개의 특정배아 각각에 대해서 생성을 허용해야 할지의 여부에 대하여 전술한 것과 같이 일본에서 인간배아문제 전체에 대하여 충분한 논의가 이루어진 것은 아니며, 인간배아의 연구이용에 관한 윤리적인 문제에 관한 사고방식에 대해서 더욱 깊이 논의할 필요가 있으므로 우선은 기본적으로 동물배아라고 생각되는 동물성 집합배아에 한하여 생성을 인정하기로 했다."

여기에서 묘한 전환이 발생하고 있는 점에 주목하고자 한다. "인간배아문제 전체에 대하여 충분한 논의가 이루어진 것은 아니다"라고 하는 답변이 타당하다고 하자. 법률에서 국민의 행동을 금지하기 위해서는 그 폐해가 구체적으로 분명히 예견되어 있어야 한다는 대원칙에 따르면, "충분한 논의가 이루어진 것은 아니다"라고 하는 것은 폐해의 발생이 분명하지 않다는 것과 다르지 않으며, 현 단계에서는 법적 규제가 불가능하다는 것이다. 그리고 이것이 복제기술규제법이 제시한 자세였다.

그러나 특정배아지침은 '충분한 논의를 한 것은 아니므로 일단 금지'라는 태도를 보였다. 법적 구속력이 없는 행정지침에서 이러한 태도를 보이는 것이 적지 않다. 그러나 특정배아지침은 복제기술규제법에 기초하여 책정되는 것이며, 동 지침위반은 복제기술규제법 위반으로 된다(지침 위반을 이유로 하는 개선명령을 위반한 경우에는 벌칙이 가해진다). 누구도 제소하지 않으므로 문제가 되지는 않지만, '신고' 절차를 통해 특정배아지침에 기초하여 연구가 제지된 측이 제소한 경우, 특정배아지침이 복제기술규제법의 위임의 취지에 반하는 내용을 포함하고 있기 때문에 최소한 부분적으로 헌법위반이라는 판단이 이루어졌다 하더라도 그다지 놀랄만한 것은 아니다. 법률 그 자체와 특정배아지침을 비교하는 경우, 특정배아지침에는 법률을 초월하는 독자적인 가치판단이 분명히 발견된다.[12]

(다) 그 후 - 지침 개정에 의한 금지범위의 변경

종합과학기술회의 생명윤리전문조사회는 인간배아를 '인간 생명의 맹아'로 위치지우며, 인간 존엄의 보호 관점에서 연구목적에서의 인간배아의 생성, 인간복제배아 등 특정배아의 생성·이용을 원칙적 금지했다. 그러나 '원칙적'이라는 용어부터도 살펴볼 수 있듯이 동 조사회가

---

12) 특정배아지침 측에 유리한 사정을 언급하면, 복제기술규제법 부칙 제2조는 "정부는 이 법률의 시행 후 3년 이내에 인간수정배아를 인간 생명의 맹아로서 취급하는 방식에 관한 종합과학기술회의 등에서의 검토 결과를 바탕으로 이 법률의 시행 상황, 복제기술 등을 둘러싼 상황변화를 감안하여 이 법률 규정을 검토하고, 그 결과에 기초하여 필요한 조치를 강구한다."고 하고 있으며, 종합과학기술회의에 '인간수정배아의 인간 생명의 맹아로서 취급하는 방식'의 검도가 요구되고 있었던 것은 확실하다. 그러나 그 내용이 복제기술규제법과 충돌하는 경우에 대비하여 예정한 것은 법개정이며, 지침에 의해 사실상 법률 내용을 변경해 버리는 것은 아니었을 것이다.

말하는 '인간의 존엄'은 어떠한 비교형량을 허용하지 않는 절대적인 것으로 해석되었던 것은 아니며, 당초부터 인간배아 등의 취급에 따르지 않으면 얻을 수 없는 과학적·의학적 성과를 얻을 수 있는 경우에는 예외적으로 그것의 취급이 허용될 수 있다는 생각이 내재되어 있었다.

이러한 견해에 기초하여 동 조사회는 그 후 특히 재생의료연구의 영역에서 인간배아생성, 인간복제배아생성의 필요성이 대두되어, 그 과학적·의학적 중요성을 이유로 '예외'로서 허용하게 된다. 2004년의 보고서 '인간배아의 취급에 관한 기본적 사고방식(ヒト胚の取扱いに関する基本的考え方)'(종합과학기술회의 2004년 7월 23일)은 인간배아생성에 대해 생식보조의료연구 목적으로 생성하는 경우와 특정배아 중 인간복제배아 생성에서는 다른 치료법이 존재하지 않는 난치병 등에 대한 재생의료기술의 연구를 위하여 인간복제배아를 생성·이용하는 것을 '예외'로서 허용되어야 한다고 했다. 나아가 2013년 8월 1일에는 특정 배아 중에서 유일하게 예외적 생성이 인정되었지만, '인간 또는 동물의 태내로의 이식을 금지한다'(특정배아지침)고 했던 동물성 집합배아에 대하여 이식용 장기 생성을 위한 기술개발의 발전을 목적으로 일정한 요건 하에서 동물 태내로의 이식을 인정한다는 태도를 취하였다.

또한 그 후 현재까지 동 조사회에서 주된 의제로 된 것에는 인간 ES 세포로부터 생성되는 생식세포를 이용한 인간배아생성, 게놈편집기술의 인간배아로의 응용이 있다.

전자에 대해 동 조사회는 "연구의 발전을 예측하여 늦지 않도록 논의를 할" 필요가 있다는 인식에서 이 문제에 대한 논의를 시작했지만, 결국 "생식세포의 생성연구는 꾸준히 발전하고 있지만, 현시점에서는 특정 생명과학이나 의학상의 지식을 얻기 위해 인간배아를 생성하는 것이 필요하다고 할 수 있는 연구단계에는 도달하지 않았으며, 또한 연구가 진행되는 방향을 지켜볼 필요가 있는 단계라고 생각되는 점에서 그 허용조건 등을 새롭게 제시해야 할 상황은 아니다"라고 하여 구체적인 판단은 회피하고, "검토를 재개해야 할 시기에 도달한 경우, 여기를 기점으로 논의를 시작하고, 조속히 최종적인 결론을 도출해 가기 위하여"라고 하여 논의내용을 정리하여 제시하는 것에 그쳤다(「인간줄기세포로부터 작성되는 생식세포를 이용하는 인간배아의 작성에 대해서」 (중간정리)」(생명윤리전문조사회, 2015년 9월 9일)).

게놈편집기술의 인간배아로의 응용이라는 과제에 대하여 당초 동 조사회는 임상이용-즉, 태내이식-은 용인될 수 없다는 입장을 취하면서 이후의 연구발전에 따라 충분히 과학적인 합리성, 사회적 타당성을 가지게 될 가능성을 부정할 수 없다고 하여 "개별적 연구가 윤리심사위원회에서 판단되는 것을 전제로 '배아의 초기발생이나 발육(분화)에서의 유전자의 기능해명'에 이바지하는 기초적 연구가 허용되는 경우가 있다"고 언급하고 있는 정도이고, 문부과학성에 지침의 개정 내지 책정을 요구하지는 않았다. 어떤 의미에서는 게놈편집기술의 구체적인 활용방식에 대해서는 연구자 집단의 자율에 맡겨진 상태이다. 그러나 그 후 연구자 측에서는 국가에 의한 학회와의 협력관계에 기초한 윤리심사구상, 어디까지나 학회에 의한 자율적 규제라고 하는 입장을 관철하고자 하는 전문조사회에 대한 반발 등 우여곡절을 거쳐,[13] 결국 국가가 어떠한 지침을 제시하여야 한다는 방향으로 귀결되는 것 같다.

(라) 소결

배아연구에 관한 규제는 '인간 생명의 맹아인 인간배아의 존중'이라는 이념에 기초한 특정배아지침의 채택 이후, 순전히 생명윤리에 기초

---

13) 그간의 우여곡절에 대해서는 불충분하지만 辰井聡子「先端生命科学技術の規制·正しさを語る社会を作る」法律時報1115号(2017年)23면 이하에서 검토했다.

한 규제로 되어 있었다. '법과 윤리의 구별'은 현재에도 중요한 명제이지만, 충분한 논의 결과 일정한 합리적인 범위에서(구체적인 이익 침해를 넘은) 윤리적 가치를 보호하는 것은 국가의 역할로서 인정되어야 한다고 생각한다. 그러나 서구 국가들에서의 그리스도교와 같은 분명한 종교적·윤리적인 기반을 가지지 않는 일본에서 윤리적 가치를 언급한 규정을 유효하게 기능하도록 하는 것이 쉽지 않은 것도 충분히 고려할 필요가 있다.

실제 일본의 인간배아 연구 규제는 실체를 가지지 않는 윤리적 가치를 언급함에 따라 투명성을 현저히 결여한 것으로 되어 있다. 이것이 연구에 있어 어떠한 영향을 초래할 수 있을지를 아래의 다음 장에서 정리하여 제시하고자 한다.

(e) 복제기술규제법에 기초한 규제체계-'윤리'를 방패로 한 신중론?

'생명의 맹아로서 인간배아의 존중'이라는 이념은 당시의 종합과학기술회의에서 내세운 것이지만, 반드시 일본의 역사와 전통에 충분히 근거한 가치관이라고는 할 수 없다. 그렇기 때문에 그 구체적인 내용이 분명하다고는 할 수 없으며, 개별 안건에 대해 그 가부를 확실히 구분할 수 있을 만큼의 내실을 가진 것은 아니다.

이에 현행 지침은 말하자면 '신중론'의 입장에서 사전에 '인간배아존중'의 관점에서 인간배아연구를 넓게 금지해 두고, 구체적인 안건이 나올 때마다 유용성을 심의하여 금지를 해제한다는 방법을 취하고 있지만,[14] 이 방법은 아래에서 개조식으로 언급하는 것처럼 자유로운 연구환경, 연구자 자율성의 유지와 촉진이라는 관점(Ⅰ검토의 시점 2, 3) 및 규

---

14) 구체적으로는 그 때마다 내각부 종합과학기술회의 생명윤리전문조사회가 논의하고, '인간배아의 생명으로서의 존중'을 능가할 만큼의 유용성이 인정되는지 여부를 판단한 후, 이에 기초하여 지침개정 등이 행해진다.

제에서의 국회와 행정의 역할분담이라는 관점에서도 아주 문제가 있다(동 4, 5). 그다음으로 -이는 과거 위원이었던 자로서 체감하는 것이지만- 이 방법에 따라 최종적으로 지켜야 할 이익·가치를 확실히 지킬 수 있을지 아주 의심된다고 생각한다(동 1).

① 이 방법은 사실상 개별, 구체적인 연구의 가부를 행정기관이 판단하게 된다는 점에서 연구의 자율성을 현저히 침해하는 것이다. 무의미한 신중론은 연구단체에 대한 불신의 메시지이며, 연구를 실시해도 좋은지 여부는 정부가 판단한다는 메시지에 따라 자발적인 논의의 계기를 박탈하여 활력도 잃을 것이다.
② 이 방법에서 행정은 상황에 따른 즉각적인(ad hoc) 판단밖에 하지 않기 때문에, 연구자 단체는 장차 어떤 연구가 허용될 수 있는지를 예측할 수 없다. 예측 가능성이 침해되기 때문에 활발한 연구환경은 크게 훼손되었다고 판단된다.
③ 애초 '생명의 맹아로서 인간배아의 존중'이라는 이념 자체가 복제기술규제법이 설정한 틀을 크게 벗어나는 것이며, 현재는 민주적 가치판단이 존중되지 않는 상태라고 평가할 수밖에 없다(국회를 유일한 입법기관으로 하는 헌법의 취지에도 반한다).
④ '인간배아의 존중'이라는 이념 자체에 실체가 없으며, 그때마다 행정이 즉각적으로 적부(適否)를 제시한다는 것은 민주적 가치판단이 행하여지지 않는 사항에 대하여 행정이 중요한 의사결정을 행하고 연구를 억제한다는 것이며, 행정권이 과도하게 행사된다고 할 수밖에 없다.
⑤ 현재의 방법은 생명윤리상의 고려에 기초한 '신중론'의 입장에서 연구에 제어를 가하고 있지만, '인간배아의 존중'이라는 이념 속

에 연구자단체가 과학적·의학적 유용성을 긍정한 연구에 제어를 가할 수 있을 만큼의 실체가 보이지는 않는다. 이는 생각건대 과학적·의학적 유용성이 인정될 수 있으면, 어떤 연구라도 최종적으로는 긍정될 수밖에 없으며, 궁극적인 의미에서의 제어가 되지 않는 것을 의미한다.

(f) 개선의 방향성

이러한 사태를 개선하기 위해서는 우선 복제기술규제법의 구조를 크게 뛰어넘은 지침 내용이 재검토될 필요가 있다. 구체적으로는 동 지침에 기초한 '금지'를 해제한 후에 규제 여부를 결정하고, 국가의 인간배아연구에 대해 태도를 새롭게 결정할 필요가 있다. 이는 지침 개정이므로 반드시 입법의 형식을 요구하는 것은 아니다. 그러나 종합과학기술·혁신회의에서의 의사결정을 중심으로 한 그간의 규제가 해당 연구에 미쳐 온 영향력의 크기를 생각하면, 단순히 지침을 개정하는 방식으로 규제방식을 변경하는 것이 바람직하다고는 할 수 없을 것이다(그것은 나름대로 입법이라는 민주적인 의사결정에 대해 행정력이 과도하게 영향력을 미친다는 인상을 주게 될 것이다). 현재 상황을 변경하는 데에는 새로운 입법의 형태로 민주적 가치판단을 보여주는 것이 필요하다.

본고는 결론적으로 의학연구 전반을 규율하는 입법의 필요성을 언급하고자 한다. 그러나 인간배아연구에 있어 문제 되는 윤리성은 통상의 의학연구의 시비를 판단할 때의 이익형량방식(신체 및 자기결정권을 중심으로 하는 피험자의 권리·이익에 대한 리스크, 의학연구에 의해 얻을 수 있는 이익과의 비교형량)에 편승하는 것은 아니므로(인간존엄의 침해와 이익과의 비교형량은 본래 난센스다), 이러한 과제에 대해서는 기본법과는 별도로 가치판단을 보여주는 것이 타당하다.

윤리적인 관점에서의 규제는 규제의 근거가 되는 가치판단을 가능한

한 명확히 하고, 금지해야 할 행위를 특정하여(pinpoint) 금지함으로써 불필요한 위축효과를 발생시키지 않는 것이 특히 중요하다. 옳고 그름을 분명하게 판별하기 보다는 규제가 정당화되지 않는 영역은 학술연구 커뮤니티에서의 논의와 책임 있는 판단에 맡기는 것이 더욱 안정적인 질서로 이어진다고 생각된다.

(2) 유전자분석연구-임상연구로서의 현 상황, '개인정보보호'와의 대립

(a) '문제점'의 강조-유전자분석 = '차별'?

현재 의학연구의 발달은 게놈과학의 발전이 가능케 했다고 할 수 있다. 인간의 신체를 관찰하는 것 외에 정보가 없었던 시대에 인간의 생명·신체에 관한 기초적 연구는 동물실험을 통해 행하든지, 인간의 사체를 이용하는 이외에는 방법이 없었다. 게놈기술은 신체의 아주 작은 단위에서부터 유전자 배열을 이해하여 인간의 신체에 관한 방대한 정보를 얻는다. 이로 인하여 인간의 생명·신체를 직접적인 연구대상으로 하는 것이 비로소 가능하게 되었다.

게놈분석연구의 발전은 의학연구에 서 아주 혁신적인 의미를 가질 수 있는 것이었지만, 그의 영향으로 인하여 윤리적인 관점에서의 우려도 큰 관심을 받게 되었다. 생각건대, 일반 시민에게는 의학연구에서 게놈분석기술의 기본적인 중요성이 이해되기도 전에 게놈분석의 문제점을 지적하는 소리가 먼저 들렸으며, 그 상황은 현재도 계속되고 있다고 생각한다.

1997년에 채택된 유네스코 '인간게놈과 인권에 관한 세계선언'은 제1조에서 "인간게놈은 인류사회 모든 구성원의 근원적인 단일성 및 구성원들의 고유한 존엄과 다양성 인식의 기초이다. 상징적인 의미에서 인간게놈은 인류의 유산이다"[15]고 주창했다. "인류의 유산"이라는 용어는 다의적이지만, 전체적으로 보면 동 선언은 게놈정보가 차별 등의 부당한 취급을 초래할 우려가 있는 정보이며, 동의가 없는 게놈정보의 분석·수집·연구 등으로부터 보호되어야 할 것으로 파악하고 있다는 것을 알 수 있다.[16] 이를 받아들여 책정된 일본의 과학기술회의 생명윤리위원회 보고서 '인간게놈에 관한 기본원칙'(2000년 6월)도 기본적으로 이 사고방식을 계수한 것이었다.

여기에서 제시된 기본적 사고방식에 기초하여 일본에서는 연구자가 따라야 할 절차 등을 구체적으로 정한 '인간게놈·유전자분석연구에 관한 윤리지침'(2001년 문부과학성·후생노동성·경제산업성 고시 제1호. 이하 '게놈지침'이라 한다)이 책정되어 오늘에 이르기까지 게놈연구를 하는 자가 참조하여야 하는 지침으로서 중요한 위치에 있다.

(b) 인간시료를 개재한 '임상연구'와의 동일시 -'불신의 체계'로부터의 출발

유전자분석기술의 진전에 따라 인간 신체의 일부(이하 '인간시료'라 한다)로부터 많은 정보를 읽어낼 수 있게 되었다는 점은 전술했다. 이에 따라 중요성이 증가된 것이 게놈분석기술 이외에 또 한 가지인데, 인간시료이다.

---

15) 문부과학성의 가역(仮訳)에 따른 것이다. '인간게놈과 인권에 관한 세계선언', 문부과학성 웹사이트(http://www.mext.jo.jp/unesco/009/005/001.pdf).
16) 전문에는 "인간게놈에 관한 연구 및 그 결과의 응용이 개인 및 인류 전체의 건강의 개선에서의 발진에 광범위한(広大) 발전을 열 것을 인식하여"라는 문언도 있지만, 바로 이어서 "그러나 그러한 연구가 인간의 존엄, 자유와 인권 및 유전적 특징에 기초한 모든 형태의 차별 금지를 충분히 고려하여야 할 것을 강조하여"라고 하듯이 게놈연구의 의의라기보다는 문제점을 강조하는 내용으로 되어 있는 점은 부정할 수 없다.

이제는 인간시료만 있으면, 인간의 신체 그 자체에 일체 관찰·침습을 하지 않고도 인간을 연구할 수 있다. 이 점을 중요하게 본 것이 세계의사회이다. 세계의사회는 2000년에 소위 '헬싱키선언'(인간을 대상으로 하는 의학연구의 윤리적 원칙)을 개정하면서, 동 선언의 대상인 "인간을 대상으로 하는 의학연구"에는 "개인을 특정할 수 있는 인간유래의 재료 및 개인을 특정할 수 있는 테마의 연구"도 포함된다고 하였다. 일본에서 2003년에 책정된 '임상연구에 관한 윤리지침'(2003년 후생노동성 고시 제255호. 이하 '임상연구지침'이라 한다)도 이를 참고하여 '임상연구'를 다음과 같이 정의하였다. "의료에서 질병의 예방, 진단 및 치료방법의 개선, 질병원인과 질병상태의 이해 및 환자 생활의 질 향상을 목적으로 실시되는 의학계 연구로서 인간을 대상으로 하는 것(개인을 특정할 수 있는 인간 유래의 재료 및 테마에 관한 연구를 포함한다)".

임상연구지침과 게놈지침을 비교하면, 시료를 분석하는 연구에 관해서는 게놈지침 쪽이 더욱 엄격한 내용이기 때문에, 게놈연구가 임상연구지침의 대상으로 된 점에서 더욱 엄격한 규제가 미치게 되었다는 것은 아니다. 그러나 인간시료를 이용한 유전자분석연구가 임상연구와 동일시되고, 그 구조 내에서 논의되게 된 것은 전체적으로는 게놈연구의 과도한 규제로 이어질 여지를 만들었다고 평가할 수 있다.[17] 헬싱키선언이 채택하고 있는 원칙들은 제2차 세계대전 중의 독일 나치에 의한 인체실험에 관해 뉘른베르크 재판에서 제시된 인체실험에 관한 윤리원칙(뉘른베르크 코드)에서 유래한다.[18] 헬싱키선언이 채택된 1964년 이후 특히 미국에서 현저히 반윤리적인 인체실험이 자주 고발되었다. 헬싱키선언으로 대표되는 임상연구에 관한 윤리적 원칙들은 이러한 역

---

17) 구체적인 예를 들면, 시료제공자의 '철회권'이 절대시되고, 연구가 시작된 후에도 항상 시료의 철회를 가능케 해야 한다고 해석되는 경향에 있었다는 점은 '인체실험'과의 유사점(analogy)에서 왔을 것이다.
18) 市野川容孝『生命倫理とは何か』(平凡社, 2002年) 10면.

사를 배경으로 형성되어 온 것이며, 환자를 연구재료로 보는 의사에 대한 불신에 기초하고 있다. 다소 과장되게 말하자면, 인간시료를 이용하는 유전자분석연구는 유망한 미래를 향한 첫걸음의 단계부터 좋지 않은 '불신의 체계'에 사로잡히게 된 것이다.

(c) 개인정보보호의 물결

현재에 이르기까지 게놈연구 규제에 대한 논의에 혼란을 주고 있는 또 하나의 요인은 「개인정보의 보호에 관한 법률」(2003년 법률 제57호. 이하 '개인정보보호법'이라 한다)이다.

보도나 학술연구는 개인정보를 포함하는 모든 정보를 취급하게 되는 것이 해당 업무의 속성이라고 할 수 있다. 그렇기 때문에 개인정보보호법은 보도, 저술, 학술연구, 종교, 정치 등 각 영역을 적용 제외로 하는 규정을 두고 있다(제50조). 보도의 자유, 언론의 자유, 종교의 자유, 학문의 자유, 정치활동의 자유에서는 행정기관에 의한 침해가 헌법상 허용되지 않기 때문에 개인정보보호법은 동법상의 의무이행에 있어서 주무대신의 관여를 인정하고 있고, 동법이 개인의 권리·이익의 침해가 발생하지 않도록 예방적인 규율을 하는 점과 전술한 활동을 같이 검토해 보면 행정기관에 의하여 전술한 활동들을 과도하게 억제할 우려가 인정되기 때문이다.[19]

실제로는 특히 의학연구에서의 개인정보 이용에 있어서 개인 참가의 원칙에 기초한 본인에 의한 통제를 기본으로 하는 개인정보보호법의 구조가 반드시 적절하다고는 할 수 없다. 의학연구에서는 의학연구가 공공적 가치를 가지는 점을 전제로 개인정보보호법의 기본적인 사상

---

19) 園部逸夫編, 藤原靜雄·個人情報保護法制研究会著『個人情報保護法の解說』(ぎょうせい, 2003年) 233면 이하.

과 모순되지 않는 선에서 의학연구에 상응하는 적절한 규제구조가 구축될 필요가 있다고 생각된다.[20] 개인정보보호법은 적용 제외의 규정을 마련함에 따라 의학연구에 맞는 특별법 등을 구상할 여지를 부여하게 되었다.

그런데 법의 배려에 반하여 게놈연구를 포함한 의학연구가 '적용 제외'의 취지에 따른 취급을 받는 경우는 없었다. 게놈연구에 있어서 보면, 개인정보보호법을 받아들여 개정된 게놈지침은 개인정보보호를 위한 방책으로써 개인의 동의를 기초로 하며, 동법과 완전히 같은 규율을 두었기 때문이다.

(d) 개인정보보호법제의 유입에 따른 혼란

개인정보보호법제에 따라 게놈연구에 대한 규제가 크게 혼란스럽게 된 예로서 정보공개의 문제가 있다. 유전정보의 공개문제는 2008년 게놈지침 개정 시에 초점의 한 대상이었다

게놈지침은 제정 당시부터 시료의 제공자 스스로 유전정보의 공개를 희망하는 경우에는 원칙적으로 공개해야 한다는 규정을 두고 있었다. 개인에게 소위 유전병(단일한 유전자에 의해 질환의 유무가 결정되는 단일유전자질환 등)이 있는지를 자세히 조사하는 연구에 있어서 당해 개인이 희망하면 그 정보를 알려주어야 하는 것은 당연하며, 주로 이러한 고려에 기초한 규정이다.

그러나 연구의 발전, 주로 게놈해독장치(시퀀서)의 고도화에 따라 다른 형태의 게놈연구가 일반화됨으로 인하여 연구자의 대부분은 공개를 원칙으로 하는 것이 오히려 부적절하다고 생각하게 되었다. 다수의 유전정보를 포괄적으로 해독하여 얻은 대량의 데이터를 분석하여 생활습관병 등의 다인자질환의 인자를 해명하도록 하는 것과 같은 연구

---

20) 辰井・전게각주(2)185면.

에서는 시료 제공자의 유전자를 해독은 하지만, 그 자체로 유의미한 결과를 얻을 수 있는 것은 아니다. 나아가 정보를 대량으로 취급하는 이러한 형태의 연구에서는 의료에 이용하기 위한 검사와 같이 정밀도가 높은 해독방법이 이용되는 것도 아니다. 그런데도 '제공자가 희망하면 공개'라는 원칙을 유지하면, 불확실한 정보가 불확실한 채로 제공자에게 전달되게 되며, 오히려 제공자에게 불편한 결과가 쉽게 발생하는 것이 가능하기 때문이다.

게놈지침의 개정을 논의한 위원회에서도 위원의 대부분은 오히려 유전정보는 공개하지 않는 것을 원칙으로 해야 한다는 의견이었으며, 이러한 견해에 대하여 실질적인 관점에서 반대하는 의견은 거의 없었다. 그럼에도 불구하고 개정 후의 지침에서도 유전정보는 공개하는 것이 원칙이 되었다. 왜냐하면 행정 측에서 공개를 원칙으로 하지 않으면, 개인정보보호법의 취지에 반할 우려가 있다는 견해가 있었기 때문이다.

이러한 논의는 반복적으로 왜곡되어 있다. 첫째, 개인정보보호법 자체가 학술연구에 특별한 고려를 요구하고 있으며, 이는 특별한 고려가 필요한 경우가 발생하고 있음에도 불구하고, 연구의 적정성이나 시료 자료 제공자의 이익보호보다도 형식적으로 개인정보보호법에 따르는 것이 우선시되었다.[21] 둘째, 가령 개인정보보호법에 따르는 것을 전제로 하였다고 하더라도 게놈지침에는 유전정보에 관한 규정과는 별도로 '개인정보'의 보호에 관한 규정이 마련되어 있으며, 유전정보라 하더라도 특정 개인이 식별가능한 것은 개인정보로서 취급을 받는다. 그럼에도 불구하고 "유전정보의 성질상·해석상 개인정보에는 해당하지

---

21) 또한 게놈지침이 「개인정보의 보호에 관한 법률」(2003년 법률 제59호. 이하 '개인정보보호법'이라 한다)의 적용 제외 규정을 거의 무시한 배경에는 독립행정청법인 등이 가지는 개인정보보호법 적용 제외 규정이 마련되어 있지 않은 점과도 관계있다. 이 점도 (후술하듯이) 새로운 입법이 요구되는 하나의 이유이다.

않는 유전정보라 하더라도 개인의 특정으로 이어지는 경우가 전혀 없다고는 할 수 없으므로, 개인정보보호법의 규정에 따라야 할 것이다"는 이유에서 말하자면 '만일을 위해' 유전정보에 대해서도 공개가 원칙으로 된 것이다.

게놈연구에 있어 연구에 의해 얻어진 유전정보를 어떻게 취급할지는 피험자를 보호하고 연구의 타당성을 유지하기 위한 가장 중요한 과제이다. 개인정보보호법이 제정된 것은 2003년이지만, 연구에서의 유전정보의 취급에 관한 논의는 당연히 그 이전부터 축적되어 게놈지침에 반영되어 오고 있다. 그러나 개인정보보호법은 적용 제외 규정에도 불구하고 거의 그대로 게놈지침에 적용되었다. 그 결과 게놈연구의 윤리성에 관한 관계자의 논의는 무시되고, 연구의 윤리성 및 연구 참가자의 이익보다도, '개인정보보호라는 외관'이 더욱 중시되게 되었다. 이를 본말전도라고 하는 것 이외에 달리 표현할 방법이 있을까?

적용 제외의 취지를 중요하게 고려하지 않고 관련되는 지침이 개인정보보호법을 따르게 하기 위해서 행정 및 연구자 커뮤니티가 우왕좌왕하는 사태는 2015년의 개인정보보호법 개정-그 자체는 유전정보의 연구현장에서의 이용을 고려하여 행해진 것은 아님-에 대한 대응을 둘러싸고도 반복되었다.

(e) 문제점-입법에 의한 가치판단의 결여

이상 본 것처럼 게놈연구의 규제는 적정하게 행해지고 있다고는 할 수 없다. 지나치게 상세하며 과도하게 엄격한 규제를 포함하는 지침은 그럼에도 불구하고 각 기관에 대한 행정감독권, 연구비의 배분권한 등을 통해 사실상 법률과 동등한 구속력으로 현장을 구속하고 있다. 이는 활기찬 연구 환경에 조화로운 것도, 연구자의 자율성을 촉진하는 것도 아니며, 오히려 그것들을 훼손시키는 것이다. 한편, 중대한 지침위반으로 인하여 연구 참가자의 이익이 침해되는 결과가 발생했다 하더라도, 행정지침에 불과하기 때문에 피해자 자신이 민사소송으로 다투는 이외에 다른 피해회복의 수단이 없다.

지침에 의한 규제를 통하여 연구 참가자의 이익을 최우선적으로 생각한다고 할 수 없는 경우도 이미 보았다. 이러한 규제는 행정지침을 통한 행정지도에 의한 것이며, 개인정보보호법에서의 적용 제외 규정이 적용되지 않음을 포함하여 국회를 통한 민주적 결정은 어느 경우에도 제대로 기능하고 있지 않다. 그 중에서 행정은 민주적 가치판단을 벗어나 자의적으로 권력을 행사하는 주체로 되어 버렸다. 학술연구 규제의 존재 방식으로써는 '나쁜 교본'과도 같은 것이다.

왜 이렇게 되어 버렸을까? 그 원인 중 가장 큰 것으로서 필자는 '입법에 의한 가치판단의 결여'를 지적하고자 한다.

게놈분석기술은 현재 인간의 신체에 관한 정보를 얻기 위한 가장 기본적인 도구이며, 그 연구 환경의 충실함은 의료·의학연구의 발전을 위해서 불가결한 기반정비로서 행해져야 하는 것이다. 그러나 이미 본 것처럼 게놈연구에서는 당초부터 부정적인 인상이 과장되게 전해져 왔다. 물론 인간의 신체에 관한 정보를 용이하게 얻을 수 있는 점에서 윤리적인 문제가 다수 있는 것은 당연하다. 그런데도 게놈정보의 기본적인 중요성을 생각한다면 필요한 것은 그러한 과제들에 의한 리스크의 최소화이며, 연구 그 자체의 억제는 아니다. 문제는 지금까지 일본에서는 그러한 전제에서 정책결정이 행하여지지 않았다는 것이다.

그 원인은 입법에 의하여 게놈연구를 포함한 의학연구의 가치가 명시되어 있지 않은 점에 있다고 생각한다. 가령 행정관이 게놈연구의 중요성을 이해하고 있다 하더라도 국가로서의 가치판단이 명확하게 제시되지 않은 때에는 국민의 막연한 불안을 더욱 중요시하는 규제에 눈길을 돌릴 수밖에 없다. 특히 개인정보보호의 요청과 같이 입법으로 명확하게 제시된 가치와 대립이 있는 경우에는 입법으로 제시된 명제가 우선적으로 고려되기 쉬울 것이다. 연구 규제의 존재 방식은 연구 그 자체의 가치와 개인정보의 누설 등을 포함한 리스크를 함께 비교형량하는 것으로 결정하여야 하는데, 현재 상황에서는 한쪽의 리스크만이 입법의 형태로 나타나고, 연구의 중요성은 가치로서 제시되어 있지 않고 있다.

Ⅲ. 어떠한 입법이 필요한가

1. 의학연구에 관한 기본법

본고에서는 인간배아연구, 게놈연구의 규제를 중심으로 논했지만, 의학연구규제에 있어서는 「재생의료 등의 안전성의 확보 등에 관한 법률」(소위 '재생의료등안전성확보법'. 2013년 법률 제85호)의 제정, '인간을 대상으로 하는 의학계연구에 관한 윤리지침'(2014년 문부과학성·후생노동성고시 제3호)의 제정(임상연구지침 및 '역학연구에 관한 윤리지침'(2002년 문부과학성·후생노동성고시 제2호)의 개정)과 같은 큰 주제도 있었다. 이는 인간을 대상으로 한 연구 전반을 규율하는 법적 구조가 존재하지 않는 가운데 과도한 시책으로 보아야 할 것이며,[22)23)] 장래의 입법은 재생의료, 의학연구 전반을 함께 대상으로 하는 포괄적인 입법으로서 검토될 필요가 있다고 생각

---

22) 「재생의료등의 안전성의 확보등에 관한 법률」(2013년 법률 제85호)에 의한 규제를 과도한 것으로 보아야 할 것을 포함하여 동법을 비판적으로 검토한 문헌으로서 辰井聡子「再生医療等安全性確保法雄の成立・再論」年報医事法学30号(2015年) 117면 참조.
23) 또한 임상연구법(2017년 법률 제16호)이라는 명칭의 법률이 있지만, 동법은 말하자면 임상시험('의약품 등을 사람에게 이용함에 따라 당해 의약품 등의 유효성 또는 안전성을 분명히 하는 연구'(동법 제2조)만을 대상으로 한 것이며, 인간을 대상으로 하는 의학연구 전반에 미치는 것은 아니다.

한다.[24)]

아래에서 새로운 입법에 필요하다고 생각하는 요소를 개조식으로 언급하고, 약간의 설명을 부기한다.

① 새로운 입법은 모두(冒頭)에서 게놈연구를 포함한 의학연구의 기본적인 중요성을 확인하고, 의료의 질, 보건위생의 향상을 위해서 의학연구 전반을 보호·육성·촉진하는 것이 국가의 역할인 점을 명확히 제시해야 한다.
[설명] 본고에서 본 것처럼 연구에 대한 과도한 규제, 부적절한 규제는 연구에 대한 가치판단이 명확하게 제시되지 않는 것에서 비롯된다. 이러한 상황에서는 우선 연구의 중요성에 대한 민주적 가치판단이 입법의 형태로 제시되는 것이 상황을 정상화시키는 출발점이 된다.

② 새로운 입법은 환자·피험자의 보호를 위한 의료자·연구자의 기본적인 책무를 명시해야 한다.
[설명] 환자·피험자에 대한 충분한 설명과 동의(사전 동의)의 필요성, 유해 사항에 대한 대응 등에 관한 준수사항이나 절차는 행정지침에 규정되어 있을 뿐이며, 법률상의 규정은 존재하지 않고 있다. 규정들 중 기본적인 것은 법률에서 규정하고, 그 준수 필요성을 더욱 명확하게 제시하는 것이 필요하다. 그중에서도 특히 중대한 사항은 벌칙을 고려해도 좋을 것이다.

③ 새로운 입법은 일정한 연구에 대해 윤리심사의무를 부과하고, 관련되는 실체적·절차적 사항을 정해야 할 것이다.
[설명] 윤리 심사의 실시는 현재는 지침상 요청되고 있음에 그치

---

24) 아래의 고찰은 辰井·전게각주(2)를 기초로 한 것이다.

지만, 환자·피험자 보호의 필요성이 있는 연구의 경우에는 법률에 의하여 의무를 부과하여야 할 것이다.

윤리 심사라고 하는 시스템은 연구자의 자율에 기초를 두고, 국가가 학문연구의 자유를 침해하지 않고 연구의 타당성을 보호 및 유지하는 방법이다. 그런데도 국가가 윤리심사를 의무토록 하는 경우에는 윤리 심사는 단순한 자율적 규제가 아니라 법률의 위임에 따른 행정권 행사로서의 성격을 가지게 된다. 불승인에 의한 연구의 금지는 일종의 불이익처분이므로 공정한 판단을 담보하기 위하여 사전에 법률에 심사항목을 명기하고, 또한 적정절차의 보장을 위한 각종 규정(청문권의 보장, 불복신청의 절차 등)이 마련될 필요가 있다.

④ 새로운 입법에 있어서는 의료정보의 이용·활용과 보호에 관한 실체적·절차적 규정이 정비되어야 할 것이다.

[설명] 개인정보보호법과의 조정이 과제인 점은 본문에서 언급했다. 의료·의학연구에서 이용되는 정보는 미묘성(機微性)·요비닉성(要秘匿性)이 높음과 동시에 사회자원으로서 이용·활용할 필요성도 아주 높다는 특징을 가진다. 사생활 등 개인의 권리·이익을 확실히 보호하면서 정보의 이용·활용을 위축시키지 않도록 의학연구에 적합한 제도가 구상되어야 한다. 그 실현을 위해서는 입법이 필요한 상황이며, 이는 의학연구 전반에 대한 규율 가운데에서 실현되는 것이 적당하다.

⑤ 환자·피험자의 보호와 의사의 재량성과 학문연구의 자유를 양립시키기 위해 신법은 기본적인 준수사항만을 의무지우고, 세부적인 규율의 책정과 준수는 학회 등의 연구자 커뮤니티에 위임해야 할 것이다. 이러한 형태로 행정청이 가이드라인을 책정하는 경우에도 그 준수를 법률에서 의무 지워야 할 것은 아니다.

[설명] 의료·의학연구는 항상 그 상황에 따라 개별적으로 유연한 판단을 요구하는 것이며, 현장의 의사·연구자가 책임지고 최종적으로 판단하는 것이 환자 또는 피험자에게 적절한 의료를 제공하기 위한 불가결한 전제인 점을 잊어서는 안 된다. 그러한 의미에서 의사의 재량성과 학문연구의 자유는 환자 또는 피험자의 이익에 대립하는 것이 아니라, 환자·피험자를 위해서도 필요한 것이다. 현재의 규제는 법적 구속력을 없이 상세한 사항까지 규정하고 있지만, 지나치게 상세한 규정에 법적 구속력이 주어진 경우에는 심각한 불이익이 발생할 수 있다. 법률은 기본적인 사항만을 정하고, 상세한 사항은 학회나 행정청의 지침에 의하는 등 양자의 역할 분담을 고려할 필요가 있다.

학회의 가이드라인, 행정지침에 의한 규율은 실효성의 관점에서 문제가 있다고 하는 견해도 있지만, 가이드라인 종류의 존재는 의료수준을 가시화시키고, 중대한 유해 상황이 발생한 때의 민사·형사책임을 결정한다. 경직화를 초래하지 않고 법적 책임을 기초 지우는 유익한 수단이라고 할 수 있다.

⑥ 신규성이 높은 연구에 있어서 필요한 것은 규제가 아니라 지원이다. 행정기관은 법률의 기본구조 아래에서 의학연구를 지원하는 역할을 담당해야 할 것이다. 그때 의학연구를 담당하는 행정기관은 높은 전문성, 조사 능력, 기동성을 가지는 기관으로서 정비될 필요가 있다.

2. 의학연구 규제의 전체상–불신의 체계에서 신뢰를 기초로 한 규제체계로

의학연구 규제는 의학연구 전반의 핵심적인 요소를 규율하는 법률을 개별 영역에 관한 학회 가이드라인이나 이와 유사한 행정지침이 보완하는 것으로 완성된다. 기본적인 부분을 법률에서 정하고 기타 사항은 학술커뮤니티에 의한 자율규제와 행정에 의한 지원에 위임하는 역할 분담에 의하여, 준수해야 할 것을 확실히 준수하면서 연구를 한층 활성화시키는 연구 규제 본래의 목적이 달성될 것이다. 행정이 극단적으로 강한 규제 권한을 행사해 온 종래의 존재 방식으로부터는 아주 큰 변화이지만, 연구의 활성화를 위해서 규제하는 측, 규제받는 측이 각각 힘을 다하여 개혁에 힘쓸 것을 소망한다.

[부기] 본고는 국립국회도서관 허락하에 「연구를 활성화시키는 규제의 존재 방식-life science규제의 새로운 구조(집필자: 辰井聡子)」『ライフサイエンスのフロンティア-研究開発の動向と生命倫理』(調査資料2015-4)2016.3.를 전재(転載)한 것이다. 또한 인용 시에 제목의 변경 및 수정가필 했다.

제3장

의학연구·첨단의료 규제의 법리학적 검토

樺島 博志(카바시마 히로시)

Ⅰ. 문제구성 - 첨단의료·윤리·법

본고의 과제는 첨단의료를 법적으로 규제함에 있어서 윤리적인 관점에서 어떠한 규제가 타당한 것인지에 관한 판단을 도출하기 위한 추론구조를 방법론적으로 탐구하는 것에 있다.

첨단의료는 최근의 의학연구 특히 생화학, 분자생물학, 유전자 등 관련 과학들의 발달과 함께 비약적인 진보를 보이고 있다. 애초 첨단의료란 다의적인 개념이지만, 장기이식의료, 생식보조의료, 복제기술과 재생의료를 이 개념에 포함시킴에는 이론(異論)이 없을 것이다.[1] 본고에서는 이 중 장기이식에 있어서 인간의 사망 시기에 대한 윤리적 문제[2]를 제외하고 인간의 시기(始期)에 관한 의학연구와 첨단의료에 한하여 그 윤리적 문제를 검토하고자 한다.

첨단의료의 규제 방법으로서는 국제적인 합의로서의 조약, 국회입법

---

1) 米村滋人『医事法講義』(日本評論社, 2016년)194-224면, 240-266면, 加藤尚武『脳死・クローン・遺伝子治療』(PHP親書, 제1판 제3쇄, 2000년) 참조.
2) 米村·전게각주(1)194-205면, 필자의 관련연구로서 졸고「ドイツ臓器移植スキャンダルについて」東北ローレビューVol. 2(2015년)83-86면.

에 의한 법률, 행정청에 의한 법규명령, 행정기관의 가이드라인, 학회와 의사회 등 전문가집단의 자율적 규제로서의 가이드라인 등 효력의 강약에 따라 여러 가지가 있다. 어쨌든 이러한 규제 방법의 입법 기술적 관점은 또 다른 문제영역을 해당하므로 본고에서는 이를 고찰 대상에서 제외하고, 오히려 윤리 문제의 실질적인 면에 있어서 첨단의료의 내용적 규제에 관한 논점을 검증하고자 한다.

의료윤리는 고대 그리스의 "히포크라테스 선서"에서 시작한다고 일컬어진다. 그 3항에 "나는 능력과 판단의 한도에서 환자에게 이익된다고 생각하는 양생법을 취하며, 나쁘고 유해하다고 알려진 방법을 절대 취하지 않는다"[3]고 기술하고 있다. 이에 반해 20세기의 전체주의하에서 나치즘에 의한 우생학의 남용과 인체실험, 단종, 안락사, 일본군 731부대에 의한 생물화학병기의 인체실험 등 인도에 반하는 의학연구가 행하여졌다.[4] 이러한 경험을 바탕으로 1947년 뉘른베르크 강령에서 1964년 헬싱키선언까지 국제 합의가 형성되어 사전 동의라는 환자의 자기결정권을 중심으로 한 윤리규범이 발달해 왔다.[5]

그런데 의학연구와 의료발달에 따라 수정란에서 인간배아라는 인간의 가장 이른 시기를 어떻게 취급해야 할지에 대한 새로운 윤리적 문제가 발생했다. 1990년에 미국, 영국, 일본, 프랑스, 독일의 국제공동 연구로서 약 30억개의 DNA 문자배열에서 유전자정보를 분석하는 인간게놈 프로젝트가 발족되어 2003년에 약 4만개의 모든 유전자 분석

---

3) 江本秀斗「ヒポクラテスと医の倫理」日本医師会(https://www.med.or.jp/dl-med/doctor/member/kiso/k3.pdf), 米村·전게각주(1)3면.

4) リチャード·ベッセル『ナチスの戦争1918-1949 - 民族と人種の戦い』(中公新書, 2015年)134, 162면, 森村誠一『悪魔の飽食―日本細菌戦部隊の恐怖の実像(新版)』(角川文庫, 1983年)참조.

5) 水野肇『インフォームド·コンセント(第3版)』(中公新書, 1991年)17-34면, 米本昌平『バイオポリティクス』(中公新書, 2006年)21-25면, 米村·전게서(각주(1))307-314면 참조.

을 완료했다.[6] 이와 병행하여 유전자를 둘러싼 윤리 문제가 국제적 논의의 대상이 되었으며, 1997년 유네스코 총회에서 '인간게놈과 인권의 세계선언'이 채택되었다.[7] 유전자에 더해 세포핵의 조작(組み換え)과 세포배양으로 이루어지는 생식·복제관련기술의 발달에 따라 1970년대 이후 생식의료, 재생의료가 급속히 발달하고 있다. 특히 1997년에 체세포 복제양 돌리의 탄생이 발표되어 복제인간의 생성에 대해서도 기술적 가능성과 함께 이에 대한 윤리적 우려도 커지고 있다. 복제기술에 대한 윤리지침의 국제적 합의는 정리되어 있지 않지만, 미국, 프랑스, 영국, 독일, 오스트리아를 비롯한 선진국들은 독자적인 연구 규제를 마련하고 있다.[8] 이러한 국제적 상황 아래에 일본에서도 현세기에 들어 2000년에 복제기술규제법,[9] 2001년의 게놈연구윤리지침[10]과 ES세포지침,[11] 2013년의 재생의료3법[12] 등 연구영역마다 연구 규제가 마

---

6) 松原謙一『遺伝子とゲノム』(岩波新書, 2002년)37-40, 80-89면, 米本·전게서(각주(5))40면.
7) UNESCO: Universal Declaration on the Human Genome and Human Rights, online in internet: http://portal.unesco.org/en/ev.php-URL_ID=13177&URL_DO=DO_TOPIC&URL_SECTION=201.html(stand 2016/09/01), 米本·전게서(각주(5))81-90면 참조.
8) 米本·전게서(각주(5))142-163면 참조.
9) 인간에 관한 복제기술 등의 규제에 관한 법률(2000년 12월 6일 법률 제146호) 2000년; 米村·전게서(각주(1))256-260면, 米本·전게서(각주(5))163-169면 참조.
10) 문부과학성, 후생노동성, 경제산업성 '인간게놈·유전자분석연구에 관한 윤리지침', 2001년; 2013년 전부개정. http://www.mhlw.go.jp/file/06-Seisakujouhou-10600000-Daijinkanboukouseikagakuka/sisin1.pdf(stand:2016/09/06), 米本·전게서(각주(5))88-90면 참조.
11) 문부과학성, '인간ES세포의 수립 및 사용에 관한 지침'(2001년 문부과학성고시 제155호), 2001년; 및 그 개정지침으로서 문부과학성·후생노동성, '인간ES세포의 수립에 관한 지침'(2014년 문부과학성·후생노동성고시 제2호)2014년, 문부과학성, '인간ES세포의 분배 및 사용에 관한 지침'(2014년 문부과학성고시 제174호)(2015년 2월 20일 정정) 2014, 2015년; 米村·전게서(각주(1))309-314면 참조.
12) 재생의료를 국민이 신속하고 안전하게 받아들일 수 있도록 하기 위한 시책의 종합적 추진에 관한 법률(2013년 법률 제13호)2013년; 재생의료등의 안전성의 확보등에 관한 법률(2013년 법률 제85호)2013년; 의약품, 의료기등의 품질, 유효성 및 안전성의 확보 등에 관한 법률(1960년 8월 10일 법률 제145호)(최종개정:2015년 6월 26일 법률 제50

련되어 수차례의 개정을 거쳐 오늘에 이르고 있다.

Ⅱ. 윤리적 고찰의 방법론

1. 임상의학에 대한 윤리적 접근방법

앞서 언급한 것처럼 첨단의료의 윤리적 문제는 사전 동의에 의한 정당화의 범위를 크게 초월하고 있다고 생각된다. 이는 근대 임상의학이 질병의 치료를 목적으로 한 의사와 환자의 인간관계에서 성립해 왔음에 반하여 첨단의료는 정신과 물질, 주체와 객체라는 물리학을 모델로 하는 근대과학의 방법론적 이원론 위에 성립되어 있기 때문이다.

미셸 푸코(Michel Foucault)가 표현한 초기의 근대 임상의학은 오늘날의 첨단의료와 비교하면, 과거의 호황기의 느긋한 모습을 보이고 있다. 푸코는 18세기말부터 프랑스 혁명기의 의학 개혁을 근대 임상의학의 탄생으로 파악하고 있다. 이에 의하면 임상의학은 식욕에서 발생하는 성인병, 성욕에서 발생하는 성병이라는 방법으로 쾌락이나 이기주의(egoism)와 질병이 결부되는 것을 전제로 하며, 질병의 치료와 함께 인간의 욕망에 개입하는 것이다. 그리고 임상의학은 정치권력과 경찰기구와 함께 인간에 대한 관리를 강화한다. 즉, 좋은 정부와 좋은 의료가 일체가 되어 개개인을 욕망에서 해방시키고, 건강하고 건전한 개인의 행복을 실현함과 동시에 국민의 복리라는 근대 국가의 정치적 이익을 함께 달성하는 것이다.[13] 문제는 임상의학으로 대표되는 근대 과학이 미세한 지식의 획득과 체계화를 통해 관찰과 함께 감시라는 성격을 가지며, 학문과 권력의 결부를 더욱 견고하고 더욱 밀접하게 한다는

호) 최종개정 2015년 ; 米村·전게서(각주(1)) 262-266면 참조.
13) ミシェル·フーコー『臨床医学の誕生』(第11刷, みすず書房, 1989年) 5, 52-57면 참조.

것이 존재한다는 것이다. 말하자면 "임상교육이라는 개념이 불러일으킨 가장 중요한 도덕적 문제는 다음과 것이었다. 즉, 빈곤을 위해서 치료실에 도움을 구할 수밖에 없었던 환자를 어떠한 권리에 따라 임상적 관찰의 대상으로 할 수 있는가 하는 점이다. […] 임상의학 강의는 관찰함에 따라 탐구된다. 따라서 이에 새로운 여지가 부여될 것이지만, 그것은 또 다른 위험을 불러올 여지를 주는 것이다."[14]

이와 같이 푸코가 의심을 보였음에도 불구하고, 오늘날의 시각에서 보면, 임상의학에서는 의사와 환자의 인간관계는 여전히 담보되어 있으며, 인간적 자유의 여지는 남아있는 것이 아닐까. 즉, 의학에서 연구교육의 자유, 의사와 환자의 합의, 침습이 아니라 관찰이라는 의사의 시각, 스승에서 제자로의 의학 전달과 같은 요소이다. 푸코는 이러한 자유·계몽과 임상의학의 결부에는 회의적이었다.[15] 그럼에도 불구하고, 오늘날의 임상의학은 적어도 도덕규범의 차원에서는 학문의 자유와 환자의 인격권과의 조화에 대해 노력하고 있으며, 그 노력은 다음의 형태로 구체화되어 있다. 즉, 의사와 환자는 계약을 매개로 한 인간관계이며, 계약에서의 정보의 대등성과 실질적인 합의의 형성이 인간관계를 규율하는 행위규범으로 된다. 그러므로 임상의학에서는 의사의 환자에 대한 강압적인(paternalistic) 방향의 치료행위는 부정되고, 오히려 정확하고 충분한 정보에 기초한 환자의 자기결정과 이를 전제로 한 의사에 대한 신뢰와 위임이 치료와 연구의 정당화 근거가 된다. 임상의학의 도덕원리로서 사전 동의는 이러한 형태로 이해할 수 있다.[16]

---

14) フーコー・전게서(각주(13))120-121면, 重田園江『ミシェル・フーコー: 近代を裏から読む』(ちくま新書, 2011년)28-34면.
15) フーコー・전게서(각주(13))80면 참조.
16) 星野一正『医療の倫理』(岩波新書, 1991년)70-112면, 水野·전게서(각주(5))35-48면 참조.

2. 첨단의료와 임상의학의 윤리학적 차이

푸코가 설명하는 임상의학의 모습에서 경험과학의 잔재를 볼 수 있다. 즉 의료란 환자의 질병을 관찰하여 분류하고, 질병의 유형에 근거한 치료를 하는 것이라고 한다.[17] 질병은 분류되어 체계화되지만, 신체 증상의 발생 기저는 블랙박스처럼 시술과 치료의 인과관계가 경험 과학적으로 존재하는 것으로 보이기도 하지만, 생화학적으로 엄밀한 인과관계가 해명되는 것은 아니다. 그러므로 환자의 신체도 의지대로 조작할 수 없으며, 치료가 성공(奏功)할 수 있을지 여부는 불확실한 채로 존재한다. 이와 같이 환자는 관찰의 대상이기는 하지만, 완전한 실험재료는 아니다. 그러므로 의사와 환자 간의 사전 동의는 부작용이나 침습성이라는 일정한 결함을 수반하는 치료행위와 그로부터 기대되는 이점과의 비교형량을 환자의 자기결정에 맡긴다는 성격을 가지게 된다.

이에 반해 첨단의료에 관한 의학연구는 의료라고 하기보다는 오히려 이론물리학의 방법에 근접해 있다. 그러한 의미에서 임상의학과는 달리 요소환원주의적이며, 물리화학의 응용으로서의 성격을 강화시키고 있다.[18] 물리학적 엄밀성을 추구하는 현대 의학연구에서 인간의 신체는 기계와 동일하게 물질의 집적체와 그 기능연쇄로 파악되며, 인간의 생명은 기계의 작동으로, 질병의 치료는 기계의 수리로 각각 비유된다. 그러므로 특정 질병이 치료 가능한지 여부는 우선 엄밀한 과학으로서의 생화학, 분자생물학, 유전자학에 기초하여 이론가설이 세워져 이론가설에 기초하여 동물실험이 행해지고, 그 후에 환자에게 적용되어 임상시험이 행해진다. 이와 같이 임상시험은 치료라기보다는 오히려 이론을 검증하기 위한 실증연구로서의 성격이 강하게 되는 것이다.

---

17) フーコー・전게서(각주(13))52-54면 참조.
18) 米本昌平「読書日記」週刊エコノミスト94巻24号(2016년 6월 7일호)61면 참조.

이 점에 있어 사전 동의에 의해 포착될 수 없는 윤리 문제가 발생하게 된다. 과연 인간은 스스로가 물질이나 기계와 동일한 실험재료로 되어 진리 탐구를 위한 단순한 수단으로 되는 것을 합의에 의해 선택할 수 있는가 하는 문제이다. 이 문제체계는 인간의 존엄이 처분 불가능하다는 점과의 유사성에서 이해할 수 있다. 오늘날 일반적으로 노예나 성노예와 같은 인간으로서의 가치를 손상하는 행위 혹은 자기의 살인을 촉탁하는 것과 같은 생명·신체를 훼손하는 행위는 설령 합의가 있다 하더라도 윤리적으로 정당화될 수 없다고 생각되고 있다.[19] 이 사고방식을 출발점으로 한다면, 과연 첨단의료의 의학연구는 사전 동의에 기초하여 인간을 실험재료로써 연구자의 자유에 맡겨도 괜찮은 것일까. 나아가 수정란, 인간배아라는 인간의 시기(始期) 단계를 사전 동의의 주체가 아니라는 것만으로 실험재료로써 자유롭게 취급해도 좋을까. 이러한 윤리 문제의 영역이 앞서 언급한 유전자치료와 재생의료의 영역이며, 특히 인간체세포 복제배아나 인간배아줄기세포(인간ES세포: human Embryonic Stem cells)를 이용하는 연구이다. 인간배아는 종래 태아로 되어 출생하여 인격적 주체로 될 가능성을 갖추고 있는데, 이를 실험재료로 이용하면 그 성장가능성을 박탈해 버리게 된다. 이 점에서 인간배아를 이용한 실험은 인간가치의 불가양성(不可讓性)에 반하는 것이 아닌가 하는 윤리적 의문이 발생한다.[20] 이에 대해서는 야마나카 신야(山中伸弥) 교수 등에 의한 iPS세포(인공다능성줄기세포(역자주: 유도만능줄기세포) : induced Pluripotent Stem cells)의 연구개발에 의해 인간배아의 훼손이라는 윤리 문제를 회피할 수 있다는 기대가 있을지 모른다. 그러나 iPS세포를 이용한 의학연구는 여전

---

19) 적어도 현행 실정법에서는 노예계약이나 살인계약은 공서양속에 반해 무효이며(일본 민법 제90조), 또한 인신매매죄(일본 형법 제226조의2) 및 촉탁살인죄(일본 형법 제202조 후단)로서 처벌 대상으로 되어 있다.
20) 八代嘉美『iPS細胞-世紀の発見が医療を変える』(平凡社新書, 第3刷, 2008年)133면.

히 유전자정보의 초기화와 다양성의 정도에 있어 iPS세포를 ES세포와 대비하여 평가할 수밖에 없으며, ES세포를 이용한 연구로부터 독립하여 성립할 수 있는 것이 아니다. 이렇게 보면, ES세포와 iPS세포에 관한 재생의료의 의학연구 전체에 대해 그 윤리적 정당성의 기준을 분명히 하는 것이 해결해야 할 과제로 남아 있다.[21]

3. 첨단의료를 둘러싼 이익 상황과 규범 유형

첨단의료와 의학연구를 둘러싼 윤리적 정당성에 대한 판단기준을 연구하기 위해서 법리학의 방법에 따라 고려해야 할 당사자 간의 이익 상황을 파악한 후에 이익 상황에 따른 규범 유형을 정하는 순서로 고찰하고자 한다.

먼저 고려해야 할 당사자는 의사·의학연구자이다. 의사·의학연구자의 이익은 우선 더 우수한 치료법의 개발, 이를 위한 연구의 자유를 중심으로 생각해야 할 것이다. 이에 부수하여 의사·연구자로서의 명예와 수입이 문제 된다. 의사·연구자의 경제적 이익의 연장선상에 병원과 제약회사의 경제적 이익이 부수적으로 고려된다. 어쨌든 경제적 이익만을 의사·연구자의 이익으로 파악한다면, 경제적 효용이라는 비용·이익분석[22]에서 윤리 문제를 해결해 버리게 되며, 수치로서 객관화할 수 없는 인간적 가치를 둘러싼 윤리적 판단에서는 방법적으로 부적절한 접근방법이 될 것이다. 따라서 오히려 의학연구의 자유와 치료법의 개발이야말로 고려하여야 하는 이익의 중심에 두어야 한다.

다음으로 고려해야 할 당사자는 의학연구의 성과에 따라 이익을 얻

---

21) 八代·전게각주(20) 146-153면 참조.
22) ロバート・D. クーター, トーマス・S. ユーレン『法と経済学(新版)』(商事法務, 第3刷, 2002年) 76면 참조.

을 수 있는 수익적 당사자이다. 수익적 당사자의 이익으로서는 예컨대, 생식의료에서 부모의 이익, 유전자치료나 재생의료에서 환자의 이익 등을 들 수 있다. 해당하는 부모나 환자의 연장선상에 잠재적인 당사자로서 일반 시민의 이익 즉, 의료의 발달로 인하여 얻을 수 있는 일반적 이익이 추가된다. 구체적으로 생식의료에 의해 얻을 수 있는 부모의 이익이란 인공수정이나 유전자치료에 의해 자신이 바라는 건강한 자녀를 가진다는 이익 및 착상 전 진단이나 출생 전 진단에 의해 선천적 질환을 가진 자녀를 가지는 것의 부담을 회피하는 이익이 있다. 또한 유전자치료나 재생의료의 발달에 따라 얻을 수 있는 환자의 이익이란 암 치료, 신체의 각 기관의 안전한 이식에 의한 질환 치료와 같은 이익이 주된 것으로 된다. 이러한 직접적인 이익에 더해 부모나 환자에게 있어 자신이나 가족의 질병으로부터 해방됨에 따라 직업생활을 포함한 생활 질의 향상이라는 이익을 얻을 수 있다.

마지막으로 고려하여야 하는 당사자는 직접적으로는 의학연구의 실험재료로서 부담을 지게 되는 잠재자이다. 이 의미에서의 불이익 당사자는 실험재료로써 이용되어 폐기되는 인간배아나 유전자치료의 피험자로 되는 정자·수정란이나 환자 등이다. 이에 더해 특히 생식의료와 유전자치료에 의해 인류의 유전적 다양성이 훼손된다는 리스크를 고려해야 할 것이다. 즉, 생식의료에 의해 "건전"한 자녀의 선별이 행해지고, 또한 유전자치료에 의해 "질병의" 유전자로부터 "건강한(健常)" 유전자로의 전환이 행해진다면, 인류사회에 존재하는 유전자는 점차 그때마다의 인간에 의해 선호되고 조작되어 인위적으로 도태될 것이다. 물론 이를 인류사회 전체의 불이익으로 볼지의 여부는 주관적 평가에 따르는 문제이기는 하다. 그러나 착상 전 진단이나 출생 전 진단에 의해 "건강한 자"의 선별이 이루어진다면, 장애인차별을 조장할 우려가 있다는 점에 대해 인간사회의 공동생활상 윤리적 논의에서 배제할 수는 없다.[23] 이는 무엇이 "건강"하며 무엇이 "질환"인가 하는 구별은 아무리 노력하더라도 자의적일 수밖에 없으므로 그 자체가 실천적이고 윤리적인 문제이기 때문이다.

여기에서 언급한 세 당사자 각각의 이익이 본고에서 고려하는 첨단의료와 의학연구를 둘러싼 이익 상황의 구성요소이다. 각 이익을 아주 단순화하여 규범 유형을 선택한다면, 의사·연구자의 학문의 자유(일본 헌법 제23조), 수익적 당사자의 자기결정권(동법 제13조 행복추구권), 불이익 당사자의 인간의 존엄(동법 제13조 개인의 존중·인격권)이라는 헌법상의 가치를 들 수 있다. 그리고 첨단의료와 의학연구를 둘러싼 윤리적 정당성의 기준을 도출하기 위해서는 이 세 가지의 가치 간에 실천적이고 합리적인 비교형량을 하는 것이 필요하다. 본고에서는 이 세 가지 헌법적 가치의 비교형량이 적절하게 이루어지고 있는지 여부라는 관점에서 독일어권 3개의 유력한 논의를 살펴보며 검토하고자 한다. 우선 사회적 귀결과 제도적 도덕에 입각하는 입장(판 덴 데레, van den Daele), 다음으로 인간의 존엄과 커뮤니케이션적 합리성에 입각한 입장(하버마스, Habermas), 마지막으로 포스트 인문주의의 불가지론(不可知論)의 입장(슬로터다이크, Sloterdijk)을 각각 개관하고 그 후에 본고의 견해를 제시하고자 한다.

III. 첨단의료에 대한 윤리적 접근방법의 세 가지 학설

1. 사회적 귀결과 제도적 도덕-van den Daele

사회적 귀결과 제도적 도덕을 바이오 테크놀로지의 정당성 기준으로

---
23) 米本·전게서(각주(5))174면 참조.

보는 판 덴 데레(van den Daele)의 입장은 다음과 같이 정리할 수 있다. 즉, 바이오 테크놀로지 영역은 도덕규범이나 가치에 따라 규율되는 것이 아니라, 오히려 기술의 퍼포먼스를 측정하기 위한 기능적 척도에 의해 규율되어야 한다는 것이다. 더욱이 도덕 그 자체는 이제는 과거의 초월적 규범이라고 하는 성격을 상실하고 있으며, 오히려 사회의 발전에 이바지하기 위해 고안한 것과 다르지 않으며, 기술 내재적으로 변경 가능한 것이라고 한다.[24] 이를 전제로 하면, 바이오 테크놀로지의 규제원리로서 어떤 기술이 사회에 유해한 결과를 초래할지 여부라는 귀결주의의 관점 및 어떤 행위를 금기 혹은 비인간적인 것으로 의제하는 여론이 실제로 사회 내에 형성되어 있는지 여부라는 제도적 도덕의 관점이 중요한 요소로 된다.[25]

바이오 테크놀로지의 정당성을 판단할 때는 도덕적 가치를 비교형량하는 것만으로는 충분하지 않고, 오히려 어떤 기술이 어떠한 결과를 초래하는지, 특히 위험이나 위협이 발생하지 않는지 여부를 고려해야 한다. 이 기준은 사전 동의나 자기결정의 원리에 우선해야 할 것이다. 그러나 유해한 결과로서 활발하게 논의되는 논점 중에는 예컨대, 출생 전 진단이나 장애가 있는 배아·태아의 판별을 허용하면, 가족이라는 것 자체를 파괴하고, 장애인이 살아갈 권리를 훼손하게 될 위험성이 지적되고 있다. 그러나 차별이라는 사회적 손해에 대해서는 그것이 실제로 발생하는지 여부, 그리고 기술을 금지하는 것 외의 방법으로 이 손해를 회피할 수 없는지 여부와 같은 사실인식이야말로 중요하다. 앞선 예를

---

24) Vgl. Wolfgang van den Daele: "Soziologische Aufklärung und moralische Geltung: Empirische Argumente im bioethischen Diskurs", in: Michael Zichy, Herwig Grimm(Hrsg.):*Praxis in der Ethik-Zur Methodenreflexion in der anwendungsorientierten Moralphilosophie*, Berlin: de Gruyter, 2008, S. 119.

25) Vgl. van den Daele, a. a. O., S. 120 (FN 24).

살펴보면, 독일에서는 출생 전 진단에 기초한 선택적 출산이 십수년간 행해지고 있으며, 다운증후군으로 진단된 경우의 약 90%가 인공임신 중절을 하고 있지만, 이러한 선택적 출산의 실천에서 장애자 차별이 조장된다는 귀결은 현실적으로는 발생하고 있지 않다.[26] 이와 같이 바이오 테크놀로지가 실제로 어떠한 위험을 초래하는가 하는 사실에 따라서 그 정당성을 평가해야 한다.

바이오 테크놀로지의 정당성을 판단하는 또 하나의 기준으로서 사회 내에서 제도화된 자명한 도덕을 고려해야 한다. 합의되어 제도화된 도덕규범으로서 독일연방공화국 기본법 제2조 제1항은 "도덕법칙(Sittengesetz)"이라는 문언을 사용하고 있다. 오늘날 이 도덕법칙의 중심을 이루는 것은 인격이 권리의 주체인 점, 타인에 대해 의무를 부담하는 점으로 해석되고 있다. 그리고 자기결정을 중심으로 하는 현대 문화 내에서 전통적인 도덕 질서는 붕괴되었으며, 오히려 도덕이란 사생활 규칙 내지 공준(公準)으로 해석되고 있다.[27] 어쨌든 도덕법칙이 무엇을 명하는지를 분명히 하기 위해서는 보편적 가치기준이나 고차원적인 진리에 호소해도 의미를 가지지 않으며, 오히려 실제로 시민에게 수용된 가치관을 참조해야 한다. 더욱이 이는 역사적으로 변천하는 사회윤리적 가치관이며, 널리 수용된 확신에 기초한 것이다.[28]

문제는 바이오 테크놀로지가 지금까지 불가피하다고 생각되어 온 인간의 본성을 선택가능하며 조작의 대상으로 했다는 점에 있다. 즉, 기술에 의한 인간의 재구성은 인간 본성을 존중해야 한다는 도덕적 한계를 뛰어넘은 것이 아닌가 하는 의구심이다. 이 의구심을 검토하는 데

---

26) Vgl. van den Daele, a. a. O., S. 132 f. (FN 24).
27) Vgl. van den Daele, a. a. O., S. 135 f. (FN 24).
28) Vgl. van den Daele, a. a. O., S. 139 (FN 24).

앞선 기준에 비추어 보면, 인간의 본성을 존중해야 한다는 윤리가 실제 사회적으로 널리 받아들여지는지가 중요하게 된다.[29] 예컨대, 불임치료의 수단으로서 인간체세포 복제를 이용하여 임신, 출산하는 것은 시민 대다수가 거부한다. 또한 설령 자기결정에 기초한다 하더라도, 스스로의 신체를 손상시키는 것은 허용되지 않는다는 사회적 합의가 존재한다. 그러나 인간배아의 유전자조작을 절대적으로 금지하는 것에 대해서는 사회의 도덕적 합의가 존재하지 않는다. 오히려 많은 사람은 자녀가 출생 시에 건강하기 위해서 출생 전 자녀 유전자에 침습을 가해 유전자치료를 하는 것을 도덕적으로 선한 것이며 정당한 행위라고 생각한다.[30] 이렇게 보면, 인간의 본성을 존중해야 한다는 요구가 우리 사회의 공통적 도덕 감각에서 나온 것이라고 결론지을 수는 없다.

바이오 테크놀로지의 규제원리로서 기술의 사회적 귀결과 사회의 제도적 도덕에 착안하는 입장은 다양한 도덕관념이 존재하는 다원적 가치관에 대응한 것이다. 그리고 인간의 존엄원리(독일 기본법 제1조)에 의거하여 특정한 도덕적 요구를 두는 것이 아니라, 오히려 사회에서 도덕의 다원성을 인정하는 것이야말로 독일기본법의 헌법 질서에 부합하는 입장인 것이다. 물론 공공의 이해에 관한 한, 도덕적 문제에 대해 법적 규율을 마련하는 것은 입법자의 권한에 속한다. 그러므로 바이오 테크놀로지의 윤리적 한계는 도덕적인 강행규범에서 도출되는 것이 아니라 민주적 다수결에 맡겨야 할 것이다. 한편, 배아를 이용한 연구, 착상 전 진단, 성별의 판별, 적극적 안락사 등이 다수결에 의해 금지된다고 하더라도, 이것이 다수결에서 패배한 자들이 부도덕하다는 것을 증명

---

29) Vgl. van den Daele, a. a. O., S. 143 (FN 24).
30) Vgl. van den Daele, a. a. O., S. 146 (FN 24).

하는 것은 아니다.[31]

2. 인간의 존엄과 커뮤니케이션적 합리성-Habermas

전술한 바와 같이 판 덴 데레는 인간의 본성을 소재로 하여 도덕적 요구를 언급함에 있어 도덕의 다원주의적 입장에서 이론(異論)을 주장한 것이었다. 이에 반해 하버마스(Habermas)는 "인간 본성의 도덕화(Moralisierung der menschlichen Natur)"[32]라는 용어를 이용하여 인간의 본성에 따라서 바이오 테크놀로지의 정당성 기준을 정할 것을 주장하고 있다. 하버마스 주장의 중심은 인간의 본성·자연(menschliche Natur)이야말로 인격의 자유와 평등의 전제이며, 평등한 인격의 상호존중이라는 커뮤니케이션의 기초라는 견해이다. 이에 따르면 판 덴 데레의 견해와 같이 선택적 출산이나 유전자기술에 의한 인간 본성에 대한 조작 변경을 연구의 자유라는 미명 아래 무제약적인 기술의 진보에 맡기고, 부모나 환자와 같은 수익적 당사자 선택의 자유에 맡긴다면, 결국 인간 존재 그 자체가 경제시장에 의한 도태라는 시장원리에 지배되게 된다. 그러나 만약 의료기술과 소비자로 이루어진 시장을 통해 마음에 드는 자손과 마음에 드는 유전자만이 선택되어 간다면, 이 도태의 과정을 거쳐 형성되는 인류사회에서는 인격의 평등이라는 인간의 "인류로서의 윤리적 자기 이해(gattungsethische Selbstverständnis)"[33]가 즉, 대등한 타인의 존중이라는 인류의 기본적 도덕이 의미를 상실해 버린다. 왜냐하면

---

31) Vgl. van den Daele, a. a. O., S. 127 f. (FN 24).
32) Jürgen Habermas: Die Zukunft der menschlichen Natur auf dem Weg zu einer liberalen Eugenik? erweiterte Ausgabe, Frankfurt a. M.: Suhrkamp Verl. 2005, S. 46(일본어 번역으로서 ユルゲン・ハーバーマス『人間の将来とバイオエシックス』(法政大学出版局, 新装版, 2012年) 44면.
33) Habermas, a. a. O., S. 49 (FN 32)(일본어번역본 47면).

인간은 태어난 때부터 유전자적 차이를 가진 불평등한 존재로 되어 버리기 때문이다.[34] 이에 대해 인격적 가치의 평등이라는 인류의 기본적 도덕을 지키기 위해서는 인간의 본성에 입각한 인간의 가치는 어떠한 것인지, 이 가치를 지키기 위해서 어떻게 인류 전체가 행동해야 하는지 도덕 문제에 대처해야 한다. 그리고 이를 위해서 자유롭고 대등한 인격이 실천이성을 이용한 커뮤니케이션을 통해 실천적으로 합리적인 결론을 탐구해야 한다. 이러한 관심 문제에 규정된 하버마스의 소론을 요약하면 다음과 같다.

현대의 윤리를 둘러싼 논의에 있어서 개인의 생활에 관한 선(善)의 개인도덕과 공정한 사회와 관련된 정의의 정치도덕은 구별되어 논해진다. 그러나 J.롤즈로 대표되는 이 입장은 목적 합리성을 벗어나서 개인이 왜 공통선이나 공공선을 추구해야 하는가에 대해서 침묵한 채로 개인의 삶과 공정한 사회의 과정이 조화되는 것을 단순히 기대하고 있을 뿐이다.[35] 개인의 윤리에 간섭하지 않는 현대 정의론에 대해 키르케고르 이래의 실존주의는 신이 없는 단독자인 인간으로서의 윤리적 삶의 가능성을 탐구해 왔다. 단독자란 초월신 및 타인으로부터 분리되어 자기 상실의 절망에서 자기 도피에 빠진 존재이다. 그리고 단독자의 윤리란 신·타인·자신으로부터 도피하는 자기의 존재 방식을 반성하고, 가치를 구비한 인격으로서의 자기를 자신에게 회복시키는 것, 그리고 자기를 회복함에 따라 자유롭게 되는 것을 의미한다. 니체는 자기와 자유를 회복하기 위해 의지의 힘에 의할 것을 "힘으로의 의지(Wille zur Macht)"[36]라 했다. 그런데 자유에 대한 윤리를 수행하기 위해서 단독자

---

34) Vgl. Habermas, a. a. O., S. 116 f. (FN 32)(일본어번역본 114면 이하).
35) Vgl. Habermas, a. a. O., S. 12 ff. (FN 32)(일본어번역본 9면 이하).
36) Friedrich Nietzsche, Nachgelassene Werke, Ecce homo, Der Wille zur Macht, Nietzsche's Werke Bd. 16, 3. Aufl. Leipzig: Alfred Kröner, 1922, S. 131 ff.;

는 언어적 능력을 갖추고 있어야 한다. 즉, 사물을 이해하고, 바람직한 행위를 판단하고, 윤리적으로 정당한 행위를 행하기 위해서 필요한 인간 정신의 능력이다. 그리고 인간은 타인과 언어로 만난다. 그러므로 언어는 윤리가 성립하는 가능성의 조건이며, 타인과의 공존성은 인간의 단독자로서의 존재를 초월한 인간존재의 윤리적 가능성의 조건이다. 이러한 의미에서 언어에 개재된 타인의 존재는 타당한 행동을 하는 인간존재로 되어 '초월적 힘(transzendierende Macht)'을 가짐과 동시에 '초주관적인 힘(transsubjektive Macht)'을 가진다.[37]

이와 같은 현대 윤리의 문제 구성 중에 유전자치료와 생식의료에 의한 선택적 출산은 인간 공존의 전제를 무너뜨릴 위험을 내포하고 있다. 이와 관련해서 자손의 유전자조작과 선별의 결과로써 태어날 인간은 윤리적 책임의 책임주체로서 지위가 상대화된다. 지금까지와 같이 자신의의 유전적 형질이 자연적으로 부여받는 것이라면, 인간은 자신의 자유로운 자기결정에 대해 타인에게 책임을 돌릴 수 없으며, 스스로 책임을 질 수밖에 없다. 이에 반해 만약 자신의 유전적 형질이 타인에 의해 조작되어 선별된 것이라면, 자신의 행위가 자신의 자유로운 자기결정의 결과인지, 혹은 타인의 행위에 의한 것인지 애매하게 되어 버린다. 그렇기 때문에 자신의 행위 결과에 대해 어떠한 범위에서 스스로 책임을 져야 할지, 어떠한 범위에서 타인에게 책임을 물을 수 있을지 알 수 없게 되어 버린다. 경우에 따라서는 어떤 자의 유전자에 조작을 가해 선별하지 않은 의사나 부모야말로 그자의 행위에 대한 책임을 져야 할지도 모른다. 이와 같이 유전자에 대한 조작과 선별은 인격의 자

Nachgelassene Werke, Der Wille zur Macht, Nietzsche's Werke Bd. 17, 2. Aufl. Leipzig: Alfred Kröner, 1922, S. 1 ff.; vgl. Habermas, a. a. O., S. 24 (FN 32)(일본어 번역본 22면).

37) Habermas, a. a. O., S. 25 f. (FN 32)(일본어번역본 24면 이하).

유와 책임이라는 근대 시민사회의 기초가 되는 도덕적 이념에 심각한 변용을 초래할 위험이 있는 것이다.[38]

이 문제에 더하여 인간 유전자의 조작과 선별은 인격의 평등한 가치에 대하여도 심각한 영향을 줄 수 있다. 애초 신체와 정신으로 이루어지는 인간의 인격은 상처받기 쉬우며 취약한 존재이다. 그러므로 인간은 타인과 상호 인격적 가치를 승인함에 따라 규범적으로 이 가치를 존중하도록 행위 규칙을 정하고 있다.[39] 그런데 유전자에 대한 조작과 선별을 행한다면, 가령 그것이 홀로코스트와 같이 적극적인 우생학의 남용이 아니라 하더라도, 즉 유전적 질환을 치료한다는 자유로운 우생학적 실천이라 하더라도, 무엇이 치료목적이며 무엇이 유전자의 개량목적인가 하는 구별문제가 남아 있게 된다. 결국 자유로운 우생학에 있어서조차 치료와 유전적 개량의 구별은 유동적이며 자의적이기 때문에 유전자의 선별은 개인의 선호에 맡겨지고, 최종적으로는 경제시장에서의 인위적 도태에 방치되게 된다. 이 점에서 우리는 바람직한 유전자를 갖춘 인격과 바람직하지 않은 유전자를 갖춘 인격의 공존 상황에 있어서 인격의 동등한 가치를 존중한다는 근대의 도덕원리를 이제는 포기하게 되는 것은 아닐까.[40]

마지막으로, 의사나 부모가 인위적으로 태어날 자녀의 유전자를 조작하여 선별한다면, 그것은 자녀의 인격에 대한 일방적이고 불가피한 개입이기 때문에 의사 내지 부모와 그 자녀 간의 평등한 관계는 상실된다. 또한 그 자녀는 자신의 인격을 스스로 형성할 자유를 유전자가 인격을 규정하는 정도에 따라 처음부터 박탈되게 된다. 자녀는 의사나

---

38) Vgl. Habermas, a. a. O., S. 30 ff. (FN 32)(일본어번역본 29면 이하).
39) Vgl. Habermas, a. a. O., S. 62 ff. (FN 32)(일본어번역본 59면 이하).
40) Vgl. Habermas, a. a. O., S. 37 ff. (FN 32)(일본어번역본 36면 이하).

부모의 의사결정에 관여할 기회가 없으며, 다시 말하자면 자녀는 '자신의 디자이너를 디자인할 수 없기'[41] 때문이다. 이 점에서 유전자치료에 사전 동의하는 의사나 부모와 유전자치료의 대상으로 되는 자녀 간에는 처음부터 이해충돌관계가 발생하는 것이다.[42] 그러므로 인간배아에 대한 유전자조작의 정당성은 배아로부터 성장한 장래의 인격이 스스로 가해진 조작에 대해 Yes라고 말할지 여부에 달려 있다. 생각건대 치료의 대상으로 된 자녀의 사후적 동의를 얻을 수 있는 것은 중증(重篤)의 유전적 질환 치료에 한하며, 유전자의 개량을 위한 조작에 대하여 반드시 동의를 얻을 수 있는 것은 아닐 것이다.

인격의 자유와 책임, 인격의 가치 평등, 인격의 주체성이라는 앞서 본 세 가지의 관점에 공통점을 가지는 인간 본성의 기본도덕은 인간의 존엄 내지 인격적 가치의 '불가침(unverfügbar)', '불가양(unabdingbar)'[43]의 관념이다. 바꾸어 말하면, 인간을 타인을 위한 단순한 수단 또는 도구로써 이용해서는 안 된다는 도덕이다. 가지고 싶은 유전자와 가지고 싶지 않은 유전자의 구별에 의해 살아갈 가치가 있는 인생과 살아갈 가치가 없는 인생을 선별하고, 인간배아의 생사를 일방적으로 결정하는 것은 인간을 '물건으로서 취급하는 행위(ein derart verdinglichender Akt)'[44]와 다르지 않다. 여기에서 우리는 인간은 단순히 '물체로서의 육체를 소유하는(Körper-haben)' 것이 아니라 인격적 통합의 중심으로서 '신체적으로 존재한다(Leib-sein)'는 H. Plessner에 의한 철학적 인간학의 구별을 상기해야 할 것이다.[45]

---

41) Habermas, a. a. O., S. 112 (FN 32)(일본어번역본 109면).
42) Vgl. Habermas, a. a. O., S. 78 ff., 107 ff. (FN 32)(일본어번역본 73면 이하, 105면 이하).
43) Habermas, a. a. O., S. 59 (FN 32)(일본어번역본 55면).
44) Habermas, a. a. O., S. 123 (FN 32)(일본어번역본 121면).
45) Helmuth Plessner: *Mit anderen Augen-Aspekte einer philosophischen*

3. 포스트 인문주의의 불가지론-Sloterdijk

전술한 바와 같이 하버마스는 자유롭고 평등한 인격 상호 간의 소통을 통해 획득한 실천적 합리성 및 소통 가능성의 조건 그 자체를 생명윤리의 정당성 기준으로 삼은 것이었다. 그러한 점에서 윤리적 정당성을 도출하기 위해서 인격적 주체가 상호 승인되고 이해되는 것 즉, 간주관적(間主観的)으로 실천이성을 이용하는 것이 전제로 되어 있다. 이에 반해 슬로터다이크(Sloterdijk)는 인간의 행위규범의 언어적 형성에 있어 소통이 아니라, 인문주의의 전통에서 볼 수 있는 '서적(Schrift)'[46]이하는 역할에 착안한다. 슬로터다이크의 고전서적을 단서로 한 윤리의 탐구는 다음과 같이 요약할 수 있다.

'인문주의(Humanismus, Humanitas)'[47]란 지식인이라는 지적 엘리트 집단에서 서적의 승계를 통한 정신세계 형성을 의미한다. 그리고 19세기의 국민국가 형성에 있어서 인문주의의 문학적 집합체로부터 정치사회의 행위규범이 형성되었다.[48] 그런데 오늘날 라디오에서부터 텔레비전을 거쳐 인터넷으로 미디어가 발달하여 대중사회 정신활동의 중심을 차지하기에 이르고, 인문주의의 교양모델 및 정치경제적 국민통합의 이념도 환상에서 벗어나게 되었다. 현대의 대중사회는 지식과 교양을 상실한 인간으로 이루어진 동물원이 아닌 '인간원(Menschenpark)'[49]의 양

Anthropologie, Stuttgart: Reclam, 1982, S. 12; Habermas, a. a. O., S. 28, 95 (FN 32) (일본어번역본 26, 90면).

46) Peter Sloterdijk: Regeln für den Menschenpark-Ein Antwortschreiben zu Heideggers Brief über den Humanismus, 12. Aufl. Frankfurt a. M.: Suhrkamp, 2014, S. 7(일본어 번역본: ペーター・スローターダイク『「人間園」の規則』(御茶の水書房, 2000年)23면.

47) Ebenda.

48) Vgl. Sloterdijk, a. a. O., S. 11 (FN 46)(일본어번역본 28면).

49) 본고에서 참조하는 슬로터다이크의 저서의 제목이다 : Sloterdijk, a. a. O. (FN 46).

상을 띠고 있다. 그리고 거기에는 인문주의의 지적 엘리트를 상실한 후에 이념 없이 사회규칙을 어떻게 정할 수 있을지 규범 정립의 기준을 둘러싼 곤란한 상황에 직면해 있다.

여기에서 하이데거에 의한 인문주의 그 자체에 대한 비판을 참조함으로써 인간원의 상황을 더욱 분명히 할 수 있다. 하이데거는 인문주의의 인간에 대한 이해가 인간을 '이성적 동물(animal rationale)'[50]로 규정함에 따라 동시에 사고정지에 빠져 있다고 비판한다. 즉 인문주의에 있어서는 인간의 본질이 동물성에 있는 것인지, 언어·이성에 있는 것인가 하는 본질적 물음에 서 있지 않은 것이다. 이에 대해 하이데거는 인간이 육체·물체로부터 '벗어나 존립하는 것(Ek-sistenz)'[51] 내에 즉, 언어 내에서 인간의 본질을 찾고자 한다. 즉 언어는 '존재를 세상에 드러내 주는 것(Lichtung des Seins)', 즉 '존재의 집(Haus des Seins)'인 것이다.[52]

그런데 존재 그 자체는 우선 대체로 물체·육체라는 존재물 내에 숨어 있다. 그러므로 인간은 존재 그 자체를 언어의 공개된 곳에서 듣고 이해하기 위해서 어떠한 광범위한 교양을 구사하기보다도 오히려 '정적과 순종(Stille-Hörigkeit)'[53] 내에서 깊이 고려할 필요가 있다. 이 점에 하이데거에 의한 언어와 존재 이해의 문제점이 잠재되어 있다. 즉 인간의 본질인 존재 그 자체에 도달하기 위해서는 언어에 순종적으로 따라야 하는 것이다. 그 결과 인간은 언어에 의해 전승된 서적에 의해 이제

---

50) Martin Heidegger, "Brief über den Humanismus", in Ö Wegmarke, Gesamtausgabe Bd. 9, Frankfurt a. M.: Vittorio Klostermann, 1976, S. 322; Sloterdijk, a. a. O., S. 24 (FN 46)(일본어번역본 44면).

51) Heidegger, a. a. O., S. 325 (FN 50); Sloterdijk, a. a. O., S. 26 (FN 46)(일본어번역본 47면).

52) Heidegger, a. a. O., S. 359, 361 (FN 50); Sloterdijk, a. a. O., S. 27/ f. (FN 46)(일본어번역본 48면 이하).

53) Sloterdijk, a. a. O., S. 28 (FN 46)(일본어번역본 49면).

는 인문주의가 상정한 것과 같은 주체적 독자가 아니게 되었으며, 길들여 예속적인 존재자로 폄하되었다. 물론 하이데거는 인문주의에 대한 비판을 통해 지적 엘리트에 의한 '인간의 길들임(Menschenzähmung)'[54]에 대해 경종을 울리고 있다. 그러나 '하이데거에 의한 존재론적인 양치기의 연극(Heideggers ontologische Hirtenspiele)'[55] 내에서 즉, 하이데거가 존재와 언어에 대한 순종을 인간에게 요구할 시에 도대체 양이라는 인간은 존재와 언어라는 양치기에 의해 어떻게 길들게 되었을까. 다른 말로 하면, 지적 엘리트 없는 포스트 인문주의의 인간원에서 존재 그 자체의 규칙에 따른다고 했을 때 구체적으로 어떠한 규칙에 따라 인간은 규율되는 것인가. 하이데거는 그 답을 주고 있지 않다.

이러한 규율 없는 인간원에서 오늘날의 바이오 테크놀로지는 인간의 '사육(Züchtung)', '길들임(Zähmung)', '교육(Erziehung)'[56]의 새로운 방도를 열고 있다. 이 상황에서 과연 과학기술 문명의 발전과정은 인간 종류로서의 속성을 유전자적으로 개량하는 것까지 나아갈 것인가. 또한 장래의 인간공학은 인간의 속성에 대해 개편계획을 세우게 될 것인가. 그리고 인류 전체가 선택적 출산과 출생 전 선택을 전면적으로 실시하게 될 것인가. 이러한 문제가 인간 진화의 지평선 반대쪽에서 분명하지는 않지만 좋지 않은(不気味) 방법으로 우리들의 시야에 들어 왔다.[57] 니체라면 인간을 무해화하기 위한 유전자코드의 변형에는 단호히 반대했을 것이다. 애초 니체는 인문주의의 교사와 목사에 의한 인간의 무해화·'가축화(Domestikation)'를 거절하고, 가축화된 인간에 대해 '초인

---

54) Sloterdijk, a. a. O., S. 32 (FN 46)(일본어번역본 54면).
55) Sloterdijk, a. a. O., S. 31 (FN 46)(일본어번역본 54면).
56) Sloterdijk, a. a. O., S. 41 (FN 46)(일본어번역본 58면).
57) Vgl. Sloterdijk, a. a. O., S. 46 f. (FN 46)(일본어번역본 72면).

(Übermensch)'을 대치한 것이었다.[58] 그러나 오늘날의 바이오 테크놀로지가 지배하는 인간원에서 양치기인 의사가 양인 인간의 유전자를 변형하여 지배자로 될 것이라고 하는 점에 대해, 지배되는 인간들이 거부하는 것이라면 니체가 말하는 것처럼 인간을 야수인 채로 방치하는 것이 인간원의 규칙으로 될 것인가.

나아가 이 문제에 대해서는 플라톤의 국가론과의 유사성을 찾을 수 있다. 플라톤의 국가론과 대비하면, 폴리스(polis)는 인간원에, 폴리스에서의 철학은 인간원의 규범적 규칙에 각각 대입하여 생각할 수 있다. 폴리스에서는 통찰력을 갖춘 리더가 전문적 지식을 이용하여 주민들의 자발적인 복종을 돌봐줌에 따라 '정치적 인간술(politische Anthropotechnik)'[59]의 실천이 행해진다. 즉 사육자인 폴리스의 좋은 왕은 전사적인 용맹함을 갖춘 자와 자발적으로 유도되는 자로 주민들을 나누고, 폴리스가 고귀하고 자발적으로 복종하는 특성을 갖추도록 그들을 공동체 내에 편성해야 한다. 이와 같이 진실한 목자의 기술과 철학을 갖춘 왕이 주민들의 신뢰를 얻을 수 있는 것은 그가 신뢰할 수 있을 만한 현자이기 때문이다.[60]

이와 같이 플라톤이 표현하는 폴리스와 비교하여 오늘날 인간원에서 바이오 테크놀로지의 의사들은 진실한 목자 혹은 철학을 갖춘 왕이라 할 수 있을까. 그들은 인간원 주민의 자발적 복종과 공동체의 균형을 맞추기 위한 전문지식을 갖추고 있을까. 생각건대 바이오 테크놀로지의 의사들은 이러한 덕을 갖추고 있지 않으며, 그들이 인간원에 대해

---

58) Friedrich Nietzsche: *Also sprach Zarathustra, Ein Buch für Alle und Keinen*, Nietzsche's Werke Bd. 6, Leipzig: C. G. Naumann, 1907, S. 1; Sloterdijk, a. a. O., S. 41 (FN 46)(일본어번역본 64면).
59) Sloterdijk, a. a. O., S. 50 (FN 46)(일본어번역본 76면).
60) Vgl. Sloterdijk, a. a. O., S. 54 f. (FN 46)(일본어번역본 81면).

가지는 지식은 기술관료(technocrat)의 정치적 지식 혹은 폴리스와 주민들에 관한 어중간한(生半可) 지식에 불과하지 않을까. 그렇다고 한다면, 기술 관료인 의사들에게 인간원의 규칙작성을 맡길 수는 없다. 이것이 플라톤의 고전에서 계수할 수 있는 오늘날의 결론일 것이다. 어쨌든 인간원의 규칙 문제에 대해서는 이미 하이데거나 플라톤 등에 의해 유사한 질문이 행하여졌지만, 우리 현대인은 이 물음에 대해 혼란스러운 답만 가지고 있는 것이다.[61]

4. 첨단의료의 규제를 향한 윤리적 판단의 추론형식

지금까지 첨단의료의 윤리 문제를 둘러싼 독일어권의 세 가지 유력한 논의를 각각 개관했다. 이익 상황에서 규범 유형을 선택한다는 본고의 접근방법에 비추어 보면, 우선 판 덴 데레(van den Daele)는 의학연구의 학문의 자유와 수익적 당사자의 자기결정권의 이익에 중점을 두는 입장이라 할 수 있다. 이에 반해 하버마스(Habermas)는 오히려 잠재적인 불이익 당사자에게 있어서 인간의 유전적 본성의 가치 및 그 배경에 있는 인류 전체의 도덕원리 준수를 중시한다. 마지막으로 슬로터다이크(Sloterdijk)는 의학연구의 자유에 대한 강한 회의(懷疑)를 품는 한편, 수익적 당사자의 이익과 잠재적 불이익 당사자 이익과의 비교형량에 대해서는 불가지론의 입장을 취한다.

이 중 하버마스와 슬로터다이크의 생명윤리를 둘러싸고는 그들을 포함한 유력한 논자들 간에 논쟁이 전개되었다. 그러나 그 쟁점 자체는 학파 간의 학계정치적인 대립을 보여주는 것이며, 본고에서 개관한 생명윤리의 근본문제를 파고든 것은 아니다.[62] 오히려 논쟁을 유발한 것

---

61) Vgl. Sloterdijk, a. a. O., S. 55 f. (FN 46)(일본어번역본 82면).
62) 소위 슬로터다이크, 하버마스 논쟁에 대해서는 仲正昌樹「「スローターダイク論争」とド

은 하버마스, 슬로터다이크 각각의 첨단기술 그 자체의 인식방법에 이론(異論)의 여지가 있기 때문이기도 할 것이다. 특히 슬로터다이크는 첨단의료에 대한 불신을 대중사회 상황에 비추어 보아 현재 유전자공학의 모습을 기괴(grotesque)하게 표현하며, 양치기와 양의 비유를 사용하여 '인간원'이라는 용어로 조소(嘲笑)하듯이 표현하고 있다. 그럼에도 불구하고 슬로터다이크는 하버마스와는 달리 어떻게 의학연구를 규제해야 하는가 하는 구체적인 문제에 대해서는 애매한 태도만 보이고 있다. 이와 같이 윤리적으로 애매한 자세와 학파 철학을 우롱하는 태도가 함께 맞물려 비판 논리의 진영으로부터 반발을 초래한 것이 아닌가 추측되는 바이다.

어쨌든 본고에서 언급한 3명의 논자는 첨단의료를 둘러싼 윤리 문제에 원리적으로 접근하기 위해서 방법론적으로 극한까지 사고 실험을 밀어붙인 경우로 평가할 수 있다. 각각의 인식론적·방법론적 출발점에 있어 판 덴 데레는 사회학적 실증주의이며, 하버마스는 커뮤니케이션적 간주관성의 초월론 철학, 슬로터다이크는 인문주의적 문헌비판이다. 앞서 언급한 대로 구체적인 윤리 문제에 대한 3명의 입장은 상이하지만, 각각의 인식론적 전제를 바탕으로 보면, 직관(直覺)주의에 따르든지 메타윤리학에 따르든지 논리적으로 3명의 입장에 우열을 두어 윤리 문제의 결착을 도모할 수는 없다. 그러므로 본고의 시도는 첨단의료를 둘러싼 이익 상황을 비교형량하여 구체적인 윤리적 정당성 기준을 도출하는 것이 아니라, 비교형량의 사고구조를 방법론적으로 제시하는 것에 그친다. 때 독일 인권론에서 주지하는 3단계 심사방법[63]을 염두

イツのポスト・モダン」所収:スローターダイク・전게서(각주(46))3-21면.

63) Vgl. Alfred Katz: *Staatsrecht-Grundkurs im öffentlichen Recht*, 16., neu bearbeitete Aufl. Heidelberg: C. F. Müller, 2005, SS. 305-322.

에 두어 이를 정리하는 형태로 윤리기준의 판단구조를 생각해 보고자 하는 것이다.

처음 고려해야 할 이익은 의학연구의 학문의 자유이다. 즉, 대학을 비롯한 연구기관은 정부의 간섭을 받지 않고, 자유롭게 연구를 발전시키는 것을 제도적으로 보장받고 있다.[64] 그러나 애초 연구의 자유로운 발전은 제한 없이 무제약적으로 허용되는 것이 아니며, 동등하게 중요한 윤리적 가치를 존중하기 위해서 내재적 제약에 따른다. 연구의 자유를 제약하는 중요한 윤리적 가치란 앞서 언급한 대로 수익적 당사자의 자기결정권과 잠재적 불이익 당사자의 인간의 존엄이다. 그리고 부모의 자기결정과 잠재적 자녀인 인간배아의 존재가치는 자주 서로 대립된다. 나아가 그 연장선상에 환자의 생식세포에 유전자 개량이 가해진 경우에도 동일한 세대 간에서의 이해충돌이 발생한다. 그러므로 의학연구가 내재적 제약에 비추어 정당화되기 위해서는 당사자의 자기결정이라는 이익과 당해 자기결정에 의해 불이익을 입는 실험대상의 존재가치 간의 합리적인 이익형량이 행하여지는 것이 요구된다.

다음으로 이익형량의 합리성 판단에 있어 연구의 자유에 어느 정도 개입해야 할지 통제밀도를 확정해야 한다. 합리성 판단을 국가나 공적 기관 등 제삼자에게 위임하고, 제삼자의 판단에 따른다는 판단대치형 엄격심사의 기준에서는 연구기관 자율로서의 연구의 자유가 훼손된다. 한편, 명백하게 불합리한 연구만을 규제한다는 명백성의 통제기준에서는 자기결정권과 인간존재 가치의 중요성에 비추어 지나치게 보호할 우려가 생긴다. 이 양자의 관점에서 보아 연구의 자유에 대한 합리성 판단의 통제밀도로서 엄격한 합리성기준을 채택하는 것이 타당

---

64) Vgl. Katz, a. a. O., S. 366-368 (FN 63), 初宿正典 『憲法 2 基本権(第 3 版)』(成文堂, 2010年) 245-246면.

하다. 즉, 어떤 의학연구에 있어 당사자와 실험재료의 법익보호의 관점에서 엄격한 합리성을 결하는 것이 입증되면, 그 연구에 윤리적 정당성이 인정될 수는 없게 된다.

이 엄격한 합리성기준을 전제로 수익적 당사자의 이익과 잠재적 불이익 당사자의 이익을 비교형량하게 된다. 나아가 비교형량의 판단을 위한 절차적 합리성과 비교형량결과의 내용적 합리성으로 나누어 합리성을 판단해야 한다. 절차적 합리성으로서는 법령준수, 사전 동의 내지 사전승인(Informed Consent 내지 informed assent), 윤리위원회의 심사와 같은 절차 면에서의 합리성이 요구된다. 내용적 합리성은 연구목적의 합리성, 실험 등 연구방법과 연구목적과의 적합성과 필요성, 실험방법의 구체적 적절성이 단계마다 심사된다. 특히 마지막의 구체적 적절성 심사에서는 연구에 따라 얻을 수 있는 이익과 잃게 되는 이익의 균형과 비례성에 대하여 엄격한 합리성이 요구된다. 그러나 이 종류의 이익형량은 주관적 평가에 의할 수밖에 없으며, 그런 의미에서 간주관적 실천적 합리성을 엄격한 합리성으로 해석해야 할 것이다. 구체적으로는 인간체세포복제를 이용한 실험의 금지, 인간배아실험의 수정 후 14일까지의 한정과 같이 현재의 규제는 엄격한 의미에서 간주관적 실천적 합리성을 갖춘 것으로 평가할 수 있다. 어쨌든 구체적인 연구영역마다의 규제범위와 규제내용에 대해서는 위의 심사방법에 따라 실천이성을 이용하여 엄격한 합리성의 판단을 그때마다 행하게 된다.

IV. 결론

본고에서는 우선 종래의 임상의학과 대비하여 현대 첨단의료에 있어서 윤리 문제의 특징을 분명히 하고, 그로부터 첨단의료의 정당성을 둘러싼 독일의 세 가지 견해를 개관한 후에, 마지막으로 윤리적 정당성의 심사방법을 법적 심사의 방법에 따라 제시하는 것을 시도했다. 물론 본고의 시도는 윤리적 판단에서의 추론순서를 제시함에 그치며, 첨단의료의 의학연구에서의 내용적 정당성 기준에 대하여 언급한 것은 아니다.

당초 독일어권의 세 가지 논의의 개관에서 본 것처럼 첨단의료의 윤리적 정당성에 대하여 직관이나 개인적 선호에 따르는 것 이외에 객관적으로 타당한 판단을 도출하는 것은 원리적인 것이고 방법론적으로 어려움이 따른다. 그러므로 첨단의료를 둘러싼 윤리적 입장의 대립은 추상적 레벨에서 결론짓는 것이 아니라, 윤리적 심사방법 내에서 각 견해가 제기하는 여러 논점을 구체적으로 고려하여 실천이성에 비추어 판단해야 한다.

첨단의료의 현장에서는 연구기관, 연구과제마다 윤리위원회에 의한 심사가 적절하게 이루어지고 있다고 생각한다. 그러나 실제 윤리위원회의 심사에서는 의학연구의 전문가와 법률가, 지식인, 시민대표와 같은 비전문가와의 합의에 있어 전문기술적 지식에 대해서는 별도로 하더라도, 적어도 윤리적 판단에 대해서는 실천 추론의 방법론 없이 직관적으로 판단을 내리고 있는 것이 현실일 것이다. 본고가 의학연구의 윤리 문제에 기여하는 점이 있다고 한다면, 윤리 판단의 추론형식에 대해서 검토를 가하는 것의 의의를 제시한 점에 있는 것이 아닌가 기대하는 바이다.

제4장

연구윤리란 누구의 것인가
- 태아 조직의 연구이용을 둘러싸고 -

武藤 香織(무토 카오리)

I. 시작하며

 필자는 2003년경부터 국가의 대형연구사업이나 연구기관에서 연구윤리컨설팅을 해왔다. 연구윤리컨설팅이란 '연구기간 동안 이용할 수 있는 조언 활동. 인간의 건강과 복지에 관한 연구계획과 실행, 해석, 결과 보급의 모든 측면에서의 윤리적 질문에 대해, 연구자나 기타 연구활동에 관한 모든 이해관계자 및 연구윤리에 박식한 자 등 여러 개인간의 교류도 포함된다. 그 교류의 목적은 정보제공과 윤리적 과제의 특정이나 분석, 숙려, 그리고 행위의 추진장려(推奨)'[1]로 일컬어진다. 주된 고객은 연구자이며, 법령이나 연구윤리지침의 해석에서부터 그에 포함되지 않는 새로운 딜레마에 이르기까지 여러 상담을 받는다.

 이러한 활동을 계속해 나가면, 연구자 자신이 고민하고, 필자 자신도

---

1) Beskow LM, Grady C, Iltis AS, Sadler JZ, Wilfond BS. The research ethics consultation service and the IRB. IRB. 2009; 31(6) : 1-9., 會澤久仁子・中田はる佳・土井香・大北全俊・松井健志「国内における研究倫理コンサルテーションのニーズ：予備的質問紙調査」臨床薬理(0388-1601)46巻3号(2015年)115-125면.

연구하면서 답을 찾아가는 질문도 적지 않지만, 반면 연구자 자신이 전혀 고민하지 않고, 단지 정답이나 '타협점'을 알고자 하는 수요에 직면하는 경우도 있다. 그러한 태도의 배경에 있는 것이 매년 복잡화되는 행정청에 의한 연구윤리지침과 최소한 이 정도만 지키면 된다고 하는 연구자 집단의 체념일 것이다.

본고에서는 연구자 집단에서 언급되는 자주적 규제의 문서와 태아 조직의 연구이용을 논의의 단서로 하여 행정청에 의한 연구윤리지침과 전문가집단에 의한 윤리에 대한 도전이 모두 한계에 와 있다는 것을 논하고자 한다.

Ⅱ. 정체되는 연구자들로부터의 발신

연구자는 자신의 연구분야에 있어서 윤리적인 과제를 극복하기 위해서 어떠한 노력을 해 왔을까. [표 1]에서는 최근 의학·생명과학과 관련된 학회에 의하여 발표된 연구에 관한 제언이나 지침 등의 주된 문서를 제시하고 있다. 이러한 문서들에는 몇 가지의 특징이 있다.

[표 1] 의학계의 학회가 가지는 연구에 관한 주된 가이드라인과 학회명

학회명	견해 등의 제목	연도
일본 산부인과학회	인간의 정자·난자·수정란을 다루는 연구에 관한 견해	1985; 2013개정
일본 산부인과학회	사망한 태아·신생아의 장기 등을 연구에 이용하는 것의 타당성(是非)이나 허용범위에 대한 견해	1987
일본 역학회	역학연구를 실시함에 있어서의 윤리선언	2002

일본 소아과학회	논문이나 학회·연구회 등에서 사용되는 환자의 얼굴사진과 그 외의 취급에 대한 가이드라인	2003
외과관련 학회협의회	증상사례(症例)보고를 포함한 의학논문 및 학회연구회 발표에서의 환자사생활보호에 관한 지침	2004
HAB연구기구	이식용 장기제공시의 연구용조직의 제공·분배시스템의 구상에 관한 준비위원회 보고서 및 의견서	2007
일본 신경과학회	인간뇌기능의 비침습적 연구의 윤리 문제 등에 관한 지침	2009
일본 인류유전학회, 일본 임상검사의학회, 일본 임상약리학회, 일본 TDM학회, 일본 임상검사표준협의회	게놈약리학을 적용하는 임상연구와 검사에 관한 가이드라인	2010
일본 해부학회, 일본 병리학회, 일본 법의학회	인체 및 인체표본을 이용한 의학·치과학의 교육과 연구에서의 윤리적 문제에 관한 제언	2013
일본 법의학회	법의학연구 발표에서의 개인정보등의 보고에 관한 지침	2013
일본 해부학회	해부체를 이용한 연구에 대한 사고방식과 실시에 관한 가이드라인	2015
일본 소아과학회	학술집회제목(演題) 및 초록작성에 관한 윤리적 배려에 대한 일본 소아과학회 윤리위원회	2015
일본 유전자세포치료학회, 일본 인류유전학회, 일본 산부인과학회, 일본 생식의학회	인간게놈편집에 관한 4개 학회로부터의 제언	2016
일본 인류유전학회	인간게놈의 망라적 해석을 수반하는 2차적/우발적 소견에 관한 성명	2017

첫째, 그 학문영역에서 독자적으로 윤리적 과제를 검토하고, 전문가로서의 견해와 당면한 자율규제내용을 제시하는 형태이다. 과거로는 인간의 정자·난자·수정란, 사망한 태아·신생아의 연구이용에 소급하여, 최근에는 인간뇌기능의 비침습적 연구 등이 이에 해당한다. 이러한 문서에서는 전문가가 본 기술의 현황인식과 그 평가가 기재되고, 어떻게 억제해야 할지(억제해야 하지 않을지)가 기재되어 있으며, 결론에 이르기까지는 일정한 기간이 소요된다. 그러나 이러한 노력이 수반되는 문서는 최근 거의 볼 수 없다. 최근 극히 일부 예에서 인간게놈의 망라적 해석에 수반되는 2차적·우발적 소견 등 시퀀스기술혁신에 기초하여 발생한 과제나 게놈편집과 같이 맹아적인 기술의 취급을 둘러싼 과제 등을 볼 수 있지만, 내용은 아주 간략하며, 전문가집단으로서의 관리(governance) 방법을 제시하는 것은 아니며, 제3자에게 어떠한 대책을 요구하는 취지로 끝나 있다.

다음으로 법령과 연구윤리지침을 축으로 하여 학회 활동의 방향성을 정리하려는 경향을 가지고 있다. 예컨대 개인정보보호법의 입법을 계기로 그동안 학술연구 활동을 통해 전문가도 과제라고 인식했던 사항에 대해 논점을 정리하는 취지의 문서인 것이다. 증상사례 보고에서의 이니셜 사용, 사진의 사용 등이 재검토되고, 특히 아동에 대한 특별한 과제를 정리한 모습을 볼 수 있다.

[표 1]에는 나타나 있지 않지만, 연구윤리지침에 관해서는 단순히 국가의 법령·연구윤리지침을 주지시키는 형태의 문서도 여러 가지 있다. 기존의 연구윤리지침을 모방하는 형태로 회원에게 주의환기를 촉진시키는 취지의 것, 종래 학회 활동과 각종 지침의 관계성을 정리하는 취지의 것이 있다.

연구를 직접적으로 규제하는 국가의 연구윤리지침이 증가한 결과,

학회는 자율적으로 자신들의 연구 활동으로부터 윤리적인 과제를 발견하고, 그 취급에 대해서 자신들이 생각한 규칙을 나타내는 활동을 정체시키고 있는 상황이라고 할 수 있는 것은 아닐까.

제1장에서 요네무라(米村)가 명확하게 지적하듯이 연구윤리지침에 의한 규제는 (1) 유연한 규제라고는 하기 어려우며, (2) 연구자의 자율이 침해되는 사태가 발생하고 있으며, (3) 실질적으로 법률과 동일한 효과를 낳고 있다는 문제점이 있다. 결국 행정에 의한 연구윤리지침에서는 행정청 간의 분파주의가 우선되어 버리기 때문에, 실제 연구현장에서 매일 발생하는 연구 분야 간의 융합이나 통합, 예측 불가능한 진전이나 변혁을 모두 고려한 지침을 만드는 것은 곤란하다. 문부과학성이 기초연구를 다루고, 후생노동성에서는 임상시험을 다룬다는 정리는 얼핏 보면 간단한 분류처럼 보이지만, 예컨대 인간게놈분석과 같이 여러 연구영역이 인프라화된 분야에서 단독 지침이 남기는 의의는 아주 미미하게 된다.[2] 줄기세포연구와 같이 연구의 발전에 따라 트렌드가 점차 변하는 분야에서도 동일하다. 한편 행정에 있어 가장 쉽지 않은 것은 게놈편집기술과 같이 활용을 생각하는 학문의 분야가 광범위하며, 그 대응에 대해 영향을 받는 부서가 복수의 기관 또는 부서에 걸쳐진 기술이 대상인 경우가 될 것이다. 2015년에 해외에서 인간의 생식세포나 수정란에 대한 규제가 긴급과제로서 논의될 때, 일본 국내에서 게놈편집기술 규제와 관련될 수 있다고 생각되는 2성(省) 4과가 모두 나서지 않는 광경도 볼 수 있었다.[3] 이러한 점에서 윤리적·법적·사회적으로 영향을 줄 수 있는 맹아적인 기술의 개발단계부터 검토에 착

---

[2] 武藤香織「『ヒトゲノム・遺伝子解析研究に関する倫理指針』の改正と卒業に向けて」臨床病理レビュー153号(2014年)16-21면.
[3] 종합과학기술·혁신회의 제96회(2016년 3월 14일)생명윤리전문조사회 의사개요(안)〈http://www8.cao.go.jp/cstp/tyousakai/life/haihu97/shiryo1/pdf〉.

수하여 일본 고유의 태도를 보여주어야 할 분야에 대해서는 완전히 대응이 늦게 된다. 그러므로 행정분화의 틈새에 있는 연구영역에 대해서는 그 규칙을 전문가집단인 학회가 주도하여 책정하는 것이 바람직하지만, 그것도 불가능한 현실이다.

Ⅲ. 어느 순간에 용인되어 있던 과제-태아조직의 연구이용

여기에서는 행정 주도에 의한 논의가 좌절되고, 결과적으로 특별한 취급을 받지 않게 된 사례로서 태아조직의 연구이용에 대해 살펴보고자 한다.

장래 생식세포로 될 수 있는 시원생식세포(primordial germ cells)로 수립된 EG세포(embryonic germ cells)는 ES세포(embryonic stem cells)와 동등한 분화다양성을 가진다고 한다.[4] ES세포의 수립에는 인간 수정란을 이용할 필요가 있었던 점에서 EG세포를 수립하는 길을 모색하는 데 시원생식세포의 입수에 적합하다고 생각된 것이 태아조직이었다.[5] 그러나 태아조직의 연구이용에는 1970년대부터 여러 윤리적인 우려가 지적되어 왔다. 예컨대, 태아조직의 연구이용 그 자체가 삶을 희망대로 살 수 없었던 태아의 존엄을 유린한다는 지적, 여러 사정으로 인공임신중절이나 유산을 부득이하게 하게 된 여성에 대해 태아조직의 제공동의를 구하는 것 자체의 옳고 그름, 적절한 설명 또는 동의취득의 시기나 숙려

---

4) Kerr CL1, Gearhart JD, Elliott AM, Donovan PJ. Embryonic germ cells: when germ cells become stem cells. *Seminars in Reproductive Medicine.* 24(5) :304-13, 2006.

5) 牧山康志「ヒト胚の取扱いの在り方に関する検討」文部科学省科学技術政策研究所第2調査研究グループDiscussion Paper(2004年). 〈http://data.nistep.go.jp/dspace/bitstream/11035/450/1/NISTEP-DP033-FullJ.pdf〉.

한 후에 의사결정을 확보할 수 있는가 하는 문제들이다.[6] 미국에서는 현재도 태아조직을 이용하는 연구에 대하여 공적자금을 투입할 수 있는가가 중요한 논점인데,[7] 과학자 측에서는 태아조직이 HIV/AIDS 연구나 발생생물학 등에서 유용하다는 점을 강조하는 견해도 있다.[8]

태아조직의 연구이용에 대해서는 과학기술회의 생명윤리위원회 인간배아연구소위원회 '인간배아줄기세포를 중심으로 한 인간배아 연구에 관한 기본적 사고방식'(2000년 3월 6일)에서

> 사망한 태아의 조직을 이용한 EG세포의 수립에 관해서는 인공임신중절의 의사결정과 EG세포수립을 위한 사망한 태아조직 제공의 의사결정과의 관계나 일본에서 행해지는 중절 방법 등 사망한 태아조직의 이용에 독자적인 윤리적·기술적 문제에 대한 고려가 필요하며, 이에 대해서 검토가 행해지기까지는 수립하지 않아야 할 것이다.

고 기술하고 있다.

그 후 후생과학심의회 의과학기술부회 '인간줄기세포를 이용한 임상연구의 존재 방식에 관한 전문위원회'에서 인간줄기세포를 이용하는 임상연구의 지침책정작업이 실시되었다.[9] 몇 번인가 집중적으로 논의

---

6) 玉井真理子=平塚志保編『捨てられるいのち、利用されるいのち―胎児組織の研究利用と生命倫理』(生活書院, 2009년).

7) Denise Grady and Nicholas St Fleurjuly. More Fetal tissue from abortions for research is traded in a gray zone. New York Times. July 27, 2015.

8) Meredith Wadman. The truth about fetal tissue research. Nature 528 : 178-181, 2015. doi : 10. 1038/528178a

9) 현재 의사록이 공표되어 있는 것은 제18회(2004년 5월 25일)부터 제25회(2006년 2월 22일)까지이지만, 제18회 의사록에 따르면 사망한 태아조직을 둘러싼 논의는 제16회부터 본격화된 것을 알 수 있다. 〈http://www.mhlw.go.jp/stf/shigi/shingi-kousei/

가 행해졌지만, 결국 방침을 정하지 못하고, 제23회(2005년 5월)에 인간 줄기세포지침의 대상에서 제외되고 이후 조속히 논의를 재개하도록 합의가 논의되었다. 2006년의 후생노동성 '인간줄기세포를 이용하는 임상연구에 관한 지침'(2006년 후생노동성고시 제425호, 이하 '인간줄기지침'으로 표기)에서는 "다만, 다음의 어느 하나에 해당하는 것은 이 지침의 대상으로 하지 않는다"라고 하여, "② 태아(사산한 태아(死胎)를 포함)로부터 채취된 인간줄기세포를 이용하는 임상연구"가 언급되어 있다.

하지만, 태아조직에 관한 논의가 재개되지는 않았다. 2009년 10월, 문부과학성의 과학기술·학술심의회 생명윤리·안전부회 특정배아 및 인간ES세포 등 연구전문위원회(제72회) 및 인간 ES세포 등으로부터의 생식세포작성·이용작업부회(제13회) 의사록에서 당시의 나가이(永井)안전대책관은 다음과 같이 설명한다.[10]

> 2000년의 '인간배아줄기세포를 중심으로 한 인간배아연구에 관한 기본적 사고방식' 내에도 기재가 있고, 두 가지의 관점에서 우선은 수립하지 않게 되었습니다. 인공임신중절의 의사결정과 EG세포수립을 위한 사망한 태아조직 제공의 의사결정과의 관계나 일본에서 행해지는 중절방법 등 사망한 태아조직의 이용에 독자적인 윤리적·기술적 문제가 있어 그에 대한 고려가 필요하며, 이에 대해 검토가 수행되기까지 수립은 행하지 않는 것으로 해야 한다는 것입니다. 또한 후생노동성의 '인간줄기세

---

html?tid=127734〉.
10) 과학기술·학술심의회 생명윤리·안전부회 특정배아 및 인간ES 세포등 연구전문위원회(제72회) 및 인간 ES세포 등으로부터의 생식세포작성·이용작업부회(제13회) 의사록((2009년 10월 29일) 〈http://www.lifescience.mext.go.jp/2009/10/72211029.html〉.

포를 이용하는 임상연구에 관한 지침'에서도 태아(사산한 태아를 포함)로부터 채취된 인간줄기세포를 이용하는 임상연구는 당해 지침의 대상으로 하지 않는 것으로 하는 바입니다.

즉, 이 시점에서는 2000년의 '인간배아줄기세포를 중심으로 한 인간배아연구에 관한 기본적 사고방식'이 승계되어, "검토가 이루어지기까지는 태아조직의 연구이용은 실시할 수 없다"는, 말하자면 일시적 정지(moratorium)로 해석하는 것을 알 수 있다. 인간줄기세포지침은 2010년에 개정되었지만, 그때에도 태아의 취급은 제외된 상태였으며, 특별한 논의는 이루어지지 않았다. 동 지침에는 계속하여 "두 인간 태아(사산한 태아를 포함)로부터 채취된 줄기세포는 이 지침의 대상으로 하지 않는다."고 기재되어 있었다. 또한 후생노동성이 제시한 연구개발과장 통지에서도 별도로 검토의 필요성과 함께 지침으로부터는 제외하는 것이 강조되어 있다.[11]

Q. 1-11 제5의2 '인간 태아'의 정의는 무엇인가.
A. 1-11 태아란 의학, 생물학, 법학의 각각에 있어 정의가 약간 다르지만, 본 지침에서는 착상 후의 인간배아를 '인간 태아'라고 생각합니다. 착상 후의 인간배아는 시기에 의한 구별이 아니라 인간생명의 존엄에 관한 것이므로 '인간 태아'를 이용하는 임상연구에 대해서는 별도의 검토가 필요하다고 생각합니다. 따라서 현 단계에서는 '인간 태아'로부터 채취한 줄기세포를 본

---

11) 후생노동성 의정국연구개발진흥과장, '인간줄기세포를 이용한 임상연구에 관한 지침의 의문해석에 대해서', 의정연구 제0214 제1호(2011년 2월 14일).
[http://www.mhlw.go.jp/file/06-Seisakujouhou-10800000-Iseikyoku/0000150654.pdf]

지침의 대상에서 제외하고 있습니다.

실제로는 태아조직의 연구이용을 일단 금지하는 것과 같은 취지의 문서는 발표되어 있지 않으며, 일시적 정지인 점을 담보하는 절차도 취해진 것도 아니다. 인간줄기세포의 임상연구를 추진함에 있어 태아조직을 연구에 이용하는 것에 대한 논의가 금지되지 않도록 제외하는 것에는 성공했다고도 볼 수 있다. 그러나 그 후 '별도로 검토'하는 기회는 마련되지 않았다. 또한 관련 학회가 깊이 논의한 바도 없었다.

2015년에 「재생의료 등의 안전성의 확보 등에 관한 법률」(2013년 법률 제85호, 이하 '재생의료안전확보법'이라 표기)이 제정되고서 인간줄기세포지침은 폐지되었지만, 재생의료안전확보법의 제정과정에서도 태아조직의 연구이용이 '별도로 검토'되지는 않았다. 재생의료안전확보법에서 세포의 정의는 "세포가공물의 원재료로 되는 인간 또는 동물의 세포를 말한다"(제2조 제3항)고 규정하고 있으며, 동물이나 여성의 난자 등이 예시로 되어 있지만, 인간줄기세포지침과 같이 태아조직을 특별시하거나 제외하거나 하지는 않고 있다. 또한 동법의 시행규칙에서는 "사망한 자로부터 세포를 채취하는 경우에는 예의를 잃지 않도록 주의하고, 유족에 대하여 세포의 사용 용도와 그 외 세포의 채취에 관해 필요한 사항에 대하여 가능한 한 쉬운 표현을 이용하여 문서로 적절한 설명을 하고, 문서로 동의를 얻을 것"(제7조 제5항)으로 되어 있다. 이를 보면, 태아조직을 이용한 임상시험이나 세포치료는 실시 가능한 것처럼 이해된다.

실제로 2017년에는 학내의 윤리심사위원회에 의해 태아조직을 이용한 기초연구가 허가된 사례가 보도되었다.[12] 보도에 따르면, 이 연구

---

12) 京都新聞「ヒトiPSで精子卵子の元　京大グループ　細胞作製へ」2017년 1월 1일 조간 1면 본판(1,750자).

는 사람의 태아조직에서 얻은 정소나 난소의 조직을 인간의 iPS세포유래의 생식세포와 함께 배양함에 따라 정자줄기세포나 난모세포를 확립하는 것을 목표로 한 것이며, 태아조직의 입수에 있어 의료기관으로부터 여성의 동의를 얻고 있다는 것이었다. 기사에서는 중절 태아조직을 이용한 기초연구나 임상응용에 있어서 "법이나 지침에 의한 규제는 없다"고 결론짓고 있다. 물론 참조할 수 있는 것은 아무것도 없다. 인간줄기세포지침을 논의할 때를 모르는 연구자는 태아조직 연구이용의 옳고 그름에 대한 논의가 있었던 것도 모를 것이다.

그렇다면 행정청은 태아조직의 연구이용을 용인하고 있는 것일까. 2017년 9월에 필자가 문부과학성에 확인한 바, 다음과 같이 전화로 회답을 받았다. 태아조직으로부터 수립한 줄기세포를 이용하는 기초연구는 '인간을 대상으로 하는 의학계 연구에 관한 윤리지침'의 대상이지만, 동 지침에는 태아조직의 이용에 관한 명확한 기재는 없기 때문에 '인간게놈·유전자분석연구에 관한 지침'(이하 '게놈지침'이라 표기)을 참조하면, '21 용어의 정의 (1) 시료·정보'의 〈주 2〉가 있으며,

> 인간게놈·유전자분석연구에 이용하고자 하는 혈액, 조직, 세포, 체액, 배설물 및 이러한 것들로부터 추출된 인간 DNA 등 인체의 일부 및 제공자의 진료정보, 유전정보, 그 외 연구에 이용되는 정보(사자(死者)에 관한 것을 포함)를 말한다.
>
> 〈주 2〉 수정란, 배아, 태아[13], ES세포 등의 제공을 받아 연구를 실시하는 것에 대해서는 본 지침의 취지를 기초로 하는 것이 필요하지만, 별도로 윤리상의 관점 등으로부터의 신중한 검

---

13) 수정란과 배아는 살아 있는 것(동결된 것)을 상정하고 있지만, 여기에서의 '태아'는 살아 있는 태아가 아니라, 사망한 태아를 의미한다고 보는 것이 타당할 것이다.

토가 필요하며, 본 지침을 충족하는 것만으로 그러한 연구를 실시하는 것이 타당하다는 취지는 아니다.

라고 기재하고 있는 점에서 '게놈지침을 충족하는 것만으로는 충분하지 않다는 것을 명확히 보여주고 있다'는 것이었다. 그렇다면 게놈지침 이외에 참조해야 할 것을 물어보니 문부과학성으로부터는 일본 산부인과학회가 1987년 1월에 제시한 '사망한 태아·신생아의 장기 등을 연구에 이용하는 것의 옳고 그름이나 허용범위에 대한 견해'[14] (해설추가 2001년 12월 15일)밖에 보이지 않는다는 것이었다. 이 견해에서는 동 학회 회원에 대해 아래 네 가지의 준수를 요구하고 있다.

1) 임신중절의 여하에 관계 없이 사망한 태아·신생아의 취급은 사체해부보존법이 이미 정하고 있는 바에 따른다.
2) 사망한 태아·신생아의 장기 등을 연구에 이용하는 것은 그 이외에는 연구의 방법이 없으며, 또한 기대되는 연구성과가 아주 크다고 생각되는 경우에 한해야 할 것이다.
3) 사망한 태아·신생아의 장기 등을 이용하여 연구하는 자는 원칙적으로 의사여야 한다. 또한 그 연구협력자도 모두 연구의 특수성이나 사회적 중요성 등을 충분히 인식한 자여야 한다.
4) 사망한 태아·신생아의 장기 등을 연구에 이용하고자 하는 자는 사전에 그 목적을 모친 및 부친(친권자)에게 충분히 설명한 후에 그 허가를 얻을 필요가 있다. 또한 태아·신생아 및 부모 등의 사생활은 충분히 존중되어야 한다.

---

14) http://www.jsog.or.jp/about_us/view/html/kaikoku/S62_1.html

또한 2001년에 추가된 해설에서는 "임신기간의 여하에 관계 없이 태아는 장래에 인간으로 될 존재로서 생명윤리상의 배려가 불가결하며, 존엄을 침해하지 않도록 경건한 마음을 가지고 다루어야 한다"고 한 후, 산부인과 의사가 연구자에게 장기·조직을 제공하는 경우를 염두에 두어 회원에게 제시한 것이며, "회원 각자가 그 연구의 의의를 스스로 충분히 이해하고, 자율적으로 협력 여부를 판단하길 바란다. 또한 어떠한 연구목적이라 하더라도 당해 시설이 설치한 윤리위원회의 승인을 받을 필요가 있다는 것은 말할 것도 없다"고 기재하고 있다.

물론 이러한 학회견해 이외에 참조자료는 없다. 그러나 이 견해는 이미 폐지된 인간줄기세포지침에서 태아조직의 논의가 행해지기보다도 훨씬 이전에 제시된 것임에도 불구하고, 이 학회견해가 참조자료로서 권고되는 것은 경악할 만한 것이었다.

또한 인간줄기세포지침 폐지 후에 제정된 재생의료안전확보법에 대해서는 후생노동성 연구개발진흥과에 해석권한이 있기 때문에 임상연구에서 태아조직을 사용하는 문제(是非)에 대해서는 문부과학성으로부터 조회가 행하여졌다. 그 결과 후생노동성으로부터는 '물론 현행 법령으로는 기재가 없어졌지만, 그렇다고 하여 실시 가능하다고는 할 수 없다'고 하는 견해가 제시된 적이 있지만, 그것은 어디까지나 현재 담당관의 소견이며, 법문상의 근거를 둔 것은 아니다.

따라서 2011년의 문부과학성 공식견해는 태아조직의 연구이용에 대해서는 '별도 검토가 필요'하다는 것이었지만, 현 시점에서 문부과학성의 공식견해로서는 일본 산부인과학회의 견해를 참조하면서, 게놈지침에 따라 윤리심사위원회에서 연구계획을 심사하고, 연구기관의 장이 가부판단을 하는 과정을 용인하고 있다.

IV. 마치면서

필자는 연구윤리 컨설팅과 관련되는 자는 행정청이나 과학자가 간과한 논점을 계속적으로 고민해야 하는 역할이 있다고 생각하여 본고에서 태아조직의 연구이용을 살펴보았다. 필자는 '태아조직의 연구이용은 별도 검토가 필요'한 것으로 분리하여 그대로 방치한 행정청의 무책임함을 책망할 마음이 없지는 않다. 그러나 재생의료안전확보법안이 검토된 시점에서는 IPS세포를 핵심으로 하는 임상응용이 가속화되고 있었기 때문에, 태아조직에 주의를 기울일 주체는 행정기관에도 국회에도 없었던 것이 아닐까.

오히려 인간줄기세포지침의 대상에서 태아조직이 제외된 간극을 잘 이용하여 관련 학회가 논의를 주도적으로 계속하지 않았던 것이 통탄스럽다. 당시는 태아조직을 반드시 연구, 이용하고자 하는 연구자층도 적었으며, 나아가 거액의 연구비 투자가 예상되는 줄기세포임상연구의 영역에서는 성가신 태아조직을 제외하는 흐름에 동조했을 것이다. 그렇다 하더라도 연구윤리에 관한 커뮤니티가 논의의 계속에 공헌하지 않았던 것은 크게 반성해야 할 것이다. 특히 필자 개인의 입장으로서도 연구윤리지침에 의존한 현 상황에 여러 문제를 발견하면서 결과적으로 연구윤리지침의 안정적인 운용에 가담하여 현명하지 못하게 문부과학성의 '모라토리움 선언'에 의존했던 것을 많이 반성하고 있다.

이후에도 관련 학술연구 커뮤니티를 통해 태아조직의 연구이용을 둘러싼 논의에 일정한 결론을 도출하고, 사회로부터의 비판에 답할 수 있는 체제에 공헌하고자 한다.

[사사] 본고 집필에 있어 AMED '재생의료연구에 있어서의 윤리적 과제의 해결에 관한 연구'(JP17bm0504010h0008)의 지원을 받았다.

제5장

학문의 자유와 생명윤리

奧田 純一郎(오쿠다 쥰이치로)

Ⅰ. 시작하며

 본 장에서는 학문의 자유와 생명윤리와의 관계에 대해서 고찰하고(Ⅱ), 양자가 이율배반의 관계에 있을 수 있다는 점, 그러한 경우에 해결책으로서 고려해야 할 점에 대하여 논하고자 한다(Ⅲ). 그 후에 그러한 점에서 도출되는 양자의 관계가 가까운 미래에 국민에게 어떠한 영향을 미칠지, 국민에게 어떻게 행동하도록 요구할지에 대해서도 고찰하고자 한다(Ⅳ).

 학문의 자유는 본래 아카데미아 즉, 연구자 개인 혹은 연구자 커뮤니티만에 관한 가치라고 할 수 있다. 이에 반해 생명윤리가 주된 대상으로 하는 의료현장은 사람들이 피할 수 없이 생로병사를 계기로 접하게 되는데 보편적으로 인간 일반과 관련된다. 그렇다면 양자 간에는 직접적인 관계는 없는 것이 원칙이다. 그러나 생명의학연구를 학문으로 추급하는 이상, 그 대상으로 되는 것은 보편적으로 인간 일반이며, 양자는 접점을 가질 수밖에 없다. 특히 생명윤리의 관점에서 강하게 요구되는 피험자 보호와 자기결정권 존중의 요청은 학문의 자유에 의해 추급되는 '진리의 탐구'에 대한 편견(bias)이나 제약을 부과하는 경우가 있을 수 있는 등 양자는 첨예한 긴장 관계에 있는 경우가 있다. 이러한 경우의 대처법을 논하는 것은 생명의학의 성과가 인류에 미치는 영향이 큰 만큼 중요한 의미를 가진다.

II. 학문의 자유와 생명윤리의 관계-순접인가, 긴장인가?

학문의 자유는 일본 헌법 제23조에 의해 보장되고 있다. 그 핵심은 '진리'를 탐구하는 연구자의 집단적인 학문적 활동과정을 민주적인 공권력으로부터 자율적인 것으로서 확보하는 것이라고 한다.[1] 그리고 이를 바탕으로 학문의 자유는 ①연구의 자유, ②연구 성과 공표의 자유, ③교수(教授)의 자유로 분석되고, 이를 실효화하기 위한 제도적 보장으로서 ④대학의 자치를 포함한다고 본다.

그러나 ①~④는 반드시 독립적인 것은 아니다. 헌법학자인 나카야마 시게키(中山茂樹)에 따르면, 일련의 자유는 ①에 의한 정보의 획득에서 ②③에 의한 전달·변환이라고 하는 정보의 유동 과정에서의 자유(정보의 자유)로서 포섭할 수 있으며, 정보의 자유의 일반조항인 표현의 자유(일본국헌법 제21조)와 공통의 성격을 가진다고 한다.[2] ④는 이 과정을 총체적으로 보호하는 것으로 위치지울 수 있을 것이다.

본장에서 문제로 하는 생명윤리와의 관계에서 보면, 특히 중요한 의미를 가지는 것은 피험자와의 관계와 그로부터 지견(知見)을 얻는 과정

---

1) 中山茂樹「研究倫理審査と憲法」岩瀬徹他編『刑事法・医事法の新たな展開 町野朔先生古稀記念(下)』(信山社, 2014年) 23-44면.

2) 中山·전게각주(1)논문 외에 戸波江二「学問の自由と大学の自治」大石眞=石川健治編『憲法の争点』(有斐閣, 2008年) 142-143면.

인 ①이다. 또한 ②③은 ①없이는 성립하지 않는다고 할 수 있으며, ④가 의미를 가지는 것도 ①~③이 있어서이다. 따라서 아래에서는 주로 ①의 연구의 자유에 염두를 두고 고찰한다.

또한 생명윤리는 의료나 생명과학에 관한 윤리적, 철학적, 사회적 문제나 그에 관한 문제를 둘러싸고 학문적으로 연구하는 학문[3]으로서 정의되지만, 동시에 그러한 지식에 기초한 실천을 의미하는 용어이기도 하다. 특히 본 장에서 문제되는 학문의 자유와의 관계에서는 학문의 자유에 대한 법·행정·사회규범에 의한 제약을 도출하는 가치이념으로서 '공공성'의 일부를 이루는 것으로 의제되는 경우가 많다. 그렇기 때문에 종래 이 문제는 '연구의 자유와 공공성'으로서 논해져 왔다.

한마디로 '연구의 자유와 공공성'이라는 것에 있어 양자를 이어주는 '와'에는 여러 의미가 포함되어 있다. 영어의 and로서 양자가 단순히 병립하는 것을 지칭한다고 이해한다면, 현재의 생명과학과 의과학연구에서 발생하는 문제나 우려를 설명할 수 없다. 단적으로 말하면, 다음 두 가지 중 어느 하나를 지칭하는 것인지가 특히 중요한 쟁점이 될 수 있을 것이다.

(1) 영어의 as 또는 with를 지칭하는 경우

연구자의 연구 동기는 여러 가지가 있겠지만, 연구에 의하여 얻어지는 지식은 인류 전체에 미친다. 그런 의미에서 연구는 공익성을 띠고 있으며, 연구에 종사하여 그 지식을 얻는 행위는 어떠한 분야에서든지 공익성과 연관되어 있으며, 공공에 적합한(public한) 것이다. 그것은 각국의 정치과정에도 반영되어 있으며, 연구기반조성에 거액의 공적인 재정지출이 투입되고 있기도 하다. 특히 생명과학과 의과학 분야에서

---

[3] 1992년 국제 바이오에틱스학회에서의 정의.

의 지식은 인류 전체의 생명·건강·복지와 같은 직접적인 관심사로 이어지는 것이기 때문에 특히 공익성이 강하다.

그런 의미에서 연구의 자유에 기초하여 연구자가 자신의 능력을 최대한 발휘하여 연구에 종사하는 것은 동시에 공공에 이바지하는 것이다. 또한 연구성과가 연구자 이외 국민의 이해에 직접 영향을 주는 것에 그치는 것은 아니다. 공적자금 이용에 대한 설명책임의 요구로서 연구자 이외의 국민도 연구자의 동향에 관심을 가지는 (경우에 따라서 제약하는) 것 그 자체는 정당한 것이라 할 수 있다.

(2) 영어의 against를 지칭하는 경우

그러나 연구는 동시에 사적(private)인 성격도 가지고 있다. 연구자의 당해 분야 연구에 대한 동기는 내재적이고 연구자 자신의 사적·개인적인 것만 있을 수 있다. 이에 반해 연구자의 자발성을 억압하고 외부로부터의 강제적인 압력으로 인하여 행해진 연구는 많은 경우 수준이 왜곡된다(구소련에서의 리센코(Lysenko) 학파의 생물학연구가 그 전형적인 예이지만, 최근 일본의 '개혁', '사업구별'에 의한 경쟁적 연구자금획득에 대한 압력도 동일하게 기능하고 있다). 그런 의미에서 연구는 공공으로부터의 강제에 친하지 않고, 역사적으로도 연구의 자유는 '대학 자치'의 한 내용을 형성하여 공권력에 의한 간섭을 배제하는 것으로 되어 왔다.

또한 연구의 내용은 연구자 이외의 일반인이 평가하기에는 지나치게 전문적이라는 문제도 있다. 따라서 전통적으로 '동료에 의한 평가(peer review)'만이 연구에서의 질적 평가의 방법으로 되고, 동일한 연구를 하는 연구자만이 연구의 질적 합당성을 판단할 수 있으며, 외부의 평가는 전혀 본질적이지 않다고 했다. 연구자 개인으로부터 보면, 자신이 속하는 동료연구자들의 커뮤니티[4]에서의 공적인 규제로서 인식되는 이

---
4) 藤垣裕子는 이 커뮤니티·공동체가 연구 성과를 공표하는 저널을 무대로 활동하는 것에 착

러한 평가방법도 더욱 넓은 차원의 사회나 국가 또는 인류 전체로부터 보면 부분집합에 불과하며 사적인 평가라고 할 수 있다. '상아탑'이라고 하는 용어로 표현되는 연구자 커뮤니티의 자율성(어떤 의미에서는 자폐성·독립성)은 그때그때의 여론에 영합하지 않는 진리의 탐구라고 하는 의미에서는 유효하지만, 동시에 외부에 대한 설명책임의 불이행·신뢰획득의 해태라는 면도 가지고 있다.

위의 사항은 모든 학문 분야에 대하여 말할 수 있지만, 생명과학과 의과학연구에서는 영향을 미치는 범위의 크기 때문에 한층 더 문제가 될 수 있다. 이 분야는 일상적으로 의료현장으로부터의 피드백을 무시할 수 없으며, 그것을 토대로 행해진다. 그리고 의료 그 자체는 환자와의 사적인 신뢰관계 위에 구축되는 것이며, 이를 행하는 의사는 성직자·법조인과 함께 전문직(Profession)으로서 전통적으로 고도의 전문성과 직능단체로서 자치를 인정받아 왔다. 이로 인하여 다른 분야에서의 연구의 자유 이상으로 사적인 성격을 강하게 요구한다. 또한 나아가 연구의 사적 측면의 강조는 발견한 지식에 대하여 발견자에게 일정한 재산적 권리를 인정하는 것(무체재산권·지적소유권)에 접해 있다. 특히 생명과학과 의과학 분야는 지식의 고도화와 영향범위의 크기로부터 high risk·high return의 영역으로 되어 있으며, 인센티브확보를 위해 지식재산권 구조에서의 보호를 무시할 수 없게 되어 있다.

이러한 '연구의 자유와 공공성'이라는 두 가지 측면, 바꾸어 말하면 연구의 공적 성격(공공성으로서의 연구의 자유, 전술(1))과 사적 성격(공공성에 대항하는 연구의 자유, 전술(2))의 충돌이 최근에 시작된 것은 아니다. 그러나 종래에는 양자가 긴장 관계에 서는 것을 이해하면서 균형을 이루도록 시도하고, 또 그것이 성공해

안하여 '저널공동체'라는 명칭을 부여하고 있다. 藤垣裕子『専門知と公共性·科学技術社会論の構築に向けて』(東京大学出版会, 2002年) 참조.

왔다고 할 수 있다. 그것은 한마디로 하면 귀결주의적 정당화 즉, '공공성에 기여하는 지식을 최대화해야 할 것이며, 연구의 자유의 사적 성격을 광범위하게 인정한다'는 것이었다. 실제 과학이 비약적으로 발전하여 얻게 되는 지식이 우리의 생활개선에 공헌한 것을 보면, 이 전략은 성공했다고 할 수 있다. 또한 그 공헌에 따라 연구에 대하여 외부로부터 한층 더 신뢰가 형성되어 제약할 필요도 없었다.

그러나 오늘날의 생명과학·의과학연구에 관해서 보면, 다른 분야에 비하여 이러한 균형을 유지하는 것이 곤란하게 되었다. 그것은 위 (1)(2)의 양면에서 종래의 전략을 지탱해 온 사정이 변화했기 때문이다.[5] 우선 (1)에 관해서는 연구가 가져오는 성과와 기대가 비약적으로 중대한 것도 있으며, 연구기반조성이 대규모이며 광범위·거액으로 되어 국가프로젝트의 양상을 보여주게 되었다. 이는 공적 재정 부담이 적었던 시기에 비해 설명의 이행을 요구하는 외부로부터의 압력을 증가시키게 된다. 나아가 (2)와 관련하여, 후술하는 이유에 따라 연구 자유의 결과, 윤리적으로 문제되는 결과(나치나 731부대에 의한 인체실험, 미국에서의 터스키기 매독연구 등)나 연구 그 자체에 대한 기대가 어긋나는 결과(광우병(BSE) 문제 등)가 발각된 것은 연구자 커뮤니티에 대한 외부로부터의 제약의 필요성을 통감하게 했다. 또한 (2)에 있어서도 연구자 커뮤니티가 '동료에 의한 평가'에 의해 연구의 질을 컨트롤한다는 구조를 유지하기 어렵게 되었다. 과학의 발전은 전문영역의 세분화·고도화를 초래하고, 연구의 질을 평가할 수 있는 '동료'의 범위가 좁아지는 한편, 성과가 고도화되고 각 연구자가 그것을 이해하는 것이 어렵게 되었다. 이는 각 전문영역에 대한 자폐

---

5) 생명과학·의과학연구에 한하지 않고 일반론으로서도 이것은 타당하다. 藤垣·전게각주(4) 및 小林傳司「科學技術の公共性の回復に向けて」佐々木毅=金泰昌編『21世紀公共哲學の地平』(東京大學出版会, 2002年) 271-298면 참조.

화 경향을 촉진시키고, 연구자 커뮤니티 전체로서도 연구자단체로서 외부 압력에 대처하는 능력을 쇠퇴시키고, 사회로부터의 고립을 심화시키게 된다. 그 결과 연구의 질 뿐만 아니라 윤리적 문제에 관해서도 커뮤니티 내부에서의 통제가 관대하게 되고, (1)에서 언급한 외부로부터의 신뢰 상실과 (그것에 기인하는) 제약의 필요성이 대두되게 만든다.

III. 긴장관계에 대한 대처 등, 그리고 법의 존재 방식·역할

전술한 문제에 대한 대책으로서 '과학활용능력(リテラシー, literacy)의 향상', '연구자 커뮤니티의 신뢰 회복'이 자주 언급된다. 누구도 이것에 반대하지 않지만, 구체성을 띠고 있지 않은 슬로건일 뿐이다. 중요한 것은 그 슬로건이 활용되어야 할 공간(장소)의 특징이다. 그를 위해서는 전술한 사태의 구조를 자세하게 볼 필요가 있다.

종래 균형이 이루어졌던 (귀결주의적 정당화가 기능했던) 때의 연구자 커뮤니티 내부와 외부와의 관계를 자세히 보자. 이는 '연구의 성과로서 초래되는 지식의 질 향상(A)'에 의해 '외부로부터의 신뢰가 강화(B)'되고, 그것이 '연구자 커뮤니티에 대한 재량과 자유위임이 확대(C)'되는 결과를 낳고, '연구의 폭 확대(D)'가 한층 더 '성과의 향상'(A)을 가져온다. 즉 A → B → C → D → A …라는 선순환이 이루어졌던 것을 의미한다.[6]

그러나 현재는 각항이 부정형으로 되었기 때문에 악순환이 이루어

---

6) 이 선순환을 그림으로 나타내면 아래와 같은 형태로 된다.
 A : 연구의 성과는 = 지식의 질의 향상
 B : 외부로부터의 연구자 커뮤니티에 대한 신뢰 강화
 C : 연구자 커뮤니티에 대한 재량권 부여의 확대
 D : 연구의 폭 확대

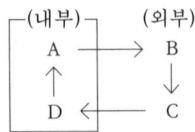

또한 이러한 이해는 다니엘 KIM의 '성공의 순환'과 유사성이 있지만, KIM의 주장은 내부만에서의 이야기이며, 내부와 외부의 관계로서 파악하는 본고와는 내용이 다르다.

지고 있다. 즉 '외부로부터의 기대에 충분히 부응할 수 없게 되었으며, 윤리적 문제를 포함하는 연구 성과(¬A)' → '외부의 불신감 증대(¬B)' → '연구자 커뮤니티에 대한 제약·재량의 축소(¬C)' → '연구의 폭 축소(¬D)' → ¬A → … 로 되는 악순환과 불신감의 확대 재생산이다.[7] 이 악순환을 어디에서 끊고 선순환으로 돌릴지가 중요하다.

연구자 커뮤니티는 돌파구를 A의 실현에서 찾고자 생각한다. 그렇기 때문에 연구자 개인과 커뮤니티에 대한 신뢰 회복을 주장하며(Trust me!), 외부의 과학활용능력(literacy)의 향상에 의해 더욱 ¬B를 B로 되돌려 선순환을 부활시키고자 하는 생각이 엿보인다. 그러나 그것은 오늘날의 상황을 초래한 커뮤니티 내부의 상황변화를 무시한 주장이다. 연구의 전문성이 고도화함에 따라 동료에 의한 평가(peer review) 즉, 연구자 커뮤니티 내부에 의한 A의 담보가 곤란하게 되며, 연구에 대한 점검이 외부의 소리에 의해서만 행해질 수 있는 것이 현 상황을 가져온 원인의 한 부분이다. 이에 대한 개선안이 내부로부터 제시되지 않고, 단순히 '신뢰 회복'만을 주장하는 것은 외부에서는 돌변(開き直り)으로만 받아들여질 것이다. 결국 한층 더 불신감을 강화하여 사태의 해결은 요원하게 된다.

한편 연구자 커뮤니티 외부로부터의 추진(initiative)을 기대하는 목소리도 있다. 이는 ¬B에서 출발하여 ¬C → ¬D를 거쳐, 말하자면 연구자 커뮤니티에 '뜸을 놓는 것'에 따라 체질개선을 촉진하고, ¬A를 A로

---

7) 이 악순환을 그림으로 나타내면 아래와 같다.
　¬A : 연구의 성과=지식의 질의 기대불충족·반윤리성
　¬B : 외부로부터의 연구자 커뮤니티에 대한 불신감 강화
　¬C : 연구자 커뮤니티에 대한 재량권 부여의 축소
　¬D : 연구의 폭 축소

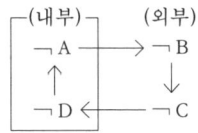

돌린다는 취지의 주장이다.[8] 그러나 불충분한 지식과 집단의 찰나의 감정에 기초한 '뜸(お灸)'은 '교각살우'와 같은 것으로 될 수도 있다. 연구자 커뮤니티가 개입되지 않는 통상적인 민주제 정치라면, 이러한 '잘못'의 귀결은 개개인에게 돌아가며, '실패로부터 배운다'는 것이 제도로 마련되어 있다. 그러나 연구자 커뮤니티를 내부와 외부로 구별하는 경우, 사람들은 연구자 커뮤니티를 '타인'으로 인식하고, 자신의 것으로는 받아들이지 않는다. 그 결과 '실패로부터 배우는' 것에 대한 동기부여를 잃고, 원인을 커뮤니티 내부로 돌리고, 자신을 피해자로서만 인식하여 말하자면 피해자 의식만을 강화시키게 된다.[9] 이에 반해 '외부자가 연구의 질을 적절하게 평가할 수 있는가' 하는 연구자 커뮤니티 내부로부터 발생하는 불신감('사건은 회의실에서 발생하는 것이 아니며, 현장에서 발생한다!'는 외침)[10]은 더욱 그러하다. 사정을 전혀 모르거나 이해하지 못하고 순간의 여론 동향에 좌우되는 것은 커뮤니티의 내외 모두에 있어 바람직하지 않다.

얼핏 보면 대립하는 이러한 견해들은 연구자 커뮤니티의 내부(A 또는 ¬A에 관여)와 외부(B 또는 ¬B에 관여)를 확연히 나누어 양자가 대립하는 것을 분명하게 하는 점에서는 공통적이다.[11] '현장'과 '회의실'이 서로 이

---

8) 하버마스의 이상적 활화상황을 모델로 하는 '사회적 합리성'(藤垣·전게각주(4)), 과학기술의 군사와의 공통성에 주목한 '문민통제(civilian control)'(小林·전게각주(5))의 주장은 이 맥락에 위치하게 된다.
9) 이 문제는 민주제에서 전문가 지배의 부정·거절(보통의 사람(common man)에 의한 정치)이라는 잭슨 민주주의에까지 그 기원을 소급해 볼 수 있다.
10) 영화 '춤추는 대수사선 THE MOVIE 완간서 사상 최악의 3일!'(東宝, 1998년)에서 주인공인 형사가 사건 현장의 사정을 이해하지 못하고 지휘명령을 내리는 회의실 상관들에게 화를 내며 언급한 대사이다. 유행어로도 되었으며 연구자가 자신을 '현장'의 주인공, 외부의 유식자로 구성되는 윤리위원회나 행정·입법자를 '회의실'의 상관에 비유하며 언급한 경우도 많다. 그러나 이에 대해서는 '회의실' 측에서 '제삼자가 더 판단을 잘 할 수 있는 점(傍目八目)', '문제되는 '사건'이란 어떤 과학적 지식을 사회가 어떻게 수용하는가이며, 그 의미에서는 회의실이야말로 현장이다'라는 반론도 가능하다.
11) C 또는 D는 독자적인 변수라기보다 A 또는 B의 변화에 의해 변동하는 함수이기 때문에 여기에서는 언급하지 않았다.

해하지 못하고 피해자 의식을 가지고 불신감을 격화시키는 도식이라는 점에서 양자는 같다. 이 상황은 갑자기 발생한 것이 아니며, 따라서 일도양단의 해결책이 있다고 생각할 수도 없다.

여기에서는 해결책에 대한 단서로서 양자가 모두 간과하고 있는 것에 주목해야 한다는 것을 지적하고자 한다. 그것은 연구자 커뮤니티 내부 = 현장도 아니며, 그것을 제약해야 할 외부에서 화를 내는 시민들 = 회의실도 아니며, 모두 있을 곳은 없지만 연구의 공공성 때문에 그 영향을 받을 수밖에 없으며, 소리도 낼 수 없는 자들에 대해 생각해 보는 것이다. 예컨대 머지 않은 미래에 어떤 질환·장애를 가지고 살아가는 자가 아래의 생각을 가지게 되는 것과 같은 상황이다.

'지금 돌아보면, 어떤 시점에서 이 질환·장애에 관한 연구에 대한 허가가 있었다면, 지금쯤은 치료법이 확립되어 있었을까. 왜 그렇게 되지 않았을까? 그래서 나는 지금 힘들어 하는데'

이 생각에 포함된 질문은 실제의 것에 한하지 않으며, 잠재적인 경우일 수도 있다. 어쨌든 이 질문은 연구자 커뮤니티의 내외부가 함께 가해자로 될 수 있으며, 피해자가 발생할 수 있다는 점을 시사한다. 이러한 생각 위의 '피해자'의 소리(현시점에서는 소리 없는 아우성)에 대해 내외부가 함께 자신 있게 설명할 수 있을까? 연구자 커뮤니티의 내외부가 자신의 권리나 자유만을 주장할 것이 아니라 소리 없는 자에 대하여 부담하여야 하는 책임을 자각할 필요가 있다.

이러한 상정에 대해서는 현재 존재하는 것이 아닌 당사자의 '소리 없는 아우성'에 의하여 현실적으로 존재하는 자들의 논의를 부당하게 제약한다는 비판이 있을 수 있다. 물론 현실에서 행해지는 논의로 인하여 당사자의 의사가 변용되거나 공적인 덕성이 함양되는 것은 자주 지적되고 있다. 그것이 민주제(통치자와 피치자가 동일한 경우)의 이점이라는 주장은 공동체주의(communitarianism / 공동체론)나 공화주의, 참가민주주의로부터 제기되고 있다. 그러나 이는 민주제의 전제로서 자신의 것을 스스로 결정하며, 객체이면서 동시에 주체로서의 '우리들'은 누구인가 하는 물음과 불가분하다.[12] 소리 없는 자는 '현장'에도 '회의실'에도 있을 수 없지만, 그 결정에 의해 영향을 받는 존재이며, '우리들'의 일부를 이룬다고 생각한다. 그렇다면, 현재 존재하는 자들의 소리, '회의실'의 소리에만 주목하는 것은 타당하지 않다.

이렇게 생각할 때, 연구의 자유와 공공성을 거버넌스라고 하는 시점에서 '누가' 결정하는가 하는 질문은 충분하지 않다는 것을 알 수 있다. 그것은 결정해야 할 사항과 결정방법에 대해 논하는 것을 책상에서 전부 '결정(바꾸어 말하면 / 거버넌스)하는 주체는 누구인가'라는 질문으로 환원해 버리게 될 수도 있다. 그렇다면 결정의 적절함이나 오류에 대한 비판이나 수정가능성을 보장할 수 없다.[13] 최소한 연구의 자유를 핵심으로 한 학문의 자유를 표방하는 것을 통하여 연구자 커뮤니티 내부의 자율을 과도하게 강조하는 것은 타당하지 않다. 동일하게 내부(현장) 대(對) 외부(회의실)라는 형태만으로 논쟁이 완결될 것도 아니다. 이러한 자각은 '누가'의 물음 외에 '무엇을', '어떻게' 결정할지, 결정해도 좋은가 하는 물음을 낳는다. 그것은 현재까지와 같은 평행선에서 끝날 논의를 맞물리게 하는 것에 도움이 된다고 생각한다. 또한 이 논의를 맞물리게 하기 위해

---

12) 이 '우리들'에 대해 헌법학에서는 '국민주권원리에서의 국민(We, the people)이란 누구인가', 구체적으로는 nation주권과 peuple주권의 대립으로서 논해져 왔다. 전자는 nation 즉, 추상적·비실체적인 전체로서의 국민을 주권자로 보며, 후자는 peuple 즉, 현재 존재하는 개개의 구체적 시민의 집합체로서의 국민이 주권자라고 한다. 樋口陽一『比較憲法(全訂第3版)』(青林書院, 1992年)64-67면 참조. 본장에서의 논의와 이 논점은 반드시 일치하는 것은 아니지만 중복되는 부분이 있다.
13) 오히려 결정 후의 비판가능성이야말로 민주제의 본질로 보는 '비판적 민주주의'를 구상한다는 井上達夫의 견해가 있으며, 시사점이 크다. 井上達夫『現代の貧困』(岩波現代文庫, 2011年(초판은 2001年))216-228면 참조.

서라도 소리 없는 자의 존재를 포함하여 '우리들'의 존재를 인정하고, 유지하는 것이 필요하게 된다. 그 역할을 담당하는 것이 법이다. 법은 우리들이 만드는 것임과 동시에 우리들에게 존재 기반을 부여하고, 이를 무시하고 파괴하는 것과 같은 결정을 금지하고 제약하는 것이다.

IV. 마치면서-가까운 미래?

본 장에서는 학문의 자유와 생명윤리의 관계를 '연구의 자유와 공공성'이라고 하는 과제로서 논했다. 이 과제가 두 가지 다른 요소를 가지는 점, 과거에는 그것이 귀결주의적으로 균형을 이룰 수 있었지만, 오늘날에는 곤란하다는 것을 언급했다. 연구자도 그것을 제약하는 시민·사회·국가도 더욱 넓은 공공성의 시점에서 책임을 져야 할 것이며, 누군가가 결정권을 가진다는 이해는 충분하지 못하다는 점을 언급했다.

연구자 측은 자율적인 연구를 가능케 하는 '학문의 자유'를 가지는 것은 스스로의 지위가 분명하지 않은 특권이고 그것은 연구자 커뮤니티 외부로부터의 신뢰에서 지지되는 점을 잊어서는 안 된다. 그러한 의미에서 '과학자의 사회적 책임'이라는 것은 현재에도 여전한 것이다. 이에 반하여 제약하는 시민 측도 과학연구의 혜택을 받는 것이며, 이에 수반하는 위험을 완전히 없앨 것을 요구하는 것은 무리한 것이다. 리스크를 인정한 후에 자각적으로 이를 받아들이고, 연구자 커뮤니티에 대하여 권한을 부여하는 책임을 져야 한다. 또한 제약함으로써 연구가 진행되지 않게 되며, 이로 인하여 혜택을 받을 소리 없는 자가 입는 피해에 대하여도 책임을 져야 할 것이다. 그것은 과학자의 사회적 책임에 대치될 수 있는 '사회의 과학 이용책임'이라고도 할 수 있을 것이지만, 견문이 적어 이에 대해서는 논할 수 있는 것이 적다.

본서 제목의 일부이기도 한 '가까운 미래(近未來)'에 있어서 학문의 자유와 생명윤리의 관계에 대해 짧게 언급하며 마치고자 한다. 실제 그 예측은 곤란하다. 그러나 전술한 것처럼 내부와 외부가 상호 피해자 의식을 가지고 불신감만을 강화시키는 사이에 논의가 이루어지지 않고 평행선을 달리는 (또는 그 결과로써 일방이 상대방을 전면적으로 지배·억압하여 일정 지역에서는 원한을 가짐) 현재 상태대로라면, 생명의학연구는 정체되고 왜곡될 수밖에 없다는 것만은 분명하다. 이처럼 누구에게도 바람직하지 않은 결말을 피하기 위해서는 연구자 커뮤니티의 내부와 외부가 민주제를 지탱하는 '우리들'이라는 공통의 기반에 서 있다는 것을 인식하고, 우리들에 대한 책임을 인식하여 논의를 전개하는 것이 필요하다. 법은 그러한 것을 위해서 '우리들'로부터 유래하는 것이면서도 '우리들'의 존재 기반을 제공하고, 그 기반을 상실시키는 것에 제어를 가하는 역할을 할 것이 요구된다. 그 후의 지식에 의하여 얻을 수 있는 이익이 인류 전체의 것이 되도록 제도를 설계해 갈 수 있을지는 가까운 미래의 '우리들'이 민주제를 현명하게 운용할 수 있을지에 전적으로 달려 있다.

제 II 부

연구의 국제화와 법적 규율

제6장

해외에서의 연구자 주도 임상시험에 대한 법규제

磯部 哲(이소베 테츠)

Ⅰ. 시작하며

본고는 주로 연구자가 주도하는 의약품 임상시험에 있어서 영국·프랑스 및 미국의 규제상황 등을 소개하는 것을 목적으로 한다. 구체적으로 1) 아카데미의 임상시험규제 개요, 2) 데이터의 신뢰성 확보, 3) 피험자 보호, 4) 이해충돌, 5) 연구 부정, 6) 광고규제라는 6가지에 대해 영국·프랑스(Ⅱ) 및 미국(Ⅲ)의 규제·운용상황을 개관하기로 한다.

이 내용들은 2013년부터 2014년까지 수행된 후생노동과학연구비조성금 의료기술실용화 종합연구사업(임상연구기반 정비추진 연구사업) '임상연구에 관한 영미, 유럽(欧米)국가들과 일본의 규제·법제도의 비교연구'(대표연구자:게이오대학(慶應義塾大学)교수 磯部哲) 성과의 일부이기도 하다.[1] 이 연구는 고혈압 치료약의 임상연구 사안에 의해 신뢰를 잃은 일본의 임상연구에 대

---

1) 동 연구는 동 연구팀의 연구분담자 및 연구협력자였던 田代志門교수(昭和大学), 井上悠輔교수(東京대학 의학과 연구소), 山本精一郎교수(일본 국립암연구센터), 成川衛교수(北里대학), 藤原康弘교수(일본 국립암연구센터), 山本晴子교수(일본 국립순환기병 연구센터)[소속은 당시의 상황]에 의한 진지한 조사와 고찰 덕분이다. 연구에 충실히 임해주신 경애하는 교수님들께 재차 깊은 감사를 드림과 동시에 특히 연구보고서 집필을 주로 담당한 田代교수님의 명석하고 투철한 분석에 특히 감사드리는 바이다.

하여, 2013년에서 2014년까지의 영미와 유럽 국가들의 임상연구 규제에 관한 실지조사를 바탕으로 제도 및 운용에 관한 정보를 수집·정리하여 일본의 임상연구에 있어서 신뢰 회복을 위하여 법 제도에 관한 자료를 제공하는 것을 목적으로 실시되어 「임상연구법」($^{2017년}_{법률 제16호}$)의 제정과정에 참조된 것이기도 하다.[2] 재차 동 연구의 개요 및 그 후의 조사연구내용 일부를 가미하여 소개하는 것으로 독자의 참고에 제공하고자 한다.[3]

Ⅱ. 영국·프랑스에 대해서

1. 임상시험규제의 개요-규제당국의 관여

EU임상시험지침($^{2001/20/EC(역자주:}_{임상시험관리기준 준칙)}$)에서는 승인을 신청하는 목적에 관계없이 의약품을 이용한 임상시험 전부를 규제하고 있기 때문에, 일본에서 말하는 '임상시험(治験)'에 더해 대학 등의 연구자가 의학적 관심에 기초하여 시판약을 이용하여 실시하는 임상시험도 규제 대상에 포함한다($^{의료기기나\ 수술기술(手技)에}_{관한\ 임상시험은\ 제외된다}$). EU지침의 주된 특징으로는 윤리심사위원회와 각 국가의 규제당국 모두의 필수적으로 관여하는 점, 각국가 내 윤리심사결과가 통일되어 있고, 절차들에 관하여 일수제한을 도입하는 것을 들 수 있고, 영국과 프랑스에서도 판매승인목적의 유무를 묻지 않고 의약품에 대한 임상시험을 규제하고 있으며, 그 핵심으로서 연

---

2) 영국·프랑스에 대해서는 '제3회 임상연구에 관한 제도의 존재 방식에 관한 검토회'(2014년 6월 25일), 미국에 대해서는 제5회의 동 검토회(2014년 8월 27일)에서 각각 연구 성과의 개요가 보고되었다. 그 자료에 대해서는 본장 말미 및 그에 언급된 후생노동성 웹페이지 등을 참조할 것.
3) 본고의 테마와 관련한 참고문헌·참조정보는 각국마다 많이 있기 때문에 상세한 내용은 동 연구 성과보고서에 기재하는 것으로 하고, 참고문헌의 리스트만 본 장 마지막에 기술하는 형태로 했다. 독자들의 양해를 바라는 바이다.

구실시에 앞서 윤리심사위원회와 함께 규제당국의 관여가 필수로 되어 있다.

그러나 최근 EU에서는 모든 임상시험에 대하여 일률적으로 같은 규제를 적용하는 것에 있어서의 불합리성이 문제 되고, 표준 치료약 간을 비교하는 임상시험과 같이 피험자에 대하여 일상 진료 이상의 리스크를 부담시키지 않는 임상시험('저 개입시험')에 대하여는 규제를 완화하고 있다. 즉 EU임상시험규칙(Regulation)에 대한 이행이 문제되며, 이미 2014년 4월에 제정되어 약 2년의 경과기간 후에 완전 이행이 예정되어 있 다 (REGULATION(EU) No 536/2014 OF THE EUROPEAN PARLIAMENT AND OF THE COUNCIL of 16 April 2014 on clinical trials on medicinal products for human use, and repealing Directive 2001/20/EC). 새로운 EU규제의 특징으로서는 전술한 것처럼 의학적 타당성이 널리 인정되는 의약품의 임상시험과 같이 리스크가 낮은 임상시험에 있어서 규제를 완화('저개입 임상시험' 카테고리의 도입)하는 것 외에 임상시험 신청을 통일하고(EMA의 EU포털), 자료보존기간의 장기간으로 설정하고 있으며(5년에서 25년으로), 공개 데이터베이스에 등록하고 결과보고할 것을 의무지우는 것 등을 들 수 있다.

향후 일본에서 의약품의 임상시험에 대해서 윤리심사위원회에서의 승인에 더해 규제당국의 관여 등을 요구하는 법적 제도를 도입하는 것은 비례의 원칙에 의하면 당연한 것으로도 평가할 수도 있지만, 임상시험의 리스크에 따른 제도설계라는 관점에서 필요하다고 생각한다.

2. 데이터의 신뢰성 확보

전술한 점과도 관련되지만, 영국과 프랑스에서는 임상시험자료의 신뢰성 확보를 위한 중심적 수단인 모니터링이나 감사에 대해서 법령상으로는 일본의 성령(역자주:우리의 각부 장관의 명령) GCP나 ICH-GCP와 같은 상세한 규정은 두고 있지 않다(다만 프랑스가 ICH-GCP에 가까운 문서를 당국의 장의 '결정'이라는 형태로 채택하는 점에서 중요성을 두는 점에 차이가 있다).

자료의 신뢰성 확보에 관한 법령상의 기재로서는 연구계획서에 모니터링 방법을 기재하는 것, 규제당국 및 윤리심사위원회의 확인을 거칠 것(그 외 경우에 따라서는 사후에 규제당국에 의한 사찰이 있을 수 있는 점)이 요구되는 정도이며, 이는 임상시험의 특징에 따라 모니터링이나 감사의 존재 방식이 다양한 점에 대응한 것으로 생각된다. 오히려 획일적으로 상세한 규정을 두는 것은 임상시험의 실시에 있어 실무상의 어려움을 초래할 수 있다.

영국의 임페리얼 칼리지 런던에서는 일상 모니터링(day-to-day monitoring. 연구자 자신에 의한 연구계획서와의 일치 등의 데이터체크), 중앙 모니터링, 시설방문 모니터링과 같은 3종류를 두며, 시설의 독자적인 리스크평가도구에 의해 리스크에 따라 이러한 모니터링하고 있다고 예를 들고 있다. 이러한 예를 참고로 일본에서도 개별 연구의 특징에 따라 연구자 자신이 적절한 대응을 고안하고, 그것을 적절한 제삼자가 판단할 수 있도록 구조를 만드는 것이 바람직하다고 생각한다.

3. 피험자 보호

피험자 보호에 대해서는 이미 일본에서도 의학계의 인간대상연구에 관해서는 윤리심사위원회의 승인을 받는 것이 일상적인 상태(常態化)로 되어 있으며, 이 점에서는 영국, 프랑스와 큰 차이는 없다. 다만 일본의 윤리심사위원회는 법령상의 근거를 가지지 않고 책임이나 담당하는 역할의 범위가 분명하지 않지만, 영국, 프랑스에서는 지역에 있는 윤리심사위원회가 이 역할을 담당하고 국가는 이에 대하여 관리하도록 명확하게 규정되어 있다(프랑스 : 전국 39개소의 인간보호위원회(CPP), 영국 : 전국 69개소의 공적윤리심사위원회(REC)). 예컨대 프랑스에서는 인간을 대상으로 하는 연구에 관한 2012년 3월 5일 법률 제2012-300호(소위 쟈르데법 loi Jardé)에 의해 '인간을 대상으로 하는 연구(les recherches impliquand la personne humaine)'를 개입연구, 저위험 개입연구

및 비개입연구라는 세 가지로 구분했지만, 각 연구 카테고리의 정의 등을 명확히 하고, CPP의 운영에 관한 세칙을 정하고, CPP의 의견 및 ANSM(의약품·의료용품안전관리기구: Agence nationale de sécurité du médicament et des produits de santé)의 허가를 얻는 신청절차나 안전감시에 관한 규정들을 정비한 것은 동법의 시행령인 2016년 11월 16일 명령(デクレ(décret)) 제2016-1537호(같은 달 17일 자 관보에서 공포)였다. 동법은 39개나 있는 지방의 각 위원회의 불균질성을 해소해야 하고 인간대상연구전국위원회 Commission nationale des recherches impliquant la personne humaine(공중위생법전 L.1123-1-1조)를 창설하고, 각 CPP의 운영을 조정하는 등의 임무를 맡기는 등(소관 사무에 대해서 상세한 내용은 공중위생법전 D.1123-27조 참조), 의정서(protocole)의 심사를 담당하는 CPP를 무작위로 배정하는 구조 등을 채택하고 있다. 투명성 확보와 이해충돌의 관리를 목표로 하는 대처법인 점에서 흥미롭다고 할 수 있다.

일본에서는 각 시설별로 윤리심사위원회가 기본적으로 설치되어 있으며, 심사의 운용은 시설에 위임되어 있기 때문에, 전국적인 질의 표준화나 그 향상이 도모되기 어려운 상황에 있다. 이 점은「임상연구법」의 제정 및 그 시행에 따라 향후 변화될 수도 있지만, 윤리 심사의 질 향상을 위해 예컨대, 영국에서는 전국연구윤리서비스(NRES)가 윤리심사위원회의 운영 및 심사 질의 표준화와 효율화를 담당하고 있으며, 6개월마다의 점수 및 3년마다의 인증갱신, 2년에 2번 동일한 연구계획서를 복수의 윤리 심사위원회에 심사토록 하여 결과의 불균형을 확인하는 등 윤리심사의 질 평가를 위한 구체적인 대처법을 채택하고 있는 점을 참고하여야 할 것이다.

4. 이해충돌

영국이나 프랑스에서는 윤리심사위원회와 별도로 이해충돌위원회

를 설치하거나 이에 대한 심사를 요구하고 있지는 않으며, 윤리심사위원회에 이에 관한 정보에 집중하는 것을 기본적으로 채택한다고 생각된다. 윤리심사회위원회는 연구하는 자가 아니라 오히려 연구를 평가하는 측의 이해관계 관리를 중시하고 있으며, 이에 규제당국 직원이나 윤리심사위원회 위원을 대상으로 하는 점이 특징이다. 공평성 원칙(프랑스)이나 놀란(ノーラン Nolan)원칙(영국) 등 공적 활동을 담당하는 자의 기본적 책무의 연장선상에 이 문제를 두고 있다. 일본에서도 향후 특히 의약품의 임상시험을 포함한 임상연구에 대해서는 심사하는 측의 이해충돌에 대해서 어떠한 규정을 둘지 검토해도 좋을 것이다. 또한 예컨대, 영국에서는 연구자의 COI*관리로서 법적 의무가 부과되는 것은 의약품의 임상시험에서뿐이다(그 외에는 가이던스(guidance)로 대응). 그의 구체적 내용으로서 연구자금의 출처나 연구자의 금전, 그 외의 이해충돌관계 이외에도 연구결과의 공표방침 등 몇 가지 특징적인 신청사항이 존재하고 있어 참고가 된다.

또한 프랑스의 메디아토르(Mediator メディアトール)사건[4]으로 제정된 소위 베르트랑법(의약품·건강식품의 안전성강화에 관한 2011년 12월 29일의 법률 제2011-2012호)에서는 특히 의약품과 의료용품 안전관리기구(Agence nationale de sécurité du médicament et des produits de santé, ANSM) 등 규

---

4) 고지혈증치료약(식욕억제효과가 있으며, 적응 외 처방으로 감량목적에 이용되는 경우가 많았다)의 부작용에 의해 추정 500인 이상의 사망자가 나온 프랑스의 약물피해 사건. 1998년에 위험이 보고되었지만, 2009년까지 판매되어, 당시의 규제청인 의료용품위생안전관리구기구(Agence Française de sécurité sanitaire des produits de santé, AFSSAPS)가 비판받았다. 구체적으로 당시의 법률에서는 AFSSAPS와 Servier사(Mediator 판매자) 간의 이해충돌을 회피할 수 없는 점, 또한 안전성·유효성을 재평가하기 위한 판매허가교부 후의 연구를 요구할 수 없는 점 등의 비판을 받아 당시의 Bertrand(베르트랑) 노동·고용·보건대신이 법안을 제출, 2011년 12월 29일 법률로서 가결·성립된 것이 소위 Bertrand법이다. 이에 따라 AFSSAPS는 2012년 8월에 의약품·의료용품안전관리기구(Agence nationale de sécurité du médicament et des produits de santé, ANSM)로 변경되는 등의 개혁이 실시되었다.

* 역자주 : Conflict of Interest : COI. 이해충돌

제행정청의 공무원 내지 인간보호위원회위원 등에서 있어서의 이해충돌에 대해 규율하고 있으며, 공중위생법전 L.1454-2조에서는 L.1451-1조 및 L.1452-3조 위반자(이익신고의 해태·허위보고)에 대해 3만 유로의 벌금이 규정되기에 이르렀지만, 이에 더하여 의학연구와 관련되는 의사 등에게 제약업체 등이 이익을 공여하는 것에 대해서도 약간 부언하고자 한다.

의료종사자 등에 대한 이익 공여에 있어서 베르트랑법에서는 의료종사자의 직업수행 방식을 정한 규정 중에 의료종사자 등은 어떠한 형식으로든지, 즉 현금이든지 현물이든지, 직접 혹은 간접이든지, 의약화장품 제조판매업자로부터 "특혜"를 받는 것은 금지된다(받을 뿐만 아니라 이러한 특혜를 요구하는 것 및 편의를 봐주는 것도 금지된다)고 규정되어 있다. 한편 이러한 규정이 적용 제외되는 경우로서 다음에 열거하는 것이 명시되어 있다. 즉 특혜라 하더라도 ①그것이 당해 기업과 의료 전문가(profession) 멤버 간에 체결된 협정(convention)에 규정된 특혜인 경우일 것, ②당해 협정이 명확한 목적과 연구·과학적 평가활동을 위한 확실한 목표를 가지는 경우로서 그 적용에 앞서 권한 있는 직업단체의 지방평의회의 의견에 따를 것과 연구·평가활동이 실시되는 경우에는 당해 시설의 장에게 그 취지가 통지되어 있을 것, ③보수에 대해서 급부·처방량에 따른 비율로 계산되지 않을 것이다(이상 공중위생법전 L.4113-6조).

베르트랑법에 의해 삽입된 공중위생법전 L.1453-1조 이하 "기업으로부터 공여되는 특혜"라는 제목의 장에서는 의약화장품 제조판매업자와 의료종사자 등과의 사이에서 체결된 협정의 존재를 공개하여야 할 것이 규정되어 있으며(공중위생법전 L.1453-1조 제1항), 동일한 공개 의무는 명령으로 정한 금액 이상의 현물이나 현금에 의한 특혜에 대해서도 부과되며(동조 제2항), 상세한 것은 콩세유 데타(Conseil d'Etat)의 의결(議)을 거친 명령으로 정하는 것으로 되어 있다. 특히 규정해야 할 상세 항목으로서 협정의 대상·일자, 공개의 기간·방법, 정보의 갱신 및 공개 시에 직업단체가 관여할 방법이 법률상 명시되어 있다(동조 제3항. 이를 받아들여 '인간에 사용하는 의약화장품을 제조·판매하는 기업으로부터 공여된 특혜의 투명성에 관한 2013년 5월 21일 명령'이 규정되어 있다). 관련된 의무에 대해 고의로 공개를 태만히 한 경우에는 당해 의약화장품 제조판매업자는 4만 5천 유로의 벌금에 처하는 것으로 되어 있다(공중위생법전 L.1454-3).

5. 연구 부정

연구 부정 일반에 관해서 법률에 기반을 둔 제도가 존재하는 국가는 적으며, 영국, 프랑스 모두 그러한 제도는 없다. 다만 의약품의 임상시험에 관해서는 법으로 데이터의 부정 조작을 금지하며, 벌칙을 부과하는 것, 사후 검증을 위해 데이터 보존의무를 부과하는 등의 제도는 존재한다. 일본의 고혈압증치료약의 임상연구사건의 경우에 사후적인 조사를 시도해도 이미 기록이나 데이터가 폐기되어 검증할 수 없다는 문제가 발생했었다. 임상시험을 포함한 의약품의 임상시험에 대해서는 새로운 EU 임상시험규칙에서 25년간 보존을 의무화한 것을 바탕으로, 현행 진찰기록부의 보존기간에 구속받지 않고 데이터를 장기 보존할 수 있도록 통일적인 대응을 도모할 필요가 있는 것이 아닐까.

또한 중대한 연구 부정 등이 밝혀진 경우에는 의료인 자격과 연계한 징계방법이 제재로서 기능하고 있다. 영국의 의사총평의회(GMC)는 데이터 날조·조작이나 성과발표의 부정에 대해 지금까지 수십 명의 의사에 대하여 징계처분을 했다고 한다. 최근에는 예방접종의 효과에 관한 데이터 조작, 윤리심사위원회의 절차위반 등에 인하여 의사 등록을 제적한 웨이크필드 의사사건(2010년)이 유명하다.

프랑스에서도 동일하다. 즉 강제가입단체인 의사회가 명령제정권을 행사하여 기안한 「의사직업윤리법전(Code de déontologie médicale)」(그 후 콩세

유 데타의 의결을 거친 선언으로 공포되어 현재 공중위생
법전의 R.4127-1조부터 R.4127-112조에 규정되어 있다.)에[5] 아래와 같은 규정이
있다.[6]

제15조(공중위생법전 R.4127-15조)

의사는 법률이 정하는 조건들하에서만 인간을 대상으로 하는 생물의학연구에 참가할 수 있다 ; 의사는 당해 연구의 규칙 적합성, 타당성 및 그 결과의 객관성을 확보해야 한다.

주치의가 연구책임자로서 생물의학연구에 참가하는 경우에는 실험 실시에 의하여 환자와 의사를 결부시키는 신뢰 관계와 치료의 연속성을 훼손하지 않도록 주의해야 한다.

Article 15(R. 4127-15 Du CSP)

Le médecin ne peut participer à des recherches biomédicales sur les personnes que dans les conditions prévues par la loi ; il doit s'assurer de la régularité et de la pertinence de ces recherches ainsi que de l'objectivité de leurs conclusions.

Le médecin traitant qui participe à une recherche biomédicale en tant qu'investigateur doit veiller à ce que la réalisation de l'étude n'altère ni la relation de confiance qui le lie au patient ni la continuité des soins.

이에 따라 관련된 직업상의 의무에 위반한 경우에는 제도상 의사회가 징계의결권을 행사하여 의사회 명부로부터의 삭제, 업무정지, 견책

---

[5] 프랑스 의사회의 명령제정권에 대해서는 磯部哲「フランス医師会の命令制定権に関する一考察」佐藤雄一郎=小西知世編『医と法の邂逅 第1集』(尚学社, 2014年)69면 이하.
[6] 프랑스 의사직업윤리법전 제15조의 상세한 축조해설이 의사회 홈페이지에서 참조가 능하다. https://www.conseil-national.medecin.fr/article/article-15-recherches-biomedicales-239

또는 계고 등의 징계처분을 부과할 수 있다.[7]

이러한 것을 통하여 어느 국가에 있어서든지 의료종사자의 직업윤리의 내용으로서 의학연구에 있어 적정성을 확보할 것이 요구되고, 이를 위반한 자에 대해서는 전문직 자율규제의 일환으로 징계처분의 대상으로 하고, 이로써 의학연구에 대한 사회의 신뢰를 확보하고자 하는 것으로 평가할 수 있다. 규제의 실효성 확보라는 관점에서도 이러한 운용은 일본에도 크게 참고가 될 것으로 생각된다.

6. 광고규제

고혈압증치료약의 임상연구 사안에서 당초의 승인은 고혈압증상에 대한 강압효과에만 한정되었는데 자주적 임상시험에서 강압효과에 더해 심혈관 이벤트 억제효과가 '증명'되고, 이 결과가 대규모 판촉에 이용된 사례가 있다. 일본에서는 현재 의료인에 대한 광고는 기업의 자율규제에 위임되어 있으며, 첨부문서와 완전히 일치하지 않는 광고도 허용되고 있다.

이에 반해 영국에서는 2012년 의약품규제(Part 14)에 의해 인터넷을 포함한 모든 광고방법에 규제가 실시되고 있으며, 광고의 대상이 일반 시민인지 의료인인지에 따라 요건 등은 다르지만, 일반 시민에 대한 처방약의 광고는 금지되며, 의약품청(MHRA)에 의해 승인된 제품개요(SPC)와 일치할 것(미승인약이나 off-label 사용의 광고금지), 과장이나 오해를 주는 표현의 금지 등이 요구되고 있다.

프랑스에서는 인간이 이용하는 의약품의 광고(publicité)에 관해서는

[7) 프랑스 의사회의 징계재판제도에 대해서는 磯部哲「フランス医師懲戒裁判制度についての一考察」三辺夏雄他編『法治国家と行政訴訟　原田尚彦先生古稀記念』(有斐閣, 2004年) 425면 이하 참조.

공중위생법전 L.5122-1부터 동 L.5122-16에 규정이 있다(이를 받아들여 공중위생법 시행령 R.5122-1 이하에 상세한 규정이 있다). 공중위생법전에서는 의료인(professionnels de santé)에 대한 광고와 대중에 대한 그것을 구별하여 규정이 마련되어 있다. 의료인에 대한 광고는 아주 폭넓게 정의되어 있으며, "의약품의 처방, 인도, 판매 및 소비를 촉진하는 것을 목적으로 하는 모든 형태의 정보제공"이며, 그것에는 방문판매, 시장조사 내지 유도도 포함된다. 다만 아래는 제외된다(공중위생법전 L.5122-1).

(a) 특정 의약품에 관해 구체적으로 의심스러운 부분의 조회에 대한 답변으로서 비공개로 나오는 문서
(b) 포장의 변경이나 약물감시(Pharmacovigilance)에 있어 바람직하지 않은 효과가 나온 경우에 발하는 경고 등의 구체적인 정보제공·참조문서, 의약품에 관한 정보가 전혀 기재되어 있지 않은 판매 카탈로그나 가격표
(c) 간접적이라 하더라도 의약품을 참조하지 않는 한에서 인간의 건강 또는 질병에 관한 정보

또한 예컨대 어떤 저자가 어떠한 의약품에 대해 가지는 학문적 의견을 논문에서 언급한 것과 같은 것은 광고의 정의에서 제외된다. 이는 출판의 자유의 맥락에서 이해된다. 동일하게 앞선 (a)나 제약기업의 활동들에 관한 기업광고 등은 여기에서 말하는 광고로는 의제되지 않는다(다만 그것에 프로모션용의 문서가 부가되어 있지 않은 경우만).

광고에 관한 원칙들은 여기에서 이용되는 선전방법(포스터, 출판물, 시청각매체 등)에 의해 구별 없이 적용된다. 즉 광고는 오류를 담고 있어서는 안 되며, 공중위생의 보호를 훼손하는 것이어서는 안 된다. 의약품을 객관적으로 소

개하고, 그 이용을 도와주는 것이어야 하며, 판매허가($^{autorisation\ de\ mise}_{sur\ le\ marché,\ AMM}$) 및 고등보건기구(HAS)에 의해 장려(推奬)되는 치료지침을 준수하는 것이어야 한다.

2011년 12월 29일 법률의 제정 전 광고에 관한 규제는 그 수범자(名あて人)에 따른 다양성이 있으며, 대중에 대한 광고는 사전허가제였지만, 의료인에 대한 것은 사후적인 통제에 따를 뿐이었다. 그러하던 것이 2011년 법제정으로 인하여 모든 경우에 의약품·의료용품안전관리기구(ANSM)의 사전허가에 따르는 것으로 변경되었다. 이 허가는 '광고의 비자(visa)'로 명명되고 있다. 광고비자는 일정 기간부로 나오지만, 그 기간은 당해 의약품에 대한 판매허가에 부가된 기간을 넘어서는 안 된다. 비자신청에 관한 타임스케쥴이나 신청양식 등은 ANSM국장의 결정에 따라 정해지고 있다(L.5122-9, L.5122-9-1). ANSM은 일정한 경우에 즉 어떤 의약품이 약물감시(Pharmacovigilance)의 대상이 되고 사용위험을 재평가하는 대상으로 된 경우에는 그 광고를 금지하는 것도 가능하다.

또한 의약품 프로모션으로 경품 내지 증정품(贈物) 등을 의료인에게 주는 것은 금지되어 있다(경품 등은 받아서는 안되며 의료 및 의약(薬事)에 관계있는 것이라면 모두 포함된다). 무료로 제공되는 견본약에 대해서도 엄격하게 규제하고 있다($^{공중위생법전}_{L.5122-10}$).

이와 같이 의료인에 대한 광고규제에 대해서는 영국, 프랑스 양국 모두 사전체크를 포함한 규제당국의 적극적인 관여가 있으며, 광고내용에 대해서도 제품개요(SPC)와의 일치를 요구하는 등 일정한 제한을 가하고 있다. 그렇다고 하더라도 관련된 규제의 실효성이나 실제 운용에 대해서는 이후 상세한 검토가 필요하다고 생각한다.

Ⅲ. 미국에 대해서

1. 임상시험규제의 개요

 의약품 임상시험의 IND(Investigational New Drug: 연구신약규제)규제에서는 학문적 목적의 임상시험이라 하더라도 식품의약품국(FDA)이 법령에 기초하여 규제하는 한편, 시판약의 임상시험에 대해서는 일정한 조건하에서 규제를 면제하는 구조가 있으며, 특히 영리목적이 없는 학문적 목적의 임상시험에 대해서는 일률적으로 규제 대상으로 하지 않고, 임상시험으로 발생할 수 있는 위험에 대처하는 등의 방법을 마련하는 점이 이목을 끌고 있다.

 즉 미국에서는 애초 임상시험규제와 피험자 보호제도의 관계로서 의약품·의료기기의 임상시험에 대해서 규정하는 FDA규칙과 연방의 지원을 받은 인간대상연구(15개 주에서 공통으로 채택하고 피험자 보호에 관한 행정규칙)에 관한 'common rule' 모두에 주목할 필요가 있다. 사전 동의와 윤리 심사에 관한 규제내용은 양자가 거의 동일하며, 이러한 점으로 인하여 '미국에서 피험자 보호에 대해서는 임상시험과 그 이외의 임상연구에서 동일'하다고 하게 되지만, 데이터의 신뢰성 확보에 관한 규제는 전자에만 존재한다(대상도 그 일부 =IND시험에 한한다).

 나아가 연구신약규제(Investigational New Drug, IND)로서 '신약'에 대한 임상시험이 대상으로 되지만(21 CFR 312), 여기에서 말하는 '신약'에는 미승인 약뿐만 아니라 FDA의 승인조건과 일치하지 않는 사용법(적응증, 제조방법, 용량, 환자군 등)의 차이 등) 등의 시판약 전반이 규제 대상에 포함될 수 있는 점에 주의가 필요하다. 따라서 시판약을 이용한 학문연구목적 임상시험도 대상으로 될 수 있으며, '상업용 IND'와는 별도로 '비상업용 IND'가 존재한다는 설명이 행해지고 있다. 비율은 2 대 3으로 비상업용 IND가 많은 것 같은데, IND시험은 시설 윤리심사위원회의 승인에 더하여 FDA에 의한 사전심사가 필수로 되는 점에서 다르다.

한편 규제의 균형 관계에서 IND신청을 면제받는 경우가 있다. 즉 일부 시판약을 이용한 임상시험은 IND신청이 면제되는 것이지만, 그 대상은 '당해 시험의 목적과 시험 내에서의 당해 의약품의 사용에 수반되는 리스크의 정도'에 따라 개별적으로 결정되는 것으로 되어 있다(IND신청면제에 관한 FDA가이던스). 이로 인하여 예를 들면 암영역의 자율적 임상시험에서 IND를 신청한 시험의 비율은 절반에 이르지 않는다고 한다(中村, 2012). 여기에서 말하는 '목적'에는 판매승인신청이나 광고에 대한 이용을 감안하도록 되어 있으며, '리스크'의 문제로서는 투여방법이나 용량, 환자군의 차이 등이 고려되고 있다(구체적인 IND규제의 면제요건으로서 21 CFR 312.2 Applicability(b)Exemptions를 참조).

가령 일본에서 문제된 고혈압증치료약의 임상연구사안을 미국 IND제도에 대입해서 보면, 대상으로 된 치료약에 대해서 규제당국이 당초 승인하지 않은 효과(심혈관 이벤트의 억제)를 검증하는 시험이었다는 점에서 IND규제의 대상으로 될 가능성이 높으며, 또한 임상시험의 결과를 광고에서 주로 이용될 것이 의도되고 있거나 의도된 점이 명백했던 경우라면, IND의 제외요건을 충족하지 못할 가능성이 높았다고 생각된다.

2. 데이터의 신뢰성 확보

데이터의 신뢰성 확보, 특히 모니터링과 감사에 대해서는 스폰서의 책무로서 '모니터링'을 부과하지만, 상세한 것은 법령상 규정되어 있지 않고, '감사'에 대해서는 애초 규정이 존재하지 않는다. 그래서 각 연구자의 상황 또는 연구기관실정에 따라 데이터의 신뢰성을 확보하는 방안을 확보한다.

구체적으로 보면, 데이터의 신뢰성 확보에 관한 규제가 부과되는 것은 IND시험뿐이다. 그런 경우에 스폰서에게 '모니터링'의 의무를 부과하지만, "스폰서는 … 연구의 적절한 모니터링을 보증하는 책무를 진다"(21 CFR 312. 50)고 규정되어 있을 뿐, 구체적인 내용은 법령상 규정되어 있지 않다. 또한 미국에서도 실제 '스폰서'는 다양하며, 연구자 개인, 연구시설 또는 연구조성기관일 수도 있다. 'IND holder=스폰서'라는 인식이 성립할 수 있다. 또한 실제 모니터링의 방식은 기관에 따라 다양하다. 이러한 점은 학계(아카데미아)와 기업·CRO에 따라서 큰 차이가 있으며, 후자에서는 9할 가까이가 시설방문 모니터링을 필수로 하고 있지만, 학계에서 필수로 하는 경우는 3할에 그친다고 언급되고 있다. 한편 '감사(audit)'에 대해서는 법제화되어 있지 않으며, 명확한 정의도 마련되어 있지 않다. 현장에서 연구기관·연구자에 의해 다의적으로 사용되고 있는 상황이다. 규제당국에 의한 사찰(inspection)과 같이 인식되는 것(이러한 경우, 연구자 측에 책임을 지는 것은 '모니터링'만으로 됨), 공적인 연구조성기관이 주도하는 시설방문감사(on-site audit)로서 인식되는 것('중앙 모니터링'을 포착하기 위해 실시되는 것), 시설 내에서의 자주적인 QA활동(internal audit)으로서 인식되는 것 등 다양한 방법에 의하여 시행되고 있는 상황이다.

3. 피험자 보호

의약품의 임상시험과 연방기관의 지원에 의한 임상연구에 대하여 각각 별도의 규칙이 존재하고 있지만(FDA규칙과 Common Rule), 대체적 내용은 조화를 이루고 있으며, 대부분의 연구는 이러한 규칙에 따라 실시되고 있고 최근 적용범위의 확대가 검토되고 있다. 한편, 일본과 동일하게 기본적으로는 기관형 윤리심사위원회를 가지는 미국에서도 최근에는 심사의 질 향상이나 표준화와 함께 그 비효율성이 큰 문제로 인식되고 있다. 다수 기관에 의한 공동연구의 1회 심사의 의무화 및 신속한 심사와 심사면제의 범위확대 등이 제안되고 있다.

실제로는 기본적으로 기관별 윤리심사위원회(IRB)가 설치되고, 그것이 윤리 심사를 담당하는 것이지만, 주지하듯이 상업 IRB나 중앙 IRB에 대한 외부위탁도 존재한다. 전국적인 현황파악과 질 향상을 위한 방법으로서 피험자보호국(OHRP)에 대한 등록(FWA)과 인간대상연구보호 프로그램 인증협회(AAHRPP)에 의한 인증제도가 존재하는 점도 흥미롭다. 또한 2011년 이후 Common Rule의 개정에 대한 새로운 방향이 제시되어(ANPRM), 저위험연구에서는 신속한 심사와 심사면제를 현재보다도 광범위하게 인정하도록 하는 것과 다수 기관의 공동연구에 있어서 1회 심사의 의무화(다중심사를 허용하지 않는 구조) 등이 논의되고 있고 순차적으로 실시될 예정이다.

4. 이해충돌

이해충돌에 관한 미국의 대처는 연구자 개인이 가지는 금전적인 이해관계를 염두에 두고 있으며, 최근에는 연구자에 의한 이익관계의 신고·공개요건을 한층 강화하는 추세에 있다. 공중위생국의 규제는 이해충돌관계의 성질이나 영향의 정도에 주목하고 있고, 또한 이러한 점을 검토할 수 있는 전문요원이 준비된 점이 흥미롭다.

의학연구자의 이해충돌에 관한 연방규칙으로서는 FDA규칙에 있어서 의약품·의료기기의 임상시험에 있어서 규정을 두고(21 CFR 312(D) 및 21 CFR 54), 연구자의 금전적인 이해충돌 신고, 시판승인 시에 FDA에 보고할 의무(IND 신청 시에는 폼서에 대한 보고까지) 등을 정하는 한편, 후생성 공중위생국(NIH 등) 지원연구에 관한 PHS규칙(42 CFR 50(F) 및 45 CFR 94)에 있어 연구기관 주도에 의한 이해충돌관리(management)를 규정하고 있다. PHS규칙은 2011년에 개정되었으며, 기관에 의한 영향성 평가나 이해충돌에 관한 연구자교육의 의무화(시설정책이나 이익관계의 신고책임 등을 교육)를 규정하고 있다. 연구기관에 의한 '중대한 이익관계'의 판단으로서는 본인 및 근친자가 받은 본래 업무 이외에 연간 5000달러를 넘는 수입을 대상으로 하고, 주식보유는 그 크기를 묻지 않고 '중대한 이해관계'에 포함된다고 한다. 동 규칙에는 '당해 연구 활동에 수반되는 외부관계자에 대한 이익'과 '이러한 관계성이 당해 연구 활동에 초래하는 영향'의 평가라고 하는 2단계 검토에 의한 '이해충돌'의 인정과 그에 기초한 구체적인 이해충돌관리를 요청하는 점이 흥미로우며, 이는 일본에서도 참고할 필요가 있다.

5. 연구 부정

연구 부정에 있어 FDA가 감독하는 의약품 임상시험에서는 신청에 사용된 데이터의 부정이 있으면 행정처분을 받는 외에, 일부 경우에서는 당해 개인의 형사책임이 추급될 수 있다. 연구 활동이 공적지원을 받는 경우에는 연구지원의 정지 등 지원자격에 관한 처분이 검토된다. 또한 연구 부정을 취급하는 전문 부서로서 연구공정국(ORI)이 있으며, 연구기관의 조사에 대한 지원·감독 및 교육자료를 제공하는 역할을 한다. 영국·프랑스에서는 볼 수 없었던 것으로 주목할 만하다.

연구 부정, 구체적으로는 허위정보의 제출이나 불충분한 기록관리에 대한 FDA의 대처방법에서는 연방식품의약품화장품법에 기초하여 FDA에 수사권한(OCI 범죄수사국)이 부여되어 있지만, 시험기록(제355조(i) 등)에 관한 연구자의 형사책임에 대하여는 판례가 나뉘어져 있다(Palazzo 의사 사건 등 허위의 연구자료를 보고한 의사에게 형사벌이 부과된 판례가 있는 반면, 이 규정으로부터 바로 연구자의 형사책임을 물을 수 없다고 한 판례가 있다고 한다). 이에 반해 FDA에 의한 행정처분으로서 IND신청이나 윤리 심사에 있어서 허위의 정보를 스폰서나 당국에 제출한 경우나 정확한 정보의 기록을 행하지 않은 경우에 시험신약·기기의 취급자격취소(disqualification)의 처분을 하는 경우가 있다(최근 10년간 약 20건 정도라고 언급된다). 그 외에 관련되는 중대한 유죄확정이 있었던 경우나 FDA가 필요성을 판단한 경우에는 FDA의 허가를 요하는 활동 일반에 대해 참가자격상실(debarment), 경고, IRB에 대한 시정권고나 정지조치 등의 조치도 있을 수 있다. 처분의 사전수단으로서는 본인에 대한 설명, 의견청취의 기회(21 CFR 312. 70, 동 812. 119) 등이 보장된다. 사안에 따라서는 FDA범죄수사국의 수사, 고발이 병행되는 경우도 있다고도 한다.

한편 공중위생국(PHS)의 지원은 의학연구에 관한 연방정부지원의 약 8할을 점하는 점에서 PHS로부터의 연구지원을 받은 의학연구 부정에 관한 연방규칙(42 CFR 93)의 실효성은 매우 높다. 규제 대상으로 되는 연구 부정의 정의로서 '연구의 기획제안, 실시 혹은 연구에 관한 평가, 혹은 연구결과의 보고'에 있어서 '날조·조작(改ざん)·도용(FFP)'이 상정되어 있지만, 동 규칙에 위반한 경우의 처분으로서는 연방지원사업에 대한 참가자격정지(debarment)가 기본으로 된다고 한다.

그 외에 미국에는 연구공정국(ORI)이 존재하는 점이 흥미롭다. ORI는 후생성 내의 조직이며, 각 연구기관에서의 연구 부정에 대한 대책이나 신청 사안에 대한 대응에 있어서 지원 및 감독하는 기관이다. 필자들의 조사 시점의 정보에 의하면 약 20명의 직원(부정조사감독부문과 교육부문)이 있으며, 연간 예산은 약 구백만 달러라고 한다(교육부문에서 거의 사용). 1992년에 과학공정국(OSI)과 과학공정평가국(OSIR)이 통합되어 설립된 것이며, 그 이전에는 독자적인 조사권한이 있었지만, 현재는 각 연구기관에 의한 조사활동 지원과 그 2차적 평가만을 실시한다고 한다(ORI에는 조사권한이 없다). 연방규칙에 있어서 연구 부정의 주된 책임은 연구기관에 있는 것이며, 각 기관이야말로 부정에 대응하는 절차를 정비하는 책임을 진다는 발상에 기초하는 것이다. 각 연구기관은 연구지원의 요건으로서 연구 부정에 대한 대응절차를 마련하고 그것의 준수를 표명할 의무가 있으며, 각 기관에서 임명된 연구공정책임자(Research Integrity Officer, RIO)가 기관 내 대응의 책임자로 되어 있다.

6. 광고규제

이에 대해서는 영국·프랑스와 동일하게 규제당국 내부에 의료인에 대한 광고규제를 담당하는 부서가 있으며, 기업의 프로모션 활동을 감시하고 있다. 모든 광고자료의 제출과 일부 의약품에 관한 사전상담이 의무화되어 있고, 적극적인 감시활동이 행하여지고 있다. 규제 대상인 광고개념의 외연에 대해서도 신중하게 살펴보려고 하는 운용방침을 포함하여 이에 대하여도 주목할 필요가 있다.

더욱 구체적으로 말하면, 주로 처방약의 광고에 관한 연방규칙(21 CFR 201. 1)에 기초하여 FDA 내의 전문부서가 의약품·의료기기의 광고 남용을 규제하고 있다. 감시활동의 기본원칙으로서는 FDA의 승인조건과의 적합성(consistency), '실질적인 증거(substantial evidence)'의 뒷받침, 허위 또는 오해를 초래하는 내용이 아닐 것, 유효성과 안전성의 적절한 균형이라는 네 가지를 들 수 있다.

한편 기업에 부과되는 의무는 의약품의 모든 광고 및 판촉라벨의 최초공표 또는 제공 전에 양식 FDA-2253(Transmittal of Advertisements and Promotional Labeling for Drugs and Biologics for Human Use)과 함께 FDA에 제출하는 것, 신속한 승인을 받은 의약품에 대한 사전협의(통상은 사전협의는 임의) 등이 있다. 또한 시험약에 대해서는 프로모션활동이 금지되는 한편(21 CFR 312. 7), '과학적인 정보교환(exchange of scientific information)'은 허용되고 있다. 다만 프로모션활동과 '과학적인 정보교환'과의 구별에 대해 명확한 정의는 없으며, 특히 off-label 광고규제의 맥락에서 큰 문제가 되고 있다. 이 점은 해당 국가에서 기업측에 대하여 '영업담당자(sales rep)'와 '의료정보담당자(medical rep)'의 완전한 분리를 목표로 하여 영업담당자는 임상시험의 실시평가나 임상데이터에 대해 의료인과 의견을 교환하지 않는 것, '과학적인 정보교환'을 담당하는 것은 약리학 등의 전문교육을 받은 의료정보담당자(대부분은 의료직)에 한하도록 하는 등의 대처를 볼 수 있다. 일본의 MR은 이 양자를 겸하는 것이 일반적이지만(아시아 국가들에서는 공통적이라 할 수 있다), 미국과 같이 커뮤니케이션의 내용과 문맥을 명확하게 구별하는 것으로 이 문제에 대응하고자 하는 방법은 많은 시사점을 얻을 수 있다고 생각한다.

Ⅳ. 마치면서

영국·프랑스·미국의 임상시험에 대한 규제에 대하여 개관해 보았다. 몇 가지 참고할 수 있는 대처법이 보이며, 국제적인 조화의 관점에서도 일본 의약품의 임상시험에 대한 규제체계는 이제 한번 재검토할 여지가 있다고 할 수 있다.

이때 예컨대, 모니터링·감사에 대해 외국에서의 규제·운용상황을 바탕으로 획일적이고 상세한 규율을 하는 것은 현실적이지 않고, 연구자의 자주·자율적인 대응을 기반으로 하면서 그것을 제삼자가 적절하게 판단할 수 있도록 하는 등 개별 연구의 특징이나 리스크에 따른 합리적인 규제체계를 계획할 필요가 있다. 또한 법령에 의한 규율, 윤리심사위원회나 행정기관 등의 개입방식을 둘러싸고도 제도 전체의 일관성을 유지하는 한편, 일률적이고 엄격한 규제로 인한 폐해를 예방할 수 있는 등의 균형을 취하는 것이 중요하다. 그리고 피험자 보호를 위한 윤리심사위원회의 제노설계, 데이터의 신뢰성 확보나 부정행위대책의 일환으로서 연구데이터·자료의 장기 보존을 가능케 하는 구조 등

임상연구에 대한 신뢰를 근저에서부터 지탱하는 제도적 규제책도 필요하다. 이해충돌에 관해서는 연구자뿐만 아니라 공평성의 관점에서 윤리위원회 위원이나 규제당국의 직원 등에게도 이해관계관리가 문제로 될 수 있는 한편, 규율의 실효성을 담보하기 위해서는 관계자의 신분 내지 업무에 관한 면허처분 등에 대한 재제를 재검토할 여지도 있는 등 관계 제도들까지로 시야를 넓힌 폭넓은 검토가 필요하다고 생각한다.

<참고문헌·사이트>

[Ⅱ관련]

井上悠輔, 2012, 「欧州連合(EU)における臨床研究規則」年報医事法学27 : 70-80.

井上悠輔, 2014, 「臨床研究における不正と医師の『誠実さ』」年報医事法学29 : 196-202.

栗原千絵子, 2004,「EU臨床試験指令とイギリス臨床試験規則」臨床評価31(2) : 351-422.

栗原千絵子, 2014, 「『バルサルタン事件』の倫理・規制・政策論的分析」臨床評価41(4) : 799-815.

Godecharle, S., B. Nemery and K. Dierickx, 2013, "guidance on research integrity no union in europe" Lancet, 381 : 1097-1098.

Godlee, F. and E. Wager, 2012, "Research misconduct in the UK" BMJ 344 : d8357.

水口真寿美, 2014, 「ディオバンをめぐる不正事件が提起した課題」臨床評価 41(4) : 773-787.

斎藤裕子, 2007, 「モニタリングと監査」腫瘍内科1(2) : 154-162.

柴田大朗, 2014, 「がんの多施設共同臨床試験グループにおける臨床試験・国際共同試験のモニタリング」薬理と治療 42(Suppl. 1) : s 15-22.

宇都木伸, 2001, 「イギリスにおける日常医療の倫理」日本医事新報 4052 : 21-25.

山口斉昭, 2003, 「『患者の権利および保険衛生システムの質に関する法律』による医療事故等被害者救済システムの創設とその修正」年報医事法学18 : 205-211.

山口斉昭, 2005, 「フランスの医療安全・補償制度」伊藤文夫=押田茂實編『医療事故紛争の予防・対応の実務―リスク管理から補償システムまで』新日本法規出版, 439-450.

山口俊夫, 2002, 『フランス法辞典』東京大学出版会.

Truchet, D., 2012, *Droit de la santé Publique*, Dalloz.

[Ⅲ 관련]

Abbott, Lura and Christine Grady, 2011, "A systematic review of the empirical literature evaluating IRBs: what we know and what we still need to learn", *The Journal of Empirical research on Human Research Ethics* 6(1) : 3-19.

Abrams, Thomas, 2005, "The Regulation of Prescription Drug Promotion", Michael A. Santoro and Thomas M. Gorrie des., *Ethics and the Pharmaceutical Industry*, Cambridge University Press, 153-168.

Coleman, Carl H. and Marie-Charlotte Bouësseau, 2008, "How do we know that research ethics committees are really working? The neglected role of outcomes assessment in research ethics review", *BMC Medical Ethics* 9 : 6.

Commission on Research Integrity, 1995, *Integrity and Misconduct in Research*.

Danzis, Scott, D., 2005, "Off-Label Communications and Prescription Drugs", Michael A. Santoro and Thomas M. Gorrie eds., *Ethics and the Pharmaceutical Industry*, Cambridge University Press, 184-195.

Degnan, Frederick H., 2008, "The US Food and Drug Administration and probiotics: regulatory categorization", *Clinical Infectious Diseases*, 46 (Suppl 2) : S 133-136.

Emanuel, Ezekiel J. et al, "Oversight of Human Participants Research: Identifying Problems To Evaluate Reform Proposals", *Annals of internal medicine*, 141(4) : 282-291.

Hawthorne, Fran, 2005, *Inside the FDA : The Business and Politics behind the Drugs We Take and the Food We Eat*, John Wiley & Sons. (=2011/2012, 栗原千絵子・斉尾武郎『FDAの正体(上)(下)』篠原出版新社.

Hamilton, David P., 1992, "The Office of Scientific Integrity", *Kennedy Institute of Ethics Journal* 2(2):171-175.

橋本基弘, 1999, 「医師広告規制と広告活動の自由」日経広告研究所報 33(5), 51-61.

Holbein, M. E. Blair, 2009, "Understanding FDA regulatory requirements for investigational new drug applications for sponsor-investigators", *Journal of Investigative Medicine* 57(6) : 689-695.

Institute of Medicine and National Research Council, 200, *Integrity in Scientific Research: Creating an Environment That Promotes Responsible Conduct*, The National Academies Press.

井上悠輔, 2012, 「医学研究と利益相反」笹栗俊之=武藤香織責任編集『シリーズ生命倫理学 15 医学研究』丸善出版, 152-170.

井上悠輔, 2014, 「臨床研究における不正と医師の『誠実さ』」年報医事法学29 : 196-202.

石居昭夫, 2006, 『FDAの事典(第2版)』薬事日報社.

石居昭夫, 2010, 『FDAの承認審査プロセス-新薬の知識』薬事日報社.

Kesselheim, Aaron S., Michelle M. Mello, and Jerry Avorn, "FDA regulation of off-label drug promotion under attack", *JAMA* 309(5) : 445-446.

Lock, Stephen, Frank Wells, and Michael Farthing eds., 2001, *Fraud and Misconduct: in Biomedical Research, 3rd Edition*, BMJ Books, (=2007, 内藤周幸監訳『生物医学研究における欺瞞と不正行為』薬事日報社)

Mantus, David and Douglas J. Pisano eds., 2014, *FDA Regulatory Affairs: Third Edition*, CRC Press.

丸山英二, 1989, 「臨床研究に対するアメリカ合衆国の規制」年報医事法学 13, 51-68.

丸山英二, 2012, 「アメリカ合衆国における臨床研究規制」年報医事法学 27, 58-69.

増井徹, 2012, 『疾患研究のための生物資源の所在情報データベース等の構築と

維持と関連する政策・倫理課題の研究』2011年度 総括・分担研究報告書, 医薬基盤研究所. https://mbrdb.nibiohn.go.jp/kiban01/document/2011_houkokusho_ja.pdf

Mello, Michelle M., David M. Studdert and Troyen A. Brennan, "Shifting Terrain in the Regulation of Off-Label Promotion of Pharmaceuticals" *The New England Journal of Medicine* 360(15) : 1557-1566.

三瀬朋子, 2007, 『医学と利益相反』, 弘文堂.

中村健一, 2012, 「臨床試験体制―米国の現状とわが国の今後」『The Liver Cancer Journal』4(2) : 28-35.

Office of the Inspector General, Department of Health and Human Services, 2009, "The Food and Drug Administration's Oversight of Clinical Investigators' Financial Information"(URL:https://oig.hhs.gov/oei/reports/oei-05-07-00730.pdf)

Office of Research Integrity, 2013, *2012 Annual Report*.

Office of the Secretary/Office of Public Health and Science, Department of Health and Human Services, 2000, "Statement of Organization, Functions, and Delegations of Authority", *Federal Register*: May 12, 2000(U.S. Government Printing Office, Volume 65, Number 93, Pages 30600-30601).

小山田朋子「医学と利益相反-近年のアメリカ法の動向」岩田太編『患者の権利と医療の安全―医療と法のあり方を問い直す』ミネルヴァ書房, 230-240.

Research America, 2012, Truth and Consequences : Health R&D Spending in the U.S.(FY11-12). (URL:https://www.researchamerica.org/sites/default/files/uploads/healthdollar12.pdf)

佐藤雄一郎, 2007, 「ミスコンダクトの調査における手続保障:アメリカ合衆国における議論の歴史から」生命倫理 17(1), 176-182.

Steneck, Nicholas H., 2003, *ORI Introduction to the Responsible Conduct of Research*, Office of Research Integrity. (=2005, 山崎茂明訳『ORI 研究倫理入門』)

Swaminathan Vandya and Matthew Avery, 2012, "FDA Enforcement of Criminal Liability for Clinical Investigator Fraud" *Hastings Science & Technology Law Journal* 4(2) : 325-358.

玉川淳, 2009, 「食品の機能性表示に関する規制と表現の自由(1)」三重大学法経論叢 27(1), 1-20.

玉川淳, 2010, 「食品の機能性表示に関する規制と表現の自由(2・完)」三重大学法経論叢 27(2), 63-81.

田代志門, 2011, 『研究倫理とは何か―臨床医学研究と生命倫理』勁草書房.

United States Government Accountability Office, 2009, "Report to Congressional Requesters Oversight of Clinical Investigators: Action Needed to Improve Timeliness and Enhance Scope of FDA's Debarment and Disqualification Processes for Medical Product Investigators" GAO-09-807. (URL: https://www.gao.gov/assets/gao-09-807-highlights.pdf)

山崎茂明, 2002, 『科学者の不正行為―捏造・偽造・盗用』丸善.

<자료>

  본장 각주(2)에서 언급한 후생노동과학연구비연구반의 연구 성과 개요를 보여주는 자료를 아래에 게재한다.

  재차 이는 영미·유럽 국가들의 임상연구 규제 제도와 운용에 관한 조사연구[1]의 성과로서 후생노동성 '임상연구에 관한 제도의 존재 방식에 관한 검토회'에서 그 개요를 보고할 때에 이용한 슬라이드 자료이다. 영국·프랑스에 대해서는 제3회(2014년 6월 25일), 미국에 대해서는 제5회(2014년 8월 27일)의 동 검토회 배부자료로서 현재도 후생노동성 홈페이지[2]에서 열람가능하다. 또한 이 슬라이드자료에 기재되어 있는 정보는 2014년 10월 경을 바탕으로 하고 있으며, 그 후의 제도개정 등에는 대응하지 않은 점을 주의하길 바란다.

  슬라이드자료의 기초로 된 동 연구반보고서는 객관적이고 다각적인 고찰을 행하면서도 읽기 쉬운 서술로 현재도 여전히 많은 시사점을 가지고 있다. 슬라이드자료와 동일하게 후생노동성 홈페이지 등에서 열람 가능하므로 꼭 참조하길 바란다.

  슬라이드자료의 본서의 게재를 흔쾌히 수락해주신 동 연구반의 교수님들에게 마음속 깊이 감사드린다.

＊1. 2013-14년도 후생노동과학연구비조성금 의료기술실용화 종합연구사업 (임상연구기반정비추진연구사업), '임상연구에 관한 영미유럽국가들과 일본의 규제·법제도의 비교연구'(대표연구자: 게이오대학교수 磯部哲)

＊2. 참조 : 후생노동성, '임상연구에 관한 제도의 존재 방식에 관한 검토회' http://www.mhlw.go.jp/stf/shingi/other-isei.html?tid=189231

제7장

생명과학연구에 대한 국제경제법의 역할·기능
- 의약품특허의 논의를 중심으로 -

猪瀬 貴道(이노세 타카미치)

Ⅰ. 시작하며

본고에서는 생명과학연구에 있어서 국제경제법이 어떠한 역할·기능을 하고 있는지 검토한다. 국제경제법이라는 용어의 내용이나 범위는 논자에 따라 다르지만, 본고에서는 세계무역기관을 설립하는 마라케시 협정(WTO협정)에 기초한 국제무역·통상을 규율하는 법제도(법제도 전체를 아래에서는 WTO체제라 한다)를 중심으로 검토한다. 또한 '생명과학연구'에 있어서도 폭넓은 내용이 포함되지만, 경제와의 결부가 비교적 큰 의약품연구를 주된 대상으로 분석을 행한 후에 다른 생명과학연구에 대하여도 검토하고자 한다.

우선 의약품연구와 특허제도에 대해서 국내법(주로 일본법) 및 WTO체제의 일부인 지적소유권의 무역관련 측면에 관한 협정(TRIPS 협정)에 있어서의 기본구조를 정리하고, 의약품연구개발 후의 제조판매에 있어서 국제경제법의 역할과 기능을 분명히 하고자 한다. 그 후에 개발도상국에서의 HIV 등의 감염증약에 대한 접근에 대해 문제가 발생한

TRIPS 협정과 의약품 접근문제[1]에 대해 기본구조의 문제점과 그 대응에 대해 정리하고자 한다.

다음으로 의약품 연구개발단계에 있어서의 '접근 및 이익배분(Access and Benefit Sharing, ABS)'의 문제에 대해서 검토하고자 한다. 이 문제는 WTO체제가 아니라 생물다양성조약에서 논의되어, '유전자원의 취득 기회 및 그 이용에서 발생하는 이익의 공정하고 형평성 있는 배분'에 관하여 나고야의정서로서 채택되었다. 이 의정서는 의약품연구개발에 한하는 것은 아니지만, 생물자원(유전자원)에 대한 접근(이용)에 있어 자원국과의 사전 동의나 자원국에 대한 공평한 이익배분을 요구하는 제도이다.

의약품 접근문제 및 ABS문제의 배경에는 소위 '남북문제'가 지적되고 있다. 즉 개발도상국과 선진국 간의 대립이다. 다만 그러한 정치적 배경은 있다 하더라도 의약품접근에서는 그것을 계기로 국제적인 특허제도의 재검토로 이어지며, ABS제도도 이후의 운용에 따라서는 다른 분야로의 파급가능성이 있다.

의약품연구개발에 관한 국제경제법상의 이러한 문제들을 정리함으로써 현재 국제경제법이 행하고 있는 역할이나 기능과 그 과제를 분명히 하고, '의약품'뿐만 아니라 생명과학연구에 대해 국제경제법이 행하여야 할 역할과 기능을 검토하고자 한다.

---

[1] WHO의 정의에 따르면 '구입가능한 필수의약품에 대한 접근을 가지는 자'는 20품목 이상의 필수의약품에 대한 접근을 가지는 자라고 하며, '접근'이란 거주지로부터 도보 1시간 이내에 있는 의료기관 또는 약국에서 계속적으로 구입가능하며, 대금을 지불하여 의약품을 가지고 있는 상태를 지칭한다. United Nations Development Group, *Indicators for Monitoring the Millennium Development Goals-Definitions, Concepts, Rationale and Sources*, ST/ESA/STAT/SERF/95, p.89. 加藤暁子「医薬品アクセス問題に見る国際経済法と国際人権法の交錯」法律時報82巻3号(2010年)38-43면.

Ⅱ. 의약품개발과 특허제도

1. 일본에 있어서의 의약품특허

인간을 수술, 치료 또는 진단하는 방법 등의 의료행위는 일본에서는 새로운 발명으로 인정되지 않으며, 특허권의 대상으로 되어 있지 않다. 인도적으로 의료행위는 특허화하지 않는다는 전제 하에 의료행위를 특허제도로부터 제외한다는 대명제를 위하여 고심한 해석[2]에 따라 의료는 산업이 아니기 때문이다. 그에 반해 의약품은 특허권의 대상이며, 특허제도를 전제로 하여 연구개발이 행하여지고 있으며 산업화되어 있다.[3]

일본에서는 1975년 특허법 개정(1976년 발효)에 의해 그때까지 제법(製法)뿐만 아니라 의약품의 성분에 있어 특허권이 인정되었다. 의약품과 관련된 특허로서는 개정 전부터 인정되고 있던 제법특허 외에 물질특허(성분특허), 용도특허, 제제(製劑)특허가 있다. 특히 중요한 것이 물질특허(성분특허)이다. 공업제품 특히 자동차나 반도체 등 부품의 집적에 의하여 하나의 제품이 만들어지는 경우에는 타사의 특허권에 저촉되지 않게 제조하는 것은 불가능에 가깝고 Cross license계약의 체결 등이 필요하게 됨에 반하여, 의약품은 하나의 기본특허인 물질특허에 의해 하나의 제품이 만들어지고 타사의 허락 등을 필요로 하지 않고 제조·판매할 수 있는 점에 특징이 있다.

특허의 보호기간은 일본의 특허법에서는 20년간으로 되어 있다.[4] 그

---

2) 中山信弘『特許法(第3版)』(弘文堂, 2016年)117면.
3) 渡辺裕二「製薬会社の立場から見た特許保護の現状と課題」特許研究(PATENT STUDIES) No. 48(2009年)32-39면.
4) 특허법 제67조. 松田俊治・牧野知彦・山本秀策『研究者のための知的財産ハンドブック』(化学同人, 2007年)82-83면.

러나 의약품의 연구개발은 신약개발(創藥)단계의 기초연구를 시작하여 비임상적인 개발, 확인신청 및 임상시험신청을 행한 후의 임상시험(Ⅰ ~Ⅲ상), 신약신청, 제조판매승인이라는 장기간의 과정을 거쳐 제조판매에 이른다.[5] 나아가 기초연구단계에서 특허출원을 행하기 위해 실질적인 보호기간은 10년에 이르지 못하는 경우가 많다. 이러한 사태에 대한 대응책으로서 약사(藥事)심사 기간의 단축과 같은 것도 생각할 수 있지만, 안전성 확보 등의 관점에서 한계가 있다. 그래서 특허기간 연장제도가 마련되어 있다. 일본 특허법에서는 임상시험 신청일로부터 제조승인일, 특허등록일로부터 제조승인일 중 짧은 기간으로부터 5년이 인정된다.[6] 또한 특허와는 별도로 신청데이터의 보호제도도 마련되어 있다. 개발기간이 장기간인 경우나 대학발명 등에 있어 특허출원이 행해지고 있지 않은 경우 등에는 데이터보호에 의해 특허가 보완된다.[7]

또한 일본의 「의약품, 의료기기 등의 품질, 유효성 및 안전성의 확보 등에 관한 법률」(의약품의료기기등법, 구 약사법) 제14조에서는 유효성분뿐만 아니라 투여경로, 신효능, 신제형(劑形), 신용량, 그 외 유효성분을 조합하여 배합한 경우 등에도 후생노동대신이 신의약품으로 지정할 수 있다고 규정되어 있다.

2. 특허의 국제화

특허제도는 속지주의로서 각국의 특허독립 원칙이 채택되어, 각국의 정책에 기초하여 관련 법규가 제정된다. 한편, 특허에서는 1883년

---

5) 후생노동성『후생노동백서 2017도판 자료편』100면, 〈http://www.mhlw.go.jp/toukei_hakusho/hakusho/〉
6) 中山·전게각주(2)552-561면.
7) 山根裕子『知的財産権のグローバル化—医薬品アクセスとTRIPS協定』(岩波書店, 2008年)32-33면.

에 공업소유권의 보호에 관한 파리조약이 체결되어, 비교적 초기부터 국제협력이 도모되고 있다. 파리조약에서는 공업소유권의 보호에 관해 자국민에게 현재 부여하고 있거나 장래 부여할 이익을 다른 동맹국민에게도 부여해야 한다는 내국민대우원칙(제2조(1), 제3조), 어느 국가에 있어서 정규 특허출원을 한 자는 12개월 기간 동안 우선권을 가진다는 우선권제도(제4조)가 규정되어 있다. 다만, 파리조약은 어디까지나 각국의 특허독립 원칙하에서의 제도이며(제4조의2), 특허권의 발생이나 무효·소멸에 대해서는 각국의 국내법령의 문제로 된다.

파리조약은 1892년에 설립된 지식소유권보호합동국제사무국(BIRPI)에 의해 문학적 및 미술적 저작물의 보호에 관한 베른조약과 함께 관리되었다. 그 후 1967년에 세계지식소유권기구(WIPO)를 설립하는 조약이 체결되고, 1970년에 WIPO가 설립되었다. WIPO는 1974년에 UN의 전문기관으로 등록되었다. 또한 1970년에 특허협력조약(PCT)이 체결되고, 국제출원 제도가 도입되었다. 국제출원에 의한 특허출원자는 복수의 국가에 특허를 출원한 것과 동일한 효과를 가질 수 있다. 다만, 복수 국가에서 특허권을 일률적으로 취득하는 것을 가능케 하는 것은 아니다. 그 외에 1971년에 국제특허분류에 관한 스트라스부르협정(1974년 발효), 1977년에 미생물을 이용한 발명에 필요한 '미생물 위탁'과 '미생물 분양'의 국제협력을 정하는 특허절차 상의 미생물 위탁의 국제적 승인에 관한 부다페스트조약(1980년 발효) 등이 체결되었다.

이러한 조약들은 모두 절차에서의 국제협력을 정하는 것이며, 실체면에서 국제적으로 통일된 특허제도를 창설하는 것은 아니다.[8] 어떠한 발명에 특허를 인정할지는 각국의 정책에 기초한 각국의 특허독립이 원칙으로 되어 있다. 따라서 의약품에 대해서도 특허를 인정해야 하는

---

8) 茶園成樹 『特許法』 (有斐閣, 2013년) 11-14면.

국제법상 국가의 의무 등이 존재하지 않는다. 그래서 인도, 브라질, 캐나다, 태국, 남아프리카 공화국 등 후발 의약품제조국은 의약품에서의 물질특허를 인정하고 있지 않았었다.[9] 그에 반해 미국, 스위스, 프랑스, 영국, 일본, 독일과 같이 의약품개발능력이 있는 국가는 신약개발에 대한 경제적 인센티브 등을 이유로 의약품에 대한 특허의 필요성을 주장했다.

그러한 상황하에 관세 및 무역에 관한 일반협정(GATT)하에서의 우루과이 라운드(1986년-1994년) 결과, 1995년에 WTO체제가 성립되었다. WTO체제하에서의 TRIPS협정은 무역관련이라는 명칭이 이용되고 있지만, 부정상품의 수입규제뿐만 아니라 특허를 포함한 지식재산권의 보호전반에 대해 규정한다. WTO 체제에 공통되는 무차별원칙(내국민대우·최혜국대우)이 채택되었는데, TRIPS협정에 있어서의 무차별원칙은 1996년부터 모든 가맹국에 일률적으로 적용되고 있다. 다만 내국민대우에는 전술한 파리조약 등에 의한 상호주의에 따른 제한(경상(鏡像)내국민대우)이 인정된다.[10] 나아가 보호의 최저수준이 정해졌었다. 특허에 관해서는 TRIPS협정 제2조 제1항에 있어 파리조약의 규정준수가 요구되었는데, 즉, WTO가맹국[11]은 파리조약의 당사국이 아니더라도 파리조약의 규정내용을 준수할 것이 요구되었다. 다만 경과기간으로서 선진국은 1년간, 개발도상국은 4년간의 연장, 시장경제이행국은 일정 조건하에서 4년간의 연장, 후발도상국은 10년간의 연장이 인정되었다.[12] 지식재산권의 보호강화는 필연적으로 경제활동의 자유를 제한하고,

---

9) 中川淳司·清水章雄·平覚·間宮勇『国際経済法 (第2版)』(有斐閣, 2012년) 222면.
10) 위의 책, 214면.
11) WTO에서는 WTO 협정하에서의 부속서 1A~3까지는 일괄수락방식이 취해지고 있으며, WTO의 모든 가맹국이 TRIPS 협정당사국으로 된다.
12) 中川ほか·전게각주(9) 215면.

그 결과 자유무역을 제한하는 것으로 이어진다.[13] 따라서 필요 이상으로 과도하게 보호하는 것은 WTO협정의 목적인 무역자유화와 모순된다. 이에 TRIPS협정은 전문에서 "지적소유권의 행사를 위한 조치 및 절차 자체가 정당한 무역의 장애로 되지 않는 것을 확보할 필요성"을 언급하고 있다.[14] TRIPS협정은 경쟁제한적 행위의 규제(제40조), 특허권의 강제실시(제31조)를 규정하였지만, 허용규정에 그치며 과도한 보호를 규제할 의무를 부과하고 있지는 않았다.[15]

Ⅲ. TRIPS협정에 있어서의 의약품 접근

1. TRIPS 협정과 물질특허

TRIPS협정과 의약품연구개발과의 관계는 의약품의 신규개발(신약개발(創藥)) 능력이 있는 미국, 스위스, 영국, 일본, 독일을 중심으로 한 선진국과 인도, 브라질, 캐나다, 태국, 남아프리카공화국 등의 의약품 제조력이 있는 후발의 개발도상국의 대립이 문제된다. 전술한 것처럼 후자는 의약품의 염가공급 등을 목적으로 물질특허를 인정하지 않았지만, TRIPS협정에서는 물질특허에 대해서도 보호의무가 부과되고, 경과기간의 초기부터 가출원과 배타적 판매권이 인정되었다. TRIPS협정 제70조 제8항(a)에 따라 WTO협정발행일에 의약품 및 농업용 화학품의 특허보호를 인정하고 있지 않은 가맹국은 이에 관한 발명의 특허출원을 할 수 있도록 조치를 취하게 되었다. 의약품 등의 물질특허에 대해서는 경과기간이 5년 연장되었지만, 2000년대 중반 이후 그동안 물

---

13) 위의 책, 216면.
14) 상동.
15) 상동.

질특허를 인정하지 않았던 개발도상국에서도 의약품에 대한 물질특허를 반영한 법 개정이 행해지고 있다.[16]

　의약품제조력이 있는 후발의 개발도상국, 예컨대 인도정부는 TRIPS협정이 개발도상국에게 있어서 불리하다고 주장하며, 물질특허를 도입하지 않았다.[17] 당시 대부분의 인도제약회사는 생산성이 낮았고, 품질규제와 특허보호가 철저하게 되면 의약품 시장에서 철수할 수밖에 없는 상황이었기 때문에, 물질특허의 도입에 반대한 것이다. TRIPS협정 제70조 제8항에 기초한 의무에 대한 인도의 불이행에 대해서는 미국 및 EU가 WTO에 분쟁해결절차를 신청했다.[18] 인도는 당국이 행정관행에 의해 사실상 출원을 수리한다고 주장했지만, 소위원회는 인도당국이 의약품 등의 물질특허출원을 수리하는 행정관행은 현행 인도특허법에 위반되는 결과가 되며, 인도에서의 수리조치는 법적 기초를 흠결하고 있어 예견 가능성을 해하는 것으로 되기 때문에, TRIPS협정 제70조 제8항 위반이라고 인정했다.[19] 이어서 상급위원회도 법적 안정성의 관점에서 소위원회의 결론을 지지하고,[20] 소위원회보고서와 상급위원회보고서는 1998년 1월 16일에 WTO 분쟁해결기관(DSB)에 의해 채택되었다. 같은 해 4월 22일 DSB회합에서 15개월 이내의 이행에 합

---

16) 또한 후발개발도상국에 대해서는 그 후에도 경과기간의 갱신이 행해져 2032년까지 인정되고 있다.
17) 山根・전계각주(7)187면.
18) WTO, *India-Patent Protection for Pharmaceutical and Agricultural Chemical Products*, WT/DS50, 〈https://www.wto.org/english/tratop_e/dispu_e/cases_e/ds50_e.htm〉 또한 EU의 신청에 대해서는 WT/DS79. 〈http://www.wto.org/english/tratop_e/dispu_e/cases_e/ds79_e.htm〉
19) Id. Report of the Panel, WT/DS50/R, 〈https://docs.wto.org/dol2fe/Pages/FE_Search/FE_S_S009-DP.aspx?language=E&CatalogueIdList=46305〉
20) Id. Report of the Appellate Body, WT/DS50/AB/R, 〈https://docs.wto.org/dol2fe/Pages/FE_Search/FE_S_S009-DP.aspx?language=E&CatalogueIdList=22367〉

의하고, 인도는 이행기간 내에 권고사항을 실시할 것을 약속했다.

그러나 그 후로도 물질특허도입을 포함한 특허법 개정안은 인도의회에서 가결되지 않았고, 2004년 12월 대통령령에 의하여 특허법안이 공표되고, 2005년 3월에 의회에서 특허법 개정안이 채택되어 2005년 1월 1일로 소급하여 발효일로 하는 특허법 개정이 이루어졌다.[21] 신특허법은 의약품, 식품 및 농약을 포함한 화학 및 생화학물질을 특허대상으로 하고, 인도에서도 물질특허가 도입되었다. 다만, 용도발명의 특허대상으로부터의 제외나 특허부여 전의 신청제도 등으로 출원자에게는 높은 제한(hurdle)이 부과되고 있다. 또한 TRIPS 협정의 경과기간 동안에 '출원'된 사안에는 수리가 요구되지만, 가출원한 복사약의 제조판매에서는 기득권이 인정되었다.

2. 감염증과 의약품 접근

TRIPS협정으로 인하여 개발도상국에서도 의약품에서의 물질특허가 도입되어 개발도상국에서 의약품가격이 상승된 결과, 당해 국가 국민의 의약품에 대한 접근을 제한되게 되었다. 이러한 현상은 TRIPS협정 성립 당초부터 예측되었던 것이다. 그러나 1990년대에 아프리카 국가들에서 HIV감염자가 확대되었고, 대응의 필요성이 주장되었다. 1990년대 후반에는 에이즈 치료약의 개발이 행하여지는 한편, 그 가격이 개발도상국에서는 어느 정도 낮게 설정되었지만, 그런데도 고액이었으며 감염자가 많은 아프리카 국가들에게는 입수하기가 곤란하다는 문제가 있었다. 이 문제는 TRIPS협정 제8조에 규정된 공중의 건강보호를 위한 조치의 실시나 공익에 기초한 강제실시는 각국 정부에 의한

---

21) 山根·전게각주(7)191면. 또한 2005년 개정 인도특허법에 대해서는 특허청에 의한 가역이 있다. 〈http://www.jpo.go.jp/shiryou/s_sonota/fips/pdf/india/tokkyo.pdf〉

대응이 기본원칙이고 세계보건기구(WHO)에 의한 국제적 원조는 보완책인 것이 원칙인 것에서 기인한 것이다.

그러나 아프리카를 중심으로 의료지원활동을 하고 있던 NGO활동 등에 따라 국제적인 여론이 환기되어 선진국의 의약품 브랜드들에 대한 비판이 높아진 결과, 특허제한을 포함하여 의약품접근에 대한 국제적 대응이 WHO, WTO, WIPO 등에서 논의되게 되었다.

2001년 4월에 WHO사무국과 WTO사무국에 의해 '입수 가능한 의약품에 관한 워크숍'이 개최되고, 같은 해 6월에는 아프리카 국가들의 요청에 따라 TRIPS이사회에서 '지식재산권과 의약품에 대한 접근'에 관한 특별회의가 개최되었다. 이러한 논의를 거쳐 2001년 11월 도하 각료회의에서 'TRIPS협정과 공중위생에 관한 선언'[22]이 채택되었다.

이 'TRIPS협정과 공중위생에 관한 선언'은 지식재산권과 공중위생의 조화를 도모하는 것을 목적으로 한다. 즉 지식재산권의 보호는 신약개발에 있어서 중요하다는 점을 인정하면서(paragraph 3), HIV를 비롯한 감염증의 치료약에 대한 접근을 확보하기 위해서 WTO가맹국이 공중위생에 관한 조치를 하는 데에 지장을 주지 않고(paragraph 4), 유연성을 가지고 TRIPS협정의 규정을 원용함에 따라 강제실시권이나 병행수입을 자유롭게 결정하는 것이 인정된다(paragraph 5).

나아가 2003년 8월 31일에 일반이사회에서 강제실시에 의해 제조한 의약품을 의약품제조능력이 없는 가맹국에 수출하는 것을 인정하는 결정[23]이 채택되었다(paragraph 6). TRIPS협정 제31조(f)에서 강제실시

---

22) Ministerial declaration, adopted on 14 November 2001, WT/MIN(01)/DEC/1, 〈http://docs.wto.org/dol2fe/Pages/FE_Search/FE_S_S009-DP.aspx?language=E&CatalogueIdList=37246〉

23) Implementation of paragraph 6 of the Doha Declaration on the TRIPS Agreement and public health, Decision of the General Council of 30 August 2003, WT/L/540

에 의해 제조한 특허제품은 국내시장에 대한 공급에 한정되고 있지만, 이 결정으로 창설된 시스템을 이용하는 경우, 이 의무는 면제된다. 다만, 이 시스템에 의해 의약품을 제조·수출하는 WTO가맹국은 TRIPS이사회에 당해 의약품의 명칭, 제조량, 수입국에 제조능력이 없는 점,[24] 강제실시가 인정된 것을 통보해야 한다. 또한 제조량은 수입국의 필요량에 한하며, 전부 당해 수입국에게 수출해야 한다. 또한 제조하는 의약품 브랜드는 특정될 수 있도록 특별한 패키지나 색을 이용하여 그것을 웹사이트에 공표할 것을 의무화하고 있다. 또한 수입국에는 당해 의약품이 재수출되지 않도록 합리적인 조치를 취할 것이 요구된다. 이 결정내용을 제31조 2로서 TRIPS협정에 포함하는 TRIPS협정 개정의정서가 2005년 12월에 일반이사회에서 채택되었다.[25]

강제실시권제도(Paragraph 6제도 (TRIPS협정 제31조 2))는 TRIPS협정보다도 공중위생이 우선되는 것을 보여주지만, 의약품접근의 문제에 대해서 충분히 검토된 것은 아니라고 평가된다.[26] 즉 개발도상국에 있어서의 특허 및 의약품의 가격, 권리자와의 교섭이나 선진국 정부에 의한 원조의약품의 매수제도 등의 제도도 고려하지 않고, 복제(generic)의약품에 의하여 해결할 수 있다는 생각하에 채택되게 되었다. 결과적으로 이 제도는 2007년 7월까지는 이용되지 않았다.[27] 그것은 선진국의 복제의약품기업에게는 이 제도가 단기적인 경제적 인센티브로 작용하지 않았기 때문이

---

and Corr. 1, 〈https://www.wto.org/english/tratop_e/trips_e/implem_para6_e.htm〉
24) 판단기준은 TRIPS협정개정의정서 보충에 규정된다. 또한 후발발전도상국(LDC)에 대해서는 항상 생산능력이 없다고 판단된다.
25) 이 TRIPS협정개정은 WTO가맹국의 3분의 2가 수락한 경우에 수락한 국가에 대해 발효되며, 현재는 미발효로 되어 있다.
26) 山根·전게각주(7)158면.
27) 위의 책, 159면.

라고 한다.[28] 또한 염가로 품질상의 문제가 없는 복제의약품을 제조할 수 있는 국가는 인도뿐이었지만, 전술한 대로 인도는 물질특허의 도입이 늦어 2005년 1월 1일까지 보호대상이 되지 않았기 때문에 이 제도를 이용할 필요가 없었다.[29] 또한 생산능력이 없는 수입국에 특허가 존재했다 하더라도, TRIPS협정 제31조에 의해 강제실시권을 설정할 수 있다. 기업에게 있어서도 시장규모가 작은 개발도상국에 의약품을 수출하는 것이 아니라, 선진국에서 특허보호기간이 만료됨과 동시에 제조판매할 수 있도록 투자하고, 대량의 의약품을 시험할 능력이 있는 선진국에 수출하는 것을 목적으로 하게 된다.[30]

그러한 가운데 캐나다에서는 개발도상국 및 후발개발도상국의 공중 위생문제를 해결하기 위한 특허제품의 인도적 사용시에 2004년 5월에 특허법이 개정되어 식료품·의약품에 관한 법에도 그에 따른 수정이 가해져, 2005년 5월에는 캐나다의 개발도상국 의료지원체제가 편성되었다. 이 제도에서는 공업적·상업적 목적으로 강제실시권제도(Paragraph 6 제도)는 사용되지 않는다는 의장성명의 내용을 둔 점, 비(非) WTO가맹국도 수출대상국으로 될 수 있는 점, 특허권자의 권리가 상세하게 규정된 점, 로얄티와 그 외에 대해서 당해 계약이 비상업목적으로 이용되는지를 판단하기 위한 기준이 설정된 점 등이 특징으로 언급된다.[31] 제조·수출실시자는 내각이 정하는 수출상대국별 로얄티를 특허권자에게 지불할 의무가 있다. 특허권자는 허위의 정보, 계약 이외의 수출이나 우회수출이 있는 경우에는 라이센스의 철회, 내각이 설정하는 로얄티에 불복하는 경우에는 로얄티 이상의 지불을 요구하는 청구를 연방재

---

28) 상동.
29) 위의 책, 160면.
30) 상동.
31) 상동, 161면.

판소에 제기할 수 있다. 다만 캐나다의 이 제도도 실시권이 2년간으로 한정되어 있는 점, 캐나다의 복제의약품기업의 경쟁력이 충분하지 않은 점에서 충분한 인센티브를 가질 수는 없었다고 한다.[32]

3. 강제실시권에 의한 의약품 제조판매

강제실시권제도(Paragraph 6제도)가 모든 경우에 활용된 것은 아니지만, 도하 'TRIPS협정과 공중위생에 관한 선언' 이후 강제실시권[33]의 설정에 의해 에이즈치료약을 조달된 경우가 많있다. 모잠비크, 짐비아, 짐바브웨는 이집트의 복제의약품기업 Falco사에 대하여 현지 자회사를 허가했었다.[34] 이러한 국가들의 시장은 아주 작으며, 목적이 국립병원의 에이즈치료 프로그램에 한정되어 있었던 점 등으로 인하여 문제되는 경우는 없었다.[35] 그에 반해 태국이 2006년 11월에 강제실시권을 발동한 때에는 선진국 등으로부터 비판이 있었다.[36] 즉 그에 앞선 의약품산업정책에 있어서 국내 의약품산업의 보호정책을 채택하고, 제조를 담당하는 태국정부약품국(GPO)이 상업목적을 가지는 한편, 국내생산과 수출을 위한 우대조치 등을 행하여 시장에서의 우선권을 가지고

---

32) 상동, 162-163면. 그 후 2007년 7월에 르완다가 강제실시권제도(Paragraph 6제도)를 사용하여 캐나다의 Apotex사로부터 에이즈치료약을 조달하는 것을 WTO에게 통보했다. IP/N/9/RWA/1, 2007. 7. 19. 〈https://docs.wto.org/dol2fe/Pages/FE_Search/FE_S_S009-DP.aspx?language=E&CatalogueIdList=67527〉

33) 강제실시권에 대해서는 도하 'TRIPS협정과 공중위생에 관한 선언'이 나오기 전인 2000년에 브라질의 강제실시권에 대해 미국이 WTO분쟁해결절차에 신청한 사례가 있다(WT/DS199). 加藤暁子「WTOのTRIPS協定における医薬品関連発明保護制度の漸進的発展 ―特許権を中心に」知的研紀要12号(2003年) 128-131면, 130면을 참조.

34) 다만 Falco사는 에이즈치료약의 제조에는 이르지 않았으며 이러한 국가들은 인도로부터의 수입에 의존하고 있다. 山根·전게각주(7)164면.

35) 山根·전게각주(7)165면.

36) 태국의 사례에 대해서는 加藤暁子「タイにおける医薬品特許に対する強制実施権の付与」関東学園大学法学紀要18巻1号(2009年)137-174면.

있는 점, 나아가 GPO제품의 품질도 문제가 되었다.[37]

또한 용도특허를 인정하지 않는 인도의 2005년 특허법이 개발도상국에 파급을 미치는 점도 강제실시권제도(Paragraph 6)제도가 활용되지 않은 요인이 되고 있다. 인도의 2005년 특허법은 제3조(d)에서 이미 알려진 물질의 '새로운 용도'는 발명으로 되지 않아 특허권을 인정하지 않았다.[38] 화학물질은 화학구성과 그 용도, 특징에 의해 진보성이 판단되는데, 의약품의 새로운 효능이나 추가적 효능은 임상시험 과정에서 의학데이터나 관찰로부터 도출되는 경우가 많으며, 이미 알려진 화합물이 새로운 용도에 뛰어난 효능을 가지는 경우도 적지 않다. 그래서 신규이며 효능이 현저한 용도가 발명으로 인정받지 못하여 특허권의 대상이 되지 않는다고 한다면, 의약품의 연구개발에 큰 영향을 미치게 될 것이다.[39] 이에 대하여 인도의 2005년 특허법에서는 의약품을 "하나 또는 둘 이상의 진보성을 포함하는 어떠한 신규 물질"로 정의하고 있다. 나아가 진보성이란 "현존하는 지식과 비교하여 기술적 진보를 포함하거나 경제적 의의를 가지든지 또는 기술적 진보와 경제적의의 모두를 가지는 것으로써 당해 발명이 해당 분야의 숙련된 기술자에게도 당연하게 여겨지지 않는 것을 말한다"고 규정하고 있다. 제3조(d)는 "에버그리닝(evergreening)"[40]을 방지하기 위한 것으로 설명되고 있

---

37) 山根·전게각주(7)165면.
38) 이미 알려진 물질에 대해서 어떠한 신규형태의 단순한 발견으로써 당해 물질의 이미 알려진 효능의 증대로 되지 않는 것 또는 이미 알려진 물질의 신규특성 혹은 신규용도의 단순한 발견, 이미 알려진 방법, 기계 혹은 장치의 단순한 용도의 단순한 발견. 다만 이러한 이미 알려진 방법이 신규제품을 만들어 내는 것으로 되는지 또는 적어도 하나의 신규 반응물을 사용하는 경우는 그러하지 않다.
39) 山根·전게각주(7)346-347면.
40) 신규개발자가 의약용 신규화합물에 대한 물질특허를 등록한 후, 그 화합물을 개량한 형태의 광학이성(異性)체, 신규소금(新規塩), 결정다형(結晶多形), 성형(成型), 복합제제(製劑), 새로운 제법, 대사체, 신규용도 등의 후속특허를 계속하여 출원하고, 특허에 의한

다.⁴¹⁾ TRIPS협정 제27조 제1항의 무차별원칙에 있어서 합제(合劑), 투여형태기술 등을 명시적으로 제외하고 있지는 않지만, 이 조항과 TRIPS협정과의 정합성에 대해서는 논란이 있다.⁴²⁾

문제되는 것은 인도 이외의 국가에서 물질특허가 이미 부여된 의약품이 인도에서는 유도체 등으로서 출원되는 경우이다. 이러한 출원의 경우, 인도 당국은 '공공이익과의 균형을 검토한다'는 자세를 취하고 있으며, 거절사유도 명확하지 않은 경우가 많다고 한다.⁴³⁾ 그 대표적인 예가 노바티스사에 의한 백혈병치료약 글리벡의 특허출원거절사례이다. 글리벡에는 TRIPS협정 제70조 제9항에 기초한 경과조치로서 배타적 판매권이 부여되어 있었지만, 특허출원된 글리벡 β 결정체에 대해서 이의신청이 있었으며, 인도의 2005년 특허법 제3조(d)에서 말하는 발명에 해당하지 않는 점, 1993년의 기본특허에 비해 신규성이 없는 점, 진보성이 없는 점 등을 이유로 특허신청은 거절되었다. 이에 대해 노바티스사는 특허출원에 대한 거절취소소송과 인도의 2005년 특허법 제3조(d)에 대하여 위헌소송을 제기했다.⁴⁴⁾ 위헌소송에서 노바티스사는 제3조(d)가 TRIPS협정에 맞지 않는 점, '현저한 효능'이란 화학적 특징인지 치료상의 효능인지 문언이 애매하며, 당국의 자의적인 판단을 초래할 수 있는 점에서 인도 헌법(제14조 '법 아래의 평등' 등)에 위반된다고 주장했다. 이에 대하여 TRIPS협정과의 정합성에 대해서는 WTO분

시장녹점의 범위와 기간을 확대하는 것으로 수익을 극대화하는 경영전략이다.
41) 山根·전게각주(7)350면 및 WT/TPR/M/182/Add. 1, 2007. 7. 20. p. 195 〈https://docs.wto.org/dol2fe/Pages/FE_Search/FE_S_S009-DP.aspx?language=E&CatalogueIdList=67523〉
42) 山根·전게각주(7)351-355면.
43) 위의 책, 355면.
44) 본건에 대해서는 위의 책, 356-357면. 山名美加「インドにおける医薬品産業と特許法 -Novartis事件からの示唆」『特許研究(PATENT STUDIES)』No. 44(2007/9)37-47면 참조.

쟁해결절차가 있기 때문에 판단하지 않는다고 했으며, 그 외에 대하여도 규정이 명확하지 않고 당국의 권한남용가능성이 있다는 정도로는 헌법에 위반하여 무효라고 하기에는 불충분하다고 하여 소를 각하했다.[45] 인도의 2005년 특허법 제3조(d)는 특허성의 장벽(hurdle)을 높게 하고, 특허권의 권리범위를 아주 좁게 하고 있으며, 기술혁신의 실효성이 상실될 가능성이 있는 점을 보여주는 것이다. 그래서 외국에 특허 등록되어 있는 의약품을 복제하는 것이 가능하게 되는 한편, 인도기업이 개량발명(새로운 용도, 투여형태, 안정성 등)을 한 때에 특허등록할 수 없는 가능성도 있다. 인도의 2005년 특허법 제3조(d)에 대한 찬반 여부는 나뉘지만, 도하 'TRIPS협정과 공중위생에 관한 선언'에서 확인된 TRIPS협정의 '유연성'을 구체화하는 것이라는 평가도 있었다.[46]

그 후 2007년에는 WHO, UN무역개발회의(UNCTAD), 무역과 지속가능한 발전을 위한 국제센터(ICTSD)는 공동으로 '공중위생을 위한 의약품 특허심사 가이드라인'을 공표했다.[47] 이 가이드라인의 목적은 "기존 약품의 단순한 개량에 의한 특허연장 전략이 의약품에 대한 접근을 저해하는 현실에 비추어 특허성(특히 진보성)의 기준을 재검토하고 개발도상국의 특허제도와 그 운용에 대해서 권고"하고, "공중위생에 공헌"하는 것이라 하고 있다. 그리고 새로운 발명의 존재를 특허성의 전제로 하는 것, 진보성의 장벽을 높게 하는 것, 특허부여 전에 이의신청제도

---

45) 또한 노바티스사는 2002년 이후 인도를 포함한 80개국 이상의 개발도상국에 글린벡을 무상제공하고 있다. 또한 글린벡의 적응질환인 골수성백혈병은 희소한 질환이라는 점에서 '공중위생' 문제라 할 수 있을지 논의의 여지가 있다고 한다. 山根·전게각주(7)357면 참조.
46) 위의 책, 359면.
47) Carlos Corea(University of Buenos Aires)가 집필을 담당했다. Carlos Correa, "Guidelines for the examination of pharmaceutical patents: developing a public health perspective, A Working Paper", WHO-ICSTAD-UNCTAD, January 2007 〈http://apps.who.int/medicinedocs/documents/s21419en/s21419en.pdf〉

를 두는 것이 중요하다고 한다. 또한 동 가이드라인은 TRIPS협정 제27조에 대하여 특허는 "모든 기술 분야의 발명(물질이든지 방법이든지 불문)"으로 규정하고 있음에 불과하며, 새로운 용법이나 부차적 약효 등에 대하여 특허성을 배제하는 것은 TRIPS협정에 부합한다고 한다.[48] 공중위생과의 균형측면에서 용도특허, 기존 유효성분 간의 조합, 제제(製劑)특허, 용법용량특허 등에 대해서 특허를 부여하지 않고, 그 외의 경우에도 권리범위를 좁게 한정하여 허가하여야 한다고 한다.[49]

이러한 상황에서 개발도상국에서는 인도의 2005년 특허법 제3조(d)와 유사한 규정을 포함하는 특허법 개정작업을 시작했다고 한다.[50] 나아가 선진국인 미국에서도 '소소한 특허'나 사회적 비용이 많이 드는 특허에 관한 논의를 배경으로 인도의 2005년 특허법과 유사한 특허제도가 재검토되고 있다.[51]

이러한 동향과 관련하여 2007년에 미주 보건후생장관회의(PAHO)에서 브라질은 다음과 같이 주장했다. 특허는 절대적인 것이 아니라 인권이라는 가치하에 있으며, 의약품특허는 합의된 '질'의 수준을 만족시키는 한 부여되는 것이며, 건강의 유지와 회복을 위해 필요한 기술이어야 하며, '양질의 특허만을 선택할 권리'는 '공중위생'이라는 가치하에서 TRIPS협정 제27조 제1항의 특허부여요건과 향유에 관한 규정을 수정하자는 제안과 궤를 같이하는 것으로 평가된다.[52] 즉 '공중위생'이나 '건강에 대한 권리' 등의 '인권적 가치'가 '특허제도'에 우선한다고 주장

---

48) 특허의 심사기준에 대해서는 선진국에서도 차이가 있다. 이 점에 대해 山根·전게각주 (7)361-362면 참조.
49) 위의 책, 360면.
50) 위의 책, 362면.
51) 상동.
52) 상동, 363면.

하는 것이다.[53]

　개발도상국에서는 특허의 장벽을 높임에 따른 대응 외에 강제실시권의 발동에 따른 의약품조달이 문제되었다. 예컨대, 태국에서는 에이즈 치료약, 심장병치료약 등에 대해 강제실시권이 행사되고, 인도제약회사에 의하여 복제약이 수입되었다.[54] 그러나 희소질환용 의약품이나 만성질환 의약품에 대해서는 강제실시권행사의 요건으로 되는 '공중위생상의 긴급사태'에 해당하는지 여부에 대해 논란이 있었다. 또한 '긴급'사태의 기간도 문제되었다. 도하 'TRIPS협정과 공중위생에 관한 선언'은 불명확한 점을 많이 남기고 있으며, '공중위생'의 범위를 설정하는 것을 통하여 강제실시권의 예외가 인정될 수 있었다. 특허발명의 사용 긴급성, 대체조치의 부존재, 목적의 공중성, 이익의 공공성 기준 등을 명확히 하여 TRIPS협정의 유연성 남용을 방지할 필요성이 지적되었다.[55] 또한 강제실시권의 행사에 의해 시장에 맡겨진 특허의약품이나 특허가 존재하지 않는 국가에서 제조된 의약품의 '병행수입'의 문

---

53) 이 문제에 대해 UN인권위원회로부터 임명된 '건강에 대한 권리' 특별보고자에 의해 UN 총회에서 채택된 보고서에는 연구개발형 제약기업에 대한 가이드라인이 포함되며, 개발도상국에 의한 TRIPS협정의 유연성 활용을 인정할 것, TRIPS 추가규정을 포함하는 FTA를 요구하지 않을 것, 개발도상국에서의 특허보호기간연장을 요구하지 않을 것, 기존 의약품의 사소한 개량이나 제제(製劑)의 특허출원 등을 하지 않을 것 등 임상시험데이터가 규제당국에 의해 이용되는 것을 허용하고 기술이전에 노력할 것 등이 연구개발형 제약기업에게 요구된다. United Nations General Assembly, A/63/263, Report of the Special Rapporteur on the right of everyone to the enjoyment of the highest attainable standard of physical and mental health, 〈https://documents-dds-ny.un.org/doc/UNDOC/GEN/N08/456/47/PDF/N0845647.pdf〉. 山根·전게각주(7)363-364면도 참조.
54) 또한 TRIPS협정상의 문제 외에 품질에 대해서도 문제가 있다. 에이즈, 말라리아, 결핵의 치료약만이 WHO의 심사대상이며, 그 외에 대해서는 수입국의 책임으로 된다. 山根·전게각주(7)366면.
55) 위의 책, 371-372면. 다만 위의 책, 370면에 의하면 연구개발형 제약기업을 국내에 두는 미국은 개발도상국 정부에 의한 강제실시권 설정은 TRIPS협정상의 정당한 권리라는 입장을 취하고 있다.

제도 있다.

한편, 강제실시권의 행사 등에 의해 제약기업의 수익이 악화된 경우, 의약품 연구개발에 미칠 영향이 우려되기도 하다. 의약품가격은 연구개발비를 포함하는 점에서 수익률이 아주 높고, 규모가 작은 개발도상국 시장에서의 가격하락에 영향을 받기 어렵다는 견해도 있지만, 강제실시권에 의해 시장에 공급된 염가의 의약품이 선진국에 다시 역수입되지 않아야 한다는 것이 조건이 된다.[56] 연구개발형 제약기업의 연구개발비용이나 가격에 대해서는 공개되지 않은 부분이 많으며, 기초연구에 대한 투자상황이나 복제약과의 경쟁으로 인하여 연구개발비용의 회수가 불가능하게 되는 손익분기점 등이 불명확하다는 특징이 있다.[57] 그러나 '혁신가치'가 평가되지 않는다면, 신규의약품의 연구개발에 부정적인 영향을 미칠 것이 예상된다.

IV. 의약품개발에 있어서의 ABS

1. 생물다양성조약

의약품특허와 공중위생 문제에 대해서는 TRIPS협정과 의약품접근성의 논의와 함께 생물다양성조약(Convention on Biological Diversity, CBD)과의 관계도 논의되었다. 즉 개발도상국은 생물·유전자원이나 전통적 지식이 대가를 치루지 않고 사용되고 있고, 타국에 무단으로 특허등록되어 있다고 주장했다.[58] 이러한 주장은 개발도상국에 의한 일종의 자원

---

56) 위의 책, 378면.
57) 위의 책, 378-379면.
58) 논의의 경과에 대해서는 田上麻衣子「遺伝資源及び伝統的知識をめぐる議論の調和点」『知的財産法政策学研究』Vol. 19(2008年)167-190면, WTO, "TRIPS: ISSUES Article 27. 3b, traditional knowledge, biodiversity", 〈https://www.wto.org/english/tratop_e/

민족주의를 드러내는 것이며, CBD에 있어서도 "자국의 천연자원에 대해 각국이 주관적 권리를 가진다"고 규정하는 것에 기초한 다국적 기업의 바이오 기술연구에 대한 규제주의라는 형태로 나타났다. 개발도상국은 각지에서 회합을 열고, TRIPS 협정 제27조 제3항(b)[59])에 대해서 동식물·미생물 및 그 생산방법의 특허성을 제외하는 것, TRIPS협정 제29조[60])에 있어서 생물(유전)자원의 출처공개를 의무화하는 것, 전통적인 농업·생활양식·식료안전·건강을 지키는 것, 생물다양성의 지속가능한 보전 및 유전자원의 이용으로부터 발생하는 이익을 공정하게 배분할 것, 지리적 표시의 보호 강화 등을 주장하는 점에서 일치를 보였다.

CBD는 1993년에 리우데자네이루에서 개최된 UN환경개발회의(UNCED)의 성과의 하나이며, 희소품종과 멸종위기종의 목록작성과 이들의 개별적 보호라는 종래의 생물자원 보호[61])로부터 큰 전환을 도모한 조약이다. 즉, 생물보호를 목적으로 하는 기존의 국제약속[62])을 보완

---

trips_e/art27_3b_e.htm〉. 또한 田村善之「伝統的知識と遺伝資源の保護の根拠と知的財産法制度」『知的財産法政策学研究』Vol. 13(2006年)53-70면도 참조.
59) TRIPS협정 제27조(3) 가맹국은 또한 다음을 특허대상에서 제외할 수 있다.
(a) 인간 또는 동물의 치료를 위한 진단방법, 치료방법 및 외과적 방법
(b) 미생물 이외의 동식물 및 비생물학적 방법 및 미생물학적 방법 이외에 동식물의 생산을 위한 본질적인 생물학적 방법. 다만 가맹국은 특허 혹은 효과적인 특별한 제도 또는 이러한 조합에 의해 식물품종의 보호를 규정한다. 이 (b)의 규정은 세계무역기구협정의 효력발생일로부터 4년 후에 검토되는 것으로 한다.
60) TRIPS협정 제29조(1) 가맹국은 특허출원인에 대해 그 발명을 그 기술 분야의 전문가가 실시할 수 있는 정도로 명확하고 충분하게 공개할 것을 요구한다. 가맹국은 특허출원인에 대해 출원일 또는 우선권이 주장되는 경우에는 당해 우선권에 관한 출원일에 있어서 발명자가 알고 있는 당해 발명을 실시하기 위한 가장 좋은 형태를 제시할 것을 요구할 수 있다. (2) 가맹국은 특허출원인에 대해 외국에서의 출원 및 특허부여에 관한 정보를 제공할 것을 요구할 수 있다.
61) 멸종의 우려가 있는 야생동식물 종의 국제거래에 관한 조약(워싱턴조약, CITES)이 대표적이다.
62) 워싱턴조약, 특히 물새(水鳥)의 서식지로서 국제적으로 중요한 습지에 관한 조약(람사르 조약), 세계유산조약, 철새보호조약 등이 있다.

하고, 생물다양성의 포괄적인 보전 및 생물자원의 지속가능한 이용을 위한 국제적인 구조로서 체결되었다.[63] 이러한 생물자원은 의약품 연구개발의 착안점이 되는 것 외에도 자연자원 자체를 직접적인 의약품으로 보는 전통적 의료에 의한 건강관리도 널리 행해지고 있다. 그리고 인류가 그 생태를 충분히 해명하고 있는 종류뿐만 아니라, 미확인된 생물종도 포함하여 지구상의 모든 생물종이 구성하는 상호 긴밀한 상호작용 자체의 잠재적 가능성이 지적되었고, 그 보전필요성이 주장된 점을 배경으로 한다.[64]

CBD의 목적은 생물다양성의 보전(생물 간의 변이성)과 생물다양성의 구성요소(생물자원)의 지속가능한 이용 및 유전자원의 이용으로부터 발생하는 이익의 공정하고 공평한 배분(Access and Benefit-Sharing, ABS)이다(제1조).[65] ABS는 개발도상국이 생물(유전)자원을 보호·유지하고 있음에도, 선진국에 의하여 수탈되고 있으며, 그 연구 성과로부터 어떠한 이익배분도 없었던 점, 그리고 그러한 연구 성과들이 특허화되어 수입되는 것이나 특허보유자의 대부분이 선진국 기업에 의해 차지되고 있던 점에 대한 개발도상국으로부터의 비판을 반영하는 것으로 평가된다.[66] 유전자원 외에 '전통적 지식' 및 그 이용과 이익배분에 대해서도 논의가 있었지만, 아래에서는 유전자원에 초점을 맞추어 검토한다.

CBD에서는 "체약국은 자국의 천연자원에 대해 주관적 권리를 가진다"고 하며, "유전자원의 취득권한은 당해 유전자원이 손해를 입는 국

---

63) 생물다양성조약에 대해서는 中川淳司「生物多樣性條約と國際法的技術規制」日本國際經濟法学会年報6호(1997年)21-44면도 참조.
64) 山名美加「遺伝資源・伝統的知識の保護と知的財産制度:『財産的情報』をめぐる新しいフレームワークの考察」日本國際經濟法学会年報21호(2012年)207-225면, 211면.
65) 西村智朗「生物多樣性條約における遺伝資源へのアクセス及び利益配分:現状と課題」立命館國際研究 22巻3호(2010年)133-152면, 136-137면.
66) 위의 논문, 138면, 山名·전게각주(6)211면.

가의 정부에 속하며, 그 국가의 국내법령에 따른다"고 규정하고 있다 (제15조 1). 따라서 체약국은 자국의 유전자원에 대한 접근을 국내법령에 의해 규제할 수 있게 되었다. 다만 접근규제는 "다른 체약국이 유전자원을 환경상 적절하게 이용할 목적으로 취득하는 것을 도울 수 있도록 조건을 정비하고, 또한 이 조약목적에 반하는 제한을 부과하지 않도록 노력한다"(제15조 2)고 하여 이용국 측의 이익에 대해서도 고려하였다.

CBD 교섭에 있어서 선진국과 개발도상국의 대립점은 '기술이전', '지적재산의 역할', 'ABS'였다.[67] 전술한 대로 ABS의 관점에서는 개발도상국의 주장이 채택된 측면도 있지만, "특허권, 그 외의 지적소유권에 의해 보호되는 기술취득의 기회제공 및 이전에 있어 당해 지적소유권의 충분하고 유효한 보호를 승인하고 그러한 보호와 양립하는 조건으로 행하는" 점(제16조 제2항), "기술유전자원을 이용할 기술(특허권, 그 외의 지적소유권에 따라 보호되는 기술을 포함)에 대해서 당해 유전자원을 제공하는 체약국(특히 개발도상국)이 상호 합의하는 조건으로" 이전이 행해지는 점(제16조 제3항), "유전자원의 연구 및 개발의 성과 및 상업적 이용, 그 외의 이용으로부터 발생하는 이익"의 배분(제15조 제7항) 및 "유전자원을 기초로 하는 바이오테크놀로지로부터 발생하는 성과 및 이익"의 취득(제19조 제2항)에 대해서 "상호 합의하는 조건"으로 행해지는 것으로 규정되었다. 즉 (유전자원)제공자와 이용자 간의 계약에 의해 결정되었다.

2. CBD에 있어서의 ABS교섭

CBD에 있어서 자국의 천연자원에 대한 주권적 권리규정이 마련된 점에서 유전자원에 대한 접근 및 그 이용에 관한 이익배분에 있어서 개발도상국이 그 권리를 주장할 수 있게 되어 선진국(기업)의 연구개발

---
67) 山名・전게각주(6)212면.

방식에도 큰 전환이 필요하게 되었다.[68]

CBD의 체약국회의(COP)에 있어서 개발도상국은 유전자원의 ABS에 대해서 유전자원을 이용한 발명의 특허출원에 있어서 유전자원의 출처공개 의무화, 사전정보에 기초한 자원제공국 동의(PIC) 취득의 증거공개 의무화, 그러한 의무위반들에 대한 제재를 부과하는 국제적 시스템구축을 주장하였다.[69] CBD의 COP에서는 1995년의 COP2 및 1997년 COP3에서는 접근절차의 정비에 대하여 먼저 각국 국내제도 및 지역적 대처[70]의 평가(review)가 이루어졌고, 그 후 COP4의 결정 IV/8[71]에 기초하여 '유전자원 접근과 이익배분에 관한 전문가패널(Panel of Experts on Access and Benefit-Sharing, PEAB)'이 설치된 후 2000년에 COP5의 결정 V/26에 기초하여 '유전자원접근과 이익배분에 관한 임시작업회의(Ad hoc Open-ended Working Group on Access and Benefit-Sharing, WGABS)'가 설치되어 작업이 행해졌다.[72] 동 작업회의의 행동준칙으로서 '유전자원접근과 이익배분에 관한 본(Bonn) 가이드라인'안이 작성되고, 2002년의 COP6에서 위 안이 '본(Bonn) 가이드라인'으로서 채택되었다.

국제적 시스템구축의 주장은 CBD의 COP와 병행하여 WIPO에서의 특허법조약(Patent Law Treaty, PLT)교섭[73]이나 TRIPS이사회에서의 TRIPS

---

68) 상동.
69) 상동, 215면.
70) 구체적인 사례에 대해서는 위의 책, 25-35면.
71) COP에 있어서의 문서 및 결정은 CBD의 웹사이트(https://www.cbd.int/cop/)에서 볼 수 있다.
72) 林希一郎 『生物遺伝資源アクセスと利益配分に関する理論と実際―新医薬品開発を例に』(大学教育出版, 2007年)12-13면.
73) PLT에 있어서 출처공개는 도입되지 않고, WIPO에서 '지적재산 및 유전자원, 전통적 지식 및 민속학(folklore)에 관한 정부간위원회(Intergovernmental Committee on Intellectual Property, Genetic Resources, Traditional. Knowledge and Folklore, IGC)'가 설치되었다. 世界知的所有権機関事務局 「伝統的知識の保護に関する規定案: 政策目的及び基本原則」 特許研究 PATENT STUDIES No. 43(2007年)79-87면 참조.

협정 개정교섭에서도 주장되었다. 그러나 이들 모두에서 유전자원의 출처공개 의무나 PIC의 증거공개의무는 도입되지 않았다.

CBD에서는 Bonn 가이드라인 채택 후에도 법적 구속력이 있는 합의문작성이 주장되었고, 2002년에 개최된 '지속가능한 개발에 관한 세계 서미트'에서 ABS의 이행과 준수를 위한 국제체제의 교섭공개가 결정되었다. 그 후 CBD에서는 COP을 개최하면서 ABS작업회의에서 '국제체제'가 검토되었다. 선진국에서는 EU가 논의를 선도하고, 접근이 없으면 이익도 발생하지 않는다는 점에서 접근을 원활화하는 '국제접근기준'을 제안하고, 이익배분에 대해서는 계약내용을 기본적으로 따라야 한다고 주장했다. 그에 반해 개발도상국 특히 '메가 다양성국'으로 불리는 국가에서는 브라질이 논의를 선도하고, 접근규제는 제공국의 주관적 권리라고 주장하였고, 이익배분은 법령에 의해 보호되어야 한다고 주장하였다.[74]

최종적으로 2010년에 나고야에서 개최된 COP10에서 타결되어, '생물의 다양성에 관한 조약상의 유전자원에 대한 접근과 그 이용으로부터 발생하는 이익의 공정하고 형평한 배분에 관한 나고야의정서'가 채택되었다.[75] 나고야의정서 전문에서는 유전자원의 이용으로부터 발생하는 이익배분으로 CBD의 3개 목적에 공헌할 것을 확인하였다. 유전자원의 이용이란 CBD 제2조에서 말하는 바이오테크놀로지의 응용에

---

74) 교섭과정에서의 논의는 전게각주(71) 및 炭田清造・渡辺順子「第2章 CBDにおけるアクセス及び利益配分―ABS会議の変遷と日本の対応」バイオインダストリー協会 生物資源総合研究所監修『生物多様性へのアクセスと利益配分』(信山社, 2011년)61-110면. 또한 西村・전게각주(65) 참조.

75) COP10에서의 교섭에 대해서는 위 문헌과 동일. 西村智朗「遺伝資源へのアクセスおよび利益配分に関する名古屋議定書: その内容と課題」立命館法学2010년 5・6호(333・334호)1105-1133면 참조. 또한 일본어 가번역으로서 외무성 웹사이트 〈http://www.mofa.go.jp/mofaj/gaiko/treaty/pdfs/shomei_72.pdf〉

의한 것을 포함하여 유전자원의 유전적 또는 생화학적인 조성에 관한 연구 및 개발을 하는 것으로 정의하고, CBD 제15조 범위 내의 유전자원 및 유전자원과 관련된 전통적 지식의 이용으로부터 발생하는 이익을 적용범위로 하고, 다른 국제협정 등과의 상호지지관계를 확인하였다. 그리고 지속가능한 발전에 대한 기여나 생태계 및 생물다양성의 경제적인 부분 등에 있어 인식을 공유한 후에 ABS에 관하여 법적 확실성을 제공하는 것이 중요하다는 점에 인식을 같이하고 있다. 제1조에서 의정서의 목적으로서 "유전자원의 이용으로부터 발생하는 이익을 공정하고 형평성 있게 배분하는 것(유전자원 및 관련있는 기술에 대한 모든 권한을 고려해 둔 당해 유전자원 취득의 적당한 기회제공 및 당해 관련 기술의 적당한 이전 및 적당한 자금공여에 의해 배분할 것을 포함) 및 이에 따라 생물다양성의 보전 및 그 구성요소의 지속가능한 이용에 공헌하는 것을 목적으로 한다"고 규정하고 있다. 제2조의 정의에서는 CBD 제2조의 정의를 의정서에서 다시 확인하는 것 외에 "유전자원의 이용"에 대해서 "유전자원의 유전적 또는 생화학적인 구성에 관하여 연구 및 개발을 행하는 것을 말한다"고 하며, 바이오테크놀로지란 "사물 또는 방법을 특정 용도를 위해서 만들거나 개량(改變)하기 위해 생물시스템, 생물 또는 그 파생물을 이용하는 응용기술을 말한다"고 한다. 제3조의 적용범위는 CBD 제15조의 범위 내에 있는 유전자원 및 그 이용으로부터 발생하는 이익, 유전자원과 관련되는 전통적 지식으로 CBD의 범위 내에 있는 것 및 당해 전통지식의 이용으로부터 발생하는 이익에 대하여 적용한다고 규정하고 있다. 제4조는 다른 국제협약와의 관계에 대해서 규정하고 있다.

ABS의 실체규정은 제5조부터 제8조까지이다. 제5조는 이익배분에 대한 일반규정이며 "유전자원의 이용 및 그 후의 응용 및 상업화로부터 발생하는 이익"은 CBD 제15조, 3, 7의 규정에 따라 "당해 유전자원을 제공하는 체약국(당해 유전자원의 원자원국인 경우 또는 조약의 규정에 따라 당해 유전자원을 획득한 체약국인 경우에 한함)과 공정하고 형평성 있게 배분한다"고 한 후에 "그 배분은 상호 합의하는 조건에 따른다"고 하여 상호 합의하는 조건(Mutually Agreed Terms, MAT)에 따른 배분을 규정하고, 그 실시를 위해서 체약국은 "적절하고 입법상, 행정상 또는 제작상의 조치를 취한다"고 한다. 나아가 동조 제2항 및 제5항은 원주민의 사회 및 지역사회(Indigenous and Local Communities, ILCs)에 대해서 규정하고, 유전자원 및 유전자원과 관련된 전통적인 지식을 ILCs가 보유하는 경우에 그러한 ILCs와의 MAT에 기초하여 공정하고 형평성 있는 배분이 이루어지도록 체약국은 "적절하고 입법상, 행정상 또는 제작상의 조치를 취한다"고 한다.

접근에 대하여는 제6조 및 제7조에 규정되어 있다. 제6조는 유전자원에 대한 접근을 규정하고 있다. 천연자원에 대한 주관적 권리를 확인한 후에 ABS에 관한 자원제공 체약국의 국내법령 존중과 당해 체약국의 PIC를 필요로 할 것을 규정하고 있다. PIC를 요구하는 체약국은 ABS에 관한 국내법령을 비롯한 관련정보나 견해인 국내 당국에 의한 서면의 결정, PIC나 MIT의 증서의 취득결과에 대해서 ABS정보교환센터(제14조)에 통보할 것, 분쟁해결조항을 포함한 MAT설정을 위한 규칙이나 절차를 위하여 조치를 취할 것이 요구된다.

제8조에서는 특히 개발도상국에서의 ABS에 관한 특별한 배려규정을, 제9조부터 제11조에서는 ABS실시에 수반되는 지원에 대해 규정하고 있다. 나아가 개발도상국과 관련되는 것으로서 의정서 실시에 관한 제도 및 지원조치(제21조부터 제25조)를 규정하고 있다.

제15조에서는 ABS 국내 법령규칙의 준수를 규정하고 있으며, 자국관할 내에서 이용되는 유전자원이 PIC에 기초하는 점, 다른 체약국의 ABS에 관한 국내 법령규칙 준수를 확보하기 위하여 적당하고 효과적이며 균형잡힌 입법, 행정, 제작상의 조치를 취할 것이 요구되고 있다.

나아가 미준수에 대처하는 조치도 요구된다. 그 외에 감시제도(제17조), MAT모델계약조약(제19조), 행동규범, 지침, 기준 등의 작성, 갱신, 이용 촉진(제20조)이 규정되어 있다.

나고야의정서에서의 ABS 기본원칙은 지금까지와 동일하게 타국의 유전자원에 접근하기 위해서는 자원국의 국내법령에 따라 PIC를 취득하여 MAT를 체결한다는 것이다. 그리고 선진국 측이 요구한 절차의 명확화와 개발도상국이 요구한 적정한 ABS를 이용국에서 모니터링하여야 하는 이용국 준수조치에 대하여 규정하고 있다. 나고야의정서는 국내법령의 정비상황 등도 포함하여 향후 실행을 위하여 평가하는 단계에 있다. 현시점에서의 문제점으로서 의정서의 적용범위(시간적 적용범위(소급성), 대상물), 중요조항의 해석, 다른 국제협약과의 관계, 국내법정비를 포함한 실시에 대한 제도설계 등이 언급되고 있다.[76]

의약품 연구개발에 대한 나고야의정서의 영향에 대해서는 PIC의 취득, MAT의 설정에 관한 정보의 유지가 요구되는 것을 들 수 있다.[77] 이에는 접근의 연월일, 이용유전자원의 설명, 출처 및 이용자, ABS의 권리 및 의무(응용, 상업화에 관한 것도 포함), 접근허가증, MAT의 내용 등 다양한 내용을 포함한다. 미생물이나 식물 샘플을 대상으로 한 스크리닝(screening)에서는 방대한 정보를 수집하여 일정 기간[78] 보존할 필요가 있다. 의약품에 대해서는 이미 GLP(Good Laboratory Practice. 역자주: 국내에서는 '비임상시험관리기준' 등으로 언급됨) 제도 등이 있지만, 나고야의정서에서는 기초연구에서도 동일한 대응이 요구될 수 있는 가능성을 담고 있다. 나아가 이용국 준수조치에 따라 이용자의 정보수집이 연구의 최종단계뿐만 아니라 유전자원의 이전단

---

76) 西村·위의 논문, 1121-1126면. 井上歩「遺伝資源へのアクセスと利益配分に関する名古屋議定書(バイオサイエンスメニ一ノ)」化学と生物55巻9号(2015年)633-642면, 637-638면.
77) 井上·전게각주(76)639면.
78) 예컨대 EU의 준수조치에서는 20년으로 된다.

계에서도 행해질 가능성이 지적되고 있다.[79] 한편, 의약품 연구개발에서는 1990년대 이후 연구개발비용의 상승, 게놈과학, 항체의약 등 새로운 신약개발경향의 영향 등으로부터 연구개발형 제약기업에서는 생물유전자원의 이용이 한정적이게 되었다.[80] 또한 유전자원과 관련하여 연구하는 것은 대학 등의 학술연구기관이 중심이 되고, 그러한 연구들의 최종목적은 새로운 발견과 그 결과의 논문발표이며, 종래에는 산업화에 대한 인식이 낮았기 때문에 그동안 유전자원의 이용에 대해서는 접근이라는 문제의 중점에 이익배분은 고려되지 않았었다. 그러나 최근 대학 등의 연구기관에서도 산학연계나 지적재산관리에 의한 연구비회수나 이익획득을 검토하는 것이 일반화되고 있다[81] 그렇기 때문에 대학 등의 연구기관이 유전자원의 이용이나 전통적 지식의 이용시에 계약에 있어서 이익배분을 포함하는 경우가 있게 된다.[82] 대학 등의 연구기관이 단독으로 대응할 뿐만 아니라 관련 학회를 중심으로 원칙이

---

79) 井上・전게각주(76)639면.
80) 奥田徹「第3章 生物遺伝資源の利用 Ⅰ 医薬品産業における生物遺伝資源の利用-天然物創薬と生物遺伝資源」バイオインダストリー協会 生物資源総合研究所監修『生物多様性へのアクセスと利益配分』(信山社, 2011年) 111-126면.
81) 森岡一「遺伝資源のアクセスと利益配分の実情と課題-国際的動向からみた日本への示唆」ノモス(関西大学法学研究所)31号(2012年)43-60면, 55-56면. See also, Rochelle Dreyfuss, Harry First, Diane Zimmerman, des., *Working within the Boundaries of Intellectual Property*, Oxford University Press, 2010, Cynthia M. Ho, "Biopiracy and Beyond: A Consideration of Socio-Cultural Conflicts with Global Patent Policies", *University of Michigan Journal of Law Reform*, Vol. 39, 2006, 433-542. 미국에서는 1980년에 바이돌법(Bayh-Dole Act, バイドール法)이 제정되고, 연구자가 민간기업과의 공동연구 성과를 특허출원하여 권리취득하는 것을 장려하고, 공적연구비에 의한 성과도 대학이나 기업에 귀속시키는 것을 인정했다. 이 점에 대해서는 山根・전게각주(7)46면.
82) University of California, Berkeley에서의 항 에이즈 물질 Prostratin의 사례가 대표적이다. 森岡・전게각주(81)56면. See also, Robert Sanders, "Landmark agreement between Samoa and UC Berkeley could help search for AIDS cure" ⟨https://www.berkeley.edu/news/media/releases/2004/09/29_samoa.shtml⟩

나 가이드라인을 작성하여 자원국에 대해서 주지함으로써 이해를 얻는 방법이 제안되고 있다.[83]

V. 마치면서

TRIPS 협정에서의 의약품 접근과 CBD에서의 ABS도 그 배경에 남북문제라는 정치적 문제가 있다. 국제사회에서의 Rule making, 특히 경제 분야의 다국간(다각적) 교섭의 장에서는 이 남북문제가 크게 영향을 미친다. 나아가 의약품이 대신하는 분야에 대해서는 선진국, 개발도상국이라는 단순한 이분법 뿐만 아니라 신약개발능력국, 복제의약품 제조능력국, 그 외의 국가, 나아가서는 제약기업이나 관련 NGO가 각각의 입장에서 주장하기 때문에, 논의나 대립구조가 더욱 복잡하게 되고, 타협적인 규정이 많아지는 경향이 있다.[84] 의약품접근에 대해서는 '특허권과 건강에 대한 권리'라는 국제경제법상의 문제와 국제인권법상의 문제가 교착하는 것이며,[85] ABS도 경제적 권리와 천연자원에 대한 주권이 문제되고 있어 균형을 도모한다는 것이 매우 곤란한 영역이라고 할 수 있다.

한편, 의약품연구개발에서는 시장화가 진행되고 있으며, 특허전략에 의한 '특허사업(patent business)'으로서의 측면이 크다. 개발경쟁과 특허계쟁이 격화되는 가운데 신약개발, 의약품의 새로운 용도에 의한 신약

---

83) 森岡·전게각주(81)56면. 실제로 미국에서는 국립위생연구소(NIH)가 Letter of Collection(LOC)을 작성하고 있으며, 대학 등의 연구기관에서 이용되고 있다.
84) 다수 국가간 조약에서는 이러한 경향에 있지만, 양국간 교섭에 의한 자유무역협정(FTA) 능에서는 특허권을 포함하여 지식재산권에 의해 보호하는 내용으로 합의되는 경향이 있다. 미국의 FTA에 대해서 山根·전게각주(7)237-255면.
85) 나아가 국제 공공재나 인간의 안전보장과 같은 개념도 참조된다. 加藤·전게각주(1)42면.

품 시장화에는 특허에 의한 보호범위 확대가 요구되고 있다. 한편, 연구개발형 제약기업이나 고품질 복제의약품기업은 의약품의 수요에 비하여 적기 때문에[86] 특허 제한에 의한 기술육성[87]뿐만 아니라 선진국 기업의 협력하에서의 기술이전 등에 대하여 한층 더 국제적인 규칙을 정비하여야 한다는 요구가 증가할 것이다.

최근 획기적인 신규화합물의 출현은 아주 드물고, 의약품연구개발은 이미 알려진 화합물의 응용에 초점이 맞추어지게 되었다. 한편, 유전자공학의 발전과 함께 과학적 발견에 의존하게 되었으며, 연구개발형 제약기업에 의한 기초연구에 대한 투자나 대학 등의 연구기관과의 협력이 활발히 행해지고 있다. 질환의 원인유전자를 대상으로 하는 분자표적 의약품이 주목받고 있고, 유전자나 세포 그 자체에 대한 기초연구가 의약품연구개발에 있어 중요하게 되었다. 즉 의약품연구개발은 신규화합물의 발견이라는 '화학'에서 생물재료나 바이오기술을 이용한 생체시스템 제어방법의 탐구로 전환되었다고 일컬어진다.[88] 이에 문제되는 것은 기초적 조사도구[89]의 특허나 인간 유전자 분석과정에 있어서의 수용체 등 중요한 유전자정보의 특허이다. 이러한 기초적인 발견에 관한 정보가 특허에 의하여 독점되게 되면, 다른 연구자는 그 기술

---

86) 특허 문제되는 것이 개발도상국에 확진자(罹患者)가 집중되어 연구개발비용의 회수가 예견되지 않기 때문에 치료약의 개발이 진행되지 않는 질병이나 신형 인플루엔자 등 팬데믹의 우려가 있는 새로운 감염증의 치료약이나 백신, 애초 시장규모가 작은 희소질병의 치료약 등이다. 문제해결에는 의약품가격 감시시스템 도입이나 경쟁법에 의한 의약품 공급의무 등도 생각할 수 있다. 加藤·전게각주(1)38면, 42면.
87) 일본이나 스위스 등에서 개발형 의약품산업이 발전한 것은 물질특허가 존재하지 않는 시기에 모방에 의한 기술육성기간이 하나의 요인으로 지적된다. 인도에서도 대형 제약회사가 연구개발투자를 증대하고 있으며, 연구개발로 전환이 도모되고 있다. 山根·전게각주(7)187-198면.
88) 山根·전게각주(7)259-262면, 奧田·전게각주(80)를 참조.
89) 예컨대 DNA증폭을 용이하게 하는 폴리메라아제 연쇄반응(PCR) 등이 있다. 山根·위의 책, 267-272면.

을 자유롭게 사용할 수 없으며 라이센스교섭이나 대가지불 등이 요구되게 된다. 또한 질병의 진단방법에 관한 특허에 있어서는 환자가 진단받을 기회를 제한할 가능성이 있다. 이러한 특허로 이어지는 기초연구는 대학 등의 연구기관에 의해 수행되고 있으며, 특허는 연구기관의 수입증대, 나아가서는 연구비의 증가로 이어진다. 한편, 대학 등 연구기관의 특허취득은 배타적인 라이센싱(licensing)에 의해 공공성이 높은 기초연구의 성과를 특정 이용자에게 독점시키게 되므로 연구기관으로부터 사회로의 기술이전을 방해하고, 과학연구의 발전을 저해한다는 견해도 있다.[90] 현재 미국 등에서는 가이드라인을 만들어 이러한 문제에 대응하고 있지만,[91] 국제적인 규칙정비가 요구되고 있다. 또한 연구에 이용된 시료가 인간에서 유래하는 것이라면, 제공자와의 관계가 전술한 Ⅳ에서 검토한 ABS와 동일한 문제가 발생하게 된다.[92]

의약품연구개발을 포함한 생명과학연구가 관련되는 문제에서는 다양한 주체의 다양한 연구개발이 선행되어 왔으며, 그러한 실행에 대해 법적 평가를 한 후에 이론으로 대처하고, 남북문제의 극복과 함께 기존의 국제조직에 있어서 개별 교섭만이 아니라 WTO, UN인권기구, WHO, WIPO와 같은 관련되는 국제조직 간의 조정 등을 통하여 일관된 논거를 제시하는 법 제도가 국제적으로 정비되는 것이 바람직하다.[93]

---

90) 위의 책, 272-274면.
91) 위의 책, 276-281면. 또한 미국에서는 경쟁법에 의한 대응도 취해지고 있다. 위의 책, 299-339면 참조.
92) 기초적 논의에 대해서 町野朔=辰井聡子共著『ヒト由来試料の研究利用』(上智大学出版, 2009年) 참조. 재산권의 문제 등 개인정보보호의 문제가 지적된다.
93) 加藤·전게각주(1)42면.

제 III 부

생명과학연구·첨단의료의 실제적 과제

제8장

생명과학연구에 있어서의
이해충돌 매니지먼트

谷内 一彦(야나이 카즈히코)
川嶋史絵(카와시마 후미에)

Ⅰ. 아카데미에 있어서의 이해충돌

 대학은 설립될 당초에는 공적기관으로서 연구가 주된 업무였지만, 그 후에 교육이 더해지게 되고 1980년까지 연구와 교육이 주요 업무를 이루었다. 그 후 1980년에 미국에서는 산업경쟁력강화를 목적으로 제정된 바이돌법(Bayh-Dole Act, バイドール法)을 계기로 미국정부주도로 산학연계가 대학의 주된 업무로 추가되었다. 바이돌법 이전에는 국가의 공적연구비를 받은 대학에서 발생되는 지적재산은 국가소유가 되었지만, 바이돌법에 의해 당해 대학으로의 귀속이 가능하게 되어 미국에서는 산학연계가 활발하게 되고, 다수의 혁신에 의해 산업경쟁력이 강화되었다. 일본에서는 1998년에 대학등기술이전촉진법, 1999년에 산업활력재생특별조치법, 2000년에 연구성과활용형 기업에서의 국립대학교원의 임원겸업 규제 완화, 2004년에 국립대학법인화에 따라 미국보다 20년 늦게 연구, 교육, 산학연계가 대학의 주된 업무로 되었다(그림 1). 현재는

세계의 많은 대학에서 산학연계가 활발하게 행해지고 있으며, 대학이 설립된 지역의 활성화에 도움이 되고 있다. 그러나 공개성이 기본으로 되어 있는 연구와 교육에서 얻은 지식이 지식재산화됨과 동시에 기업적으로 활용되고, 묵비성이 기본으로 되는 산학연계라는 이질적인 업무가 추가되면서 필연적으로 이해충돌이 발생하게 된다.

《그림 1》아카데미에 있어서의 산학연계와 이해충돌의 발생

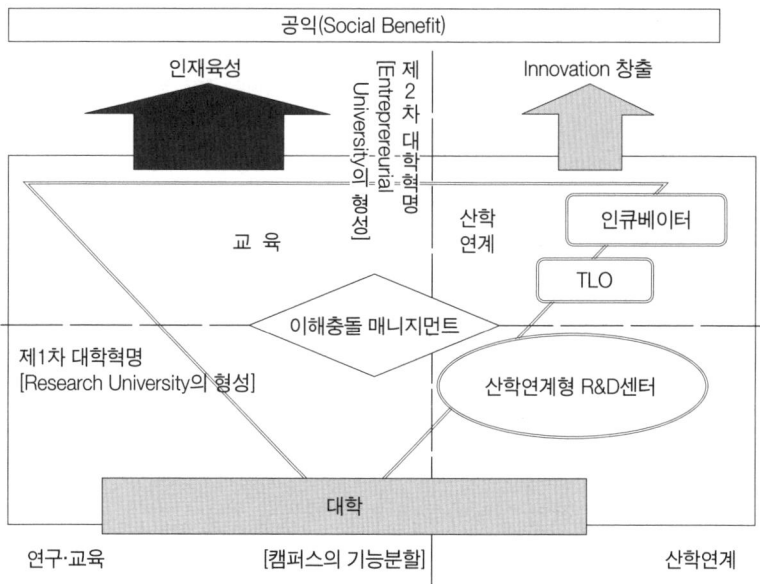

이해충돌은 대학이나 의사 뿐만 아니라 신임관계가 존재하는 변호사와 의뢰인, 신탁회사와 투자자, 후견인과 피후견인 사이에서도 볼 수 있는 일반적 개념이다. 협의의 이해충돌은 어떤 업무를 수행함에 있어 경제적 혹은 그 외의 이익을 얻을 수 있는 관점에서 본래 업무의 취지에 반하는 의사결정이나 불공정한 행위를 유발하여 합리적인 결과에 이르

는 것에서부터 시간이나 장소와 같은 물리적 방법에 의해 제어하는 것이 어려운 상황에 이르는 것까지 본인이 의식하지 못하는 경우도 있다. 아카데미에 있어서의 이해충돌의 종류로서 아래와 같이 분류된다.

① 광의의 이해충돌 : 협의의 이해충돌과 책무상반 쌍방을 포함하는 개념
② 협의의 이해충돌 : 교직원 또는 대학이 산학연계활동에 수반하여 얻은 이익(실시료수입, 겸업보수, 미공개주식 등)과 교육·연구라는 대학에서의 공적 책임이 충돌되는 상황
③ 책무상반 : 교직원이 주로 겸업활동에 의해 기업 등의 직무수행책임을 지고 있으며, 대학에서의 직무수행과 기업 등에 대한 직무수행이 양립할 수 없는 상태
④ 개인으로서의 이해충돌 : 협의의 이해충돌 중 교직원 개인이 얻는 이익과 교직원 개인이 부담하는 대학에서의 책임과의 충돌
⑤ 대학(조직)으로서의 이해충돌 : 협의의 이해충돌 중 대학 조직이 얻는 이익과 대학조직의 사회적 책임과의 충돌

대학에서 일반적인 이해충돌에 의해 왜곡될 가능성이 있는 것은 '연구의 과학적 객관성'과 '교육이나 물품구입 등 대학업무에서 있어서 객관성'이 결여되는 것이다. 이에 반해 인간을 대상으로 하는 의학계연구에서는 의사와 환자의 신임관계가 존재함에 따라 '환자의 이익'이 침해될 가능성이 있다. 인간을 대상으로 하는 의학계연구에 있어서 '대학에서의 지위'와 '사적인 이익'에 더해 '피험자의 생명과 안전'과 '연구데이터의 객관성'을 담보하게 하여 투명하게 설명책임을 행하는 것이 필요하며 매우 높은 수준의 윤리성이 요구되고 있다. 생명과학연구에는 동

물실험이나 시판되고 있는 배양세포의 실험도 있으며, 이 경우는 아카데미에서의 일반적인 이해충돌로 이해된다.

Ⅱ. 미국 아카데미에서의 이해충돌 사례와 그 대책

임상연구에서 이해충돌이 사회문제가 된 사례는 1999년에 발생한 펜실베니아대학에서 유전자치료를 받은 Jesse Gelsinger라는 환자가 사망한 사례이다. 의학교과서에도 기재되어 있는 사례로서 당시의 의학부장, 대학연구자, 대학과 관계되는 벤처회사가 이해충돌이 있는 상태에서 임상연구를 진행하였고, 피험자의 생명과 안전이 침해된 사건으로서 큰 사회문제가 되었다. 그 외에도 프레드 허친슨 암센터에서 이해충돌이 있는 가운데에 임상시험이 행해져 82명 중 80명이 사망한 사례 등이 있다. 최근 프랑스에서도 500명 이상의 사망사례가 있는 것으로 추정된다고 보도된 메디아토르사건이 발생하였다. 제약기업, 규제당국, 윤리심사위원회와의 유착이 존재한 것이 배경에 있다고 일컬어진다.

미국 정부는 이해충돌문제에 대처하기 위해서 2004년에 피험자보호국(OHRP)에서 가이드라인을 발표했다. 또한 의과대학의 자주적인 내부규제로서 미국의과대학협회(AAMC)로부터 '피험자의 보호, 신뢰유지, 진보의 촉진 : 인간대상연구에 있어서 조직의 경제적 이익을 감독하기 위한 원칙과 권고'가 2001년 12월과 2002년 10월에 발표되었다. 그중에서 영향을 받는다고 생각되는 중요한 경제적 이익의 사전신고와 경제상황의 변화에 관한 갱신신청, 그리고 시설 내 임상시험심사위원회(IRB)에 의해 연구의 최종승인 전에 이해충돌위원회에 의하여 연구프로젝트의 중요한 경제적 이익의 '심사'를 하도록 의무화하고 있다. 즉

IRB심사에 의하여 연구실시계획서의 심사 전에 이해충돌위원회에 의한 승인을 의무화하고 있다. AAMC는 이해충돌심사과정과 IRB 간에 정보를 교환하도록 규칙으로 명확히 남기면서도 양자를 분리시키는 것을 강하게 요구하고 있다. 이러한 미국의 방식이 일본의 이해충돌 관리의 원형으로 되어 있다(그림 2).

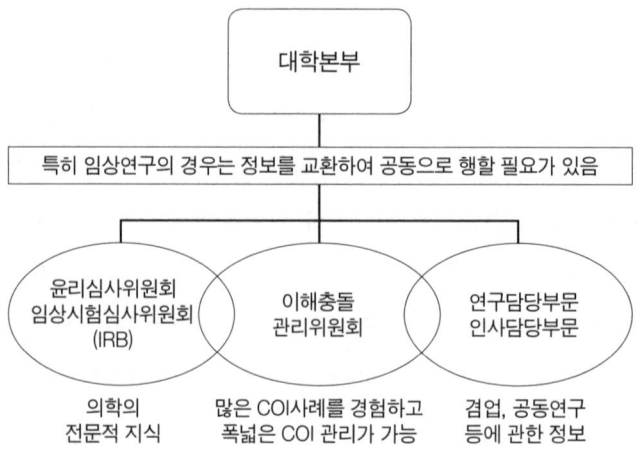

[그림 2] 산학연계를 위한 COI 관리조직

또한 신고에 관해 Significant Financial Interest(SFI)라는 기준이 도입되어 있다. 미국에서는 사회상식에서 보아 폐해를 초래할 가능성이 있는 일정액 이상의 금전적 기준(=SFI)을 두고, 그것을 초과하는 외부수입을 가지는 교원이나 연구자에 대하여 잠재적으로 이해충돌이 예상된다고 보아 관리대상자로 지정한다는 실무적 대응책이 취해지고 있다. SFI의 예로서 미국위생연구소(National Institute of Health : NIH)의 상부기관인 미국보건복지성(US Department of Health and Human Services, HHS), 미국 공중위생국(Public Health Service, PHS)의 종전의 기준(1995년)은 만 달러 이상의 금전, 5% 이상의 공개·미공개 주식이며, 이 기준이 일본의 문부과학성과 후생노동성의 신고기준의 원형이 되었다. 자기신고 형식에는 아래의 네 가지 종류가 있다. ①정기(定期)자기신고, ②사건과 현상(事象)발생 전 신고, ③공적연구비 수령 전 자기신고, ④인간을 대상으로 하는 의학계연구의 IRB심사 전 자기신고. 미국에서는 네 종류가 완전히 기능하지만, 일본에서는 기초자료로 되는 정기 자기신고를 행하지 않는 대학이 존재하고 있으며, 산학연계에 있어 기본적인 리스크 관리도 행하여지지 않은 경우가 있다.

산학연계를 추진하는 공적기관에는 독립적인 이해충돌위원회가 필요하다. 후생과학연구비 등 공적자금을 지원받는 경우나 인간을 대상으로 하는 의학연구에서는 통상보다 엄격한 이해충돌관리가 필요하다.

Ⅲ. 일본에서의 이해충돌 사례

일본에서 이해충돌이 사회문제로 된 최초의 사례는 오사카(大阪)대학 관계자가 임상연구와 관련된 바이오 벤처의 주식을 취득한 사례(2004), 새로운 형태의 항암제인 이레사(Iressa, イレッサ)의 부작용사건과 관련되어 장학기부금수령에 적정사용 가이드라인 책정위원이 관여한 사례(2005년)이다. 이러한 사례들이 계기가 되어 문부과학성 '임상연구의 이해충돌정책 책정에 관한 가이드라인'(2006년)이 나왔지만, 아쉽게도 미국과 비교하여 실효성이 약했었다. 또한 후생노동성지침 '후생노동과학연구에 있어서의 이해충돌(Conflict of Interest : COI)의 관리에 관한 지침'(2008년)의 계기가 된 것은 2007년에 발생한 항인플루엔자 치료약인 타미플루의 유해상황발생사례와 관계있는 장학기부금수령과 후생

과학연구비에 의한 조사연구반의 사례이다. 장학기부란 기업 등으로부터 자금을 받는 일본 독자적 시스템으로 회계연도를 초과하여 사용할 수 있다. 일본에서는 임상연구에 많이 이용되어 문제가 발생해 왔었다. 그중 가장 중대한 사건은 고혈압치료약 디오반임상연구(2013년)로서, 장학기부, 제약기업에 의한 노무제공, 이해충돌공개위반, 인위적 데이터조작에 의한 연구부정 등이 중첩된 사건인데 최종적으로 검찰에 의하여 대학에 대한 수사가 개시되고 관계자가 체포되는 사태로 발전하였다. 이와 같이 일본 내에서도 많은 불상사가 발생했으며 soft law인 가이드라인으로는 실효성이 없다고 보아 이해충돌공개가 법적으로 의무화되는 임상연구법이 제정되어 2018년 4월부터 시행되었다.

IV. 선샤인법(Sunshine Act, サンシャイン法)과 NIH의 New Rule

영미·유럽에서는 임상연구를 포함하여 이해충돌에 있어서 제약기업에 관한 정보공개에 대하여 활발한 논의가 있었으며, 투명성 향상을 위한 대처로서 법적 규제가 제기되고 있다. 미국에서는 Charles Grassley 상원의원(미스터 선샤인으로 불림)의 오랜 노력으로 오바마정권의 의료보험개혁과 관련하여 선샤인법이 법제화되었다. 제약기업은 2013년 9월부터 1건에 대해 십 달러 이상되는 사례에 대하여 보고할 의무를 지울 예정이었지만, 철저한 공개와 준비를 위해서 1년 늦은 2014년부터 기업으로부터 의료관계자에 대한 지불이 공개되었다. 동일하게 영국에서는 증수뢰(贈收賄)에 관한 엄격한 법률인 UK Bribery Act 2010이 제정되어 2011년부터 시행되고 있다. 이러한 영미의 법률은 일본 국내기업이나 의학연구자에게 많은 영향을 주고 있다. 한 예로서 일본제약공업협회(72개사)

는 자율적으로 '기업활동과 의료기관 등과의 관계투명성 가이드라인'을 2011년 3월에 책정하고, 2013년부터는 세계에서 선도적으로 기부금이나 강연사례금이나 원고료에 대하여 회원회사홈페이지 등에 공개하고 있다. 이러한 공개는 일본 국내법에 기초하지 않은 업계의 자율적인 규제이다. 2014년부터는 국립대학 부속병원장회의에 의하여 '기업 등으로부터의 자금제공상황의 공표에 관한 가이드라인'(2015년 개정)에 기초하여 국립대학병원 웹사이트에서 제약기업으로부터 제공받은 자금에 대해 정보가 공개되고 있다. 이러한 공개도 법률에 기초하지 않은 공개이다.

생명과학연구에 대하여 거액의 연구비를 공여해 온 미국 HHS는 이해충돌 관리를 규제하는 '최종규정(the Final Regulation)'을 공표했다. 이 최종규정은 2011년 8월 25일에 공표되어 New Rule로 약칭되었다. HHS 산하의 PHS에 속하는 NIH 등으로부터 연구기금을 받고자 하는 모든 대학 등의 연구기관은 1년간의 유예를 부여받아 2012년 8월 24일까지 New Rule에 준거한 COI 관리제도의 구축이 의무화되었다. New Rule은 COI관리를 처음 규정한 1995년법(42 CFR Part 50 Subpart F 및 42 CFR Part 94)의 내용을 기본적으로 승계하면서, 그 실시주체를 명확하게 대학 등의 연구기관으로 변경하고 있다. 1995년법에서는 NIH 등의 연방정부기관으로부터 연구자금을 지원받은 연구자 개인이 그 이해관계를 대학 등의 연구기관에 공개하고, 그 공개를 받아 연구기관이 관리하는 것이 요구되고 있으며, 이에 있어 주된 책임은 개인에게 있었다. 이에 반해 New Rule은 대학 등의 연구기관이 COI 관리의 실시주체로서 그 관리책임을 지는 것으로 되었다. 표 1에서 그 차이를 볼 수 있다.

일본과 비교하여 보면 연구비 배분기관인 NIH가 주도하고 있기 때문에 실효성이 아주 높은 것이 특징이다. 그 이유는 많은 의학연구자

와 기관이 NIH의 허가(グラント, grant)에 크게 의존하고 있기 때문이다. 구체적으로 NIH의 New Rule에 의한 COI의 신고대상은 ①민간기업(재단, 외국정부, 국제기관을 포함)으로부터의 수입과 주식에 의한 수입 합계가 연간 5,000달러를 넘는 경우, ②상장주식의 보유는 자산액 5,000달러를 넘는 경우, ③미상장주식의 보유, ④개인에게 귀속되는 지식재산권(다만 수입이 발생한 경우), ⑤스폰서기업 등이 비용을 부담하는 출장이다.

V. 일본과 미국의 차이

미국에서는 정부기관(ORI와 OHRP), 자금배분기관(NIH와 NSF), 대학간 조직(AAU와 AAMC), 미국의사회가 연계하여 이해충돌관리를 행하고 있다. 미국의 이해충돌관리가 일본보다 훨씬 엄격한 이유는 활발하게 산학연계가 행해지고 있는 점에서 찾을 수 있다. 일본과 미국의 차이는 다음과 같다.

[표 1] 미국에 있어서의 FCOI(경제적 이해충돌) 관리를 둘러싼 신구 규칙의 대조표

(NIH, AAMC 등 관계기관 제공자료를 이용하여 西澤昭夫 전 토호쿠(東北)대학 교수 작성)

항목	1995년 규칙	New Rule (개정 1995년 규칙)
SFI의 정의	• SFI상 최소 1만 달러가 금전 또는 주식의 공개기준으로 된다. • 공적기관 또는 NPO가 실시하는 세미나, 강연, 교육, 자문위원회, 심사위원회의 참가에 의한 수입은 제외된다.	• SFI상 최소 5천 달러가 금전 및 주식의 공개기준으로 된다. • 모든 미공개주식 • 정부기관 또는 고등교육기관이 실시하는 세미나, 강연, 교육, 자문위원회, 심사위원회의 참가에 의한 수입은 제외된다.
연구자의 공개의무	연구자가 PHS지원연구와 관련된다고 판단한 SFI만을 공개한다.	• SFI의 인정에는 연구자 소속기관의 결정에 따른다. • 연구자의 SFI가 PHS지원연구와 관련성을 가지며, FCOI로 될지 여부의 판정 책임은 소속기관에 있다.
일반공개의무	규정없음	PHS지원연구자금의 사용 전에 기관이 FCOI에 해당한다고 판정한 SFI에 대해서는 홈페이지 또는 서면으로 일반공개한다.
FCOI관리의 체재정비	규칙에 대한 준수방식은 특정되어 있지 않으며, SFI의 관리, 감액, 포기가 선택지로서 제시.	• 모든 FCOI에 대해 기관은 SFI의 감액, 포기를 포함한 관리계획을 책정·실시한다. • 적시(適時)의 공개 및 심사가 행해지지 않은 경우, 기관은 실시된 PHS지원연구에 대해 소급적으로 검증을 하고, 연구공정의 유무를 판정한다. 공정성이 훼손되었다고 판정한 경우, 현재 COI화를 방지할 수 있는 회피계획을 세우고 PHS의 승인을 받아 실시하고, 그 결과를 보고한다.
FCOI에 관한 PHS에 대한 보고내용	• 연구제목 및 번호 • 연구책임자명 • FCOI 해당 연구자명 • FCOI는 관리, 감액, 포기되었는지 여부의 기술	좌측의 내용에 너해 • SFI에 대해 일정한 폭을 가지고 그 금액을 제시한다. • FCOI의 내용 : 주식, 겸업, 여비, 사례금, 지적재산 등 • FCOI와 PHS 지원연구와의 관련성 • FCOI관리계획의 주요항목 등

상기 보고서의 제출시기	• 연구자금의 지출 전 • 전기보고서 제출 후에 FCOI가 발생한 경우는 기관이 확인한 후 60일 이내에 추가 보고서를 제출한다.	좌측의 보고서 제출에 더해 연구가 계속되는 기간 중 연간보고서의 제출이 요구된다.
규칙위반	규정없음	규칙위반을 인식한 때, 기관은 120일 이내에 당해 규칙을 위반한 연구활동을 조사하여 연구의 계획·실시·보고에 편향된 점(bias, バイアス)이 있지지 여부를 검증하고, 그 결과를 보고한다. 만약 편향된 점이 발생한 경우는 그 회피나 영향을 최소화하는 방책에 대해 책정하고 실시 후 보고할 것이 요구된다.
연구자에 대한 연수	규정없음	PHS지원연구 공개 이전 및 4년마다 정기연수가 기관의 의무로 되어 있다.
FCOI에 관한 HHS(보건사회복지성)의 사찰권	HHS는 PHS지원연구의 FCOI관리에 관한 기관의 대응에 관한 사찰권을 가진다.	좌측의 규정에 있어서 기관이 FCOI로 판정하지 않은 경우에도 PHS지원연구와 관련하여 행해진 연구자에 대해 사찰권을 가지는 점이 명시되었다.
규칙의 대상 범위	SBIR/STTR*단계(phase)1의 자금조성에 대해서는 대상 외로 한다.	좌측과 동일
여비·교통비	규정없음	기관의 직무에 관련된 출장에 있어서 다른 기관이 변제 또는 부담한 여비·교통비는 공개되어야 한다. 다만, 연방, 주. 지방정부, 고등교육기관, 관련되는 병원이나 연구소 등에 의하여 변제되거나 부담된 비용은 적용제외로 한다.

*NIH의 중소기업지원혁신연구프로그램(SBIR) 및 중소기업기술이전프로그램(STTR)

① 이해충돌신고의 전자화 : 일본에서는 인간을 대상으로 하는 의학연구에서의 윤리위원회에 대한 심사신청은 거의 전자화되어 있지만, 이해충돌신청은 서류로 행해지고 있다. 방대한 서류와 장기간 보존이 요구되는 '인간을 대상으로 하는 의학연구'의 이해충돌관리에는 전자화가 긴급한 과제이다. 미국에서는 완전히 전자신청으로 되어 있다.

② 이해충돌의 신고기준과 상장주식거래 : NIH의 신고기준은 일본의 기준보다 훨씬 엄격하며, 미국 최고의 의학대학교에서는 전자화로 인하여 사무처리가 효율이고 어떠한 우대없이 기본적으로 신고하도록 되어 있다. 또한 일본에서 상장주식거래의 신고기준은 발행주식의 5% 이상인 경우가 일반적이기 때문에 기관이 상장주식에 관해 거의 파악하지 못하고 있어, 불상사가 발생할 가능성이 매우 높다. 미국에서는 비상장주식뿐만 아니라 상장주식 보유에 관해서도 정기신고에 의해 기관이 파악하고, 임상연구기간 중의 매매를 금지하는 경우도 있다. 일본에서는 상장주식에 관하여 기부금, 보수, 연구비와 비교하여 미국보다 관대한 관리기준을 가지고 있다.

③ 미국은 법무박사(JD)를 가진 전문직이 학장, 학부장실에서 실무를 담당하고 있지만, 일본에서는 리스크 관리인재의 확보·육성·처우가 충분하지 않다.

④ 그 외에 "Speakers Bureau"(강연자 알선단체)에 대하여 이러한 절차에 참가를 인정하지 않는 점, 대학조직에 의한 이해충돌 관리, 임상진료에 있어서의 이해충돌 관리, 의학교육에서의 이해충돌 관리 등에 있어 일본과 미국의 차이를 들 수 있다. 모두 미국이 더 엄격한 관리를 하고 있다.

Ⅵ. 일본에서의 최근 동향

세계의 생명과학연구는 많은 불상사를 겪고 난 후에 법령이나 자율적 가이드라인이 정비되어 더욱 공정하고 정치한 연구가 실시될 수 있는 제도로 발전해 오고 있다. 제도변경은 계속 행해지고 있으며, 헬싱키선언은 2013년 10월에 세계의사회 브라질 포르탈레자 총회에서 수정되고, 일본에서는 2014년 12월 말에 역학연구에 관한 윤리지침과 임상연구에 관한 윤리지침이 통합되어 '인간을 대상으로 하는 의학연구에 관한 윤리지침'이 제정되어 있다. 이러한 지침들에서는 사전동의나 프로토콜(연구계획서)에 이해충돌의 공개를 의무화하고 있다. 또한 생명과학연구에서 많은 날조, 조작, 남용 등의 부정행위가 과학계를 뒤흔들었으며, 언론보도기관 등을 통해 일반인에게도 널리 알려져 과학 전체에 대한 불신이 확대되고 있다. 이와 같이 많은 불상사의 발생으로 인하여 2014년 8월에 문부과학성에서 '연구활동에서의 부정행위에 대한 대응 등에 관한 가이드라인'이 나왔다.

인간을 대상으로 한 의학연구의 이해충돌관리는 피험자 보호의 관점에서 통상의 이해충돌보다 엄격하게 규제할 필요가 있다. 전문가집단의 규범으로서 일본의학회는 이해충돌에 관한 가이드라인을 작성하고, COI신고기준을 개정하고 있다. 또한 학회 등이 작성하는 진료가이드라인에 있어서의 이해충돌관리에 대해서도 제언이 발표되고 있다. 2016년에 조직적 산학관(산업계와 학계 및 관청) 연계를 심화시키기 위해서 '산학관 연계에 의한 공동연구강화를 위한 가이드라인'(문부과학성 경제산업성)이 책정되고, 그와 관련하여 문부과학성의 사업으로서 '산학관 연계 리스크관리 모델사업'(2015-2017년)이 행하여져, 대학 등의 기관에서 이해충돌의 자율적 관리를 보다 더 촉진시키도록 하고 있다. 이와 같이 일본에서는

soft law에 의한 자기규제가 주로 이루어졌지만, 실효성을 높이기 위해서는 임상연구에 있어서 이해충돌관리에 관하여 법제화의 필요성이 지적되어, 2017년 4월에 제정된 임상연구법에서는 제약기업 등으로부터 자금지원을 받은 의약품 등의 임상연구에 있어서 자금지원기업에게 법적인 공개의무를 포함하고 있다.

<참고자료·사이트>

(1) 三瀬朋子「医学と胃液相反 : アメリカから学ぶ」(弘文堂, 2007年)
(2) 후생노동과학연구에 있어서의 이해충돌의 관르에 관한 지침
  〈http://www.mhlw.go.jp/general/seido/kousei/i-kenkyu/index.html#4〉
(3) Kaise J. Ethics : Private Money, public disclosure, Science 325 : 28-30 (2009)(미국에서의 COI관리의 역사와 현황에 대해서)
(4) 동북대학이해충돌 관리활동보고서
  〈http://www.bureau.tohoku.ac.jp/coi/report/index.html〉
(5) 일본의학회 가이드라인 〈https://jams.med.or.jp/guideline/index.html〉
(6) AAMC가이드라인 : Conflicts of Interest and Transparency Instiatives
  〈https://www.aamc.org/initiatives/research/coi/75290/financial_conflicts_of_interest_in_academic_medicine1.html〉
(7) 의료관련기업에 의한 의학교육에 대한 자금제공에 관한 AAMC 작업부회의 보고서(번역 프로젝트)
  〈http://jsme.umin.ac.jp/ann/IndustryFundingOfME0720.pdf〉
(8) 曽根三郎「臨床研究不正の防止と利益相反(COI)管理」血液内科72巻4号 (2016年): 533-543
(9) 西澤昭夫「ライフサイエンスにおける利益相反マネジメントの形成と展開 : 米国New Rule 導入の背景を探る<特集 : 国際比較から見るバイオクラスターにおける地域的研究開発能力>」京都大学経済学会・経済論叢186巻4号 (2013年) : 81-97
(10) 문부과학성·경제산업성「산학관 연계에 의한 공동연구강화를 위한 가이드라인」
(11) 문부과학성「산학관 연계 리스크 매니지먼트모델사업」
  동북대학 홈페이지(이해충돌 매니지먼트 모델)
  〈http://www.bureau.tohoku.ac.jp/coi/model/index.html〉
(12) 문부과학성「산학관 연계 리스크 매니지먼트 모델사업」

동경대학 성과보고서 〈http://www.mext.go.jp/component/a_menu/science/detail/__icsFiles/afieldfile/2017/07/26/1376624_003.pdf〉

제9장

생명과학연구·첨단의료의 실제적 과제
- 오늘날의 게놈연구규제의 과제 -

森崎隆幸(모리사키 타카유키)

Ⅰ. 시작하며

생명과학연구 중에서 게놈연구는 분자생물학의 진보와 인간게놈프로젝트에 의해 연구가 가속화되어 인간게놈 배열정보의 결정과 분자·유전자 레벨에서 질병의 원인에 대하여 해명이 이루어지고, 질병의 위험으로부터 벗어날 수 있다는 기대로 이어졌다. 한편 이러한 연구발전과 함께 그 윤리성의 문제나 생명윤리의 개념이해와 필요성이 대두되어, 국외에 이어 일본에서도 게놈·유전자분석연구에 대하여 윤리규범이 작성되게 되었다. 나아가 국내외에서 개인정보보호에 대한 법적 규제가 행해지게 되면서 연구자의 이에 대한 인식이 개선되고, 연구기관에서의 윤리심사위원회 정비 등이 추진되게 되었다. 한편 게놈정보의 포괄적이고 적극적인 이용은 의료응용으로 이어져 첨단의료로서 중요한 의미를 가지고 개인 게놈정보나 그 보호에 대한 사고방식의 재검토가 필요하게 되었다. 본고에서는 게놈연구를 생명과학연구 중에서 첨단의료에도 활용하는 연구로 자리매김하고, 연구수행에 있어 고려해야 할 윤리적 과제를 현재의 규제나 연구의 존재방식을 비교하여 향후의 방향성에 대해 논하고자 한다.

Ⅱ. 게놈연구의 진전과 규제

게놈연구는 20세기 후반 분자생물학의 진전에 의하여 발전했지만, 초기에는 인간이라는 종 자체를 연구대상으로 하고 있었고 개인의 차이에 착안한 연구나 개별 질환에 대한 연구는 아니었다. 그 후 1980년대 이후에 질환 등의 원인이 되는 유전자를 추출하거나 변이를 분석하는 연구가 행해졌지만, 특정 개인에 대하여 유전자나 게놈정보를 검토하는 연구에 머물렀다.

1990년대의 인간게놈 프로젝트 공개에 의해 연구는 한층 가속화되었고, 2003년에는 인간게놈배열정보가 발표되기에 이르렀다. 이러한 게놈연구의 발전에 따라 분자나 유전자단계에서 질병의 원인이 밝혀지게 되었고 질병의 위험에 대한 해소도 기대되었다. 한편 이러한 게놈연구의 급속한 발전과 함께 그 윤리성에 대한 염려나 생명윤리의 개념이해와 필요성이 대두되어 국외에서는 20세기말에 게놈의료와 유전자의 관계에 대해 여러 검토가 행하여졌고, 후술하게 되는 단일 국가차원과 다국가차원에서 규범이 제정되었다[1)2)3)]. 일본에서는 21세기에 접어드는 시점에 국가 차원에서 게놈과 유전자분석연구에 대한 윤리규

---

1) 유네스코 : 인간게놈과 인권에 관한 세계선언(문부과학성 가역)
http://www.mext.go.jp/unesco/009/005/001.pdf
2) WHO : 유전의학과 유전서비스에 있어서의 윤리적 제문제에 관해 제안된 국제가이드라인(일본어번역) https://jshg.jp/wp content/uploads/2017/08/WHOguideline.pdf
3) 유럽평의회 : 인권과 생물의학에 관한 조약
http://conventions.coe.int/Treaty/en/Treaties/Html/164.html

범이 제정되었다. 즉 2000년에 '인간게놈연구에 관한 기본원칙'[4](과학기술청)이 발표되고, 2001년에 '게놈·유전자분석연구에 관한 윤리지침'[5](이하 '게놈지침')이 관계되는 세 개 부처(문부과학성·후생노동성·경제산업성) 합동으로 책정되었다. 그 후 일본에서도 영미유럽과 동일하게 개인정보보호법이 시행되었으며, 연구자도 국가의 지침이나 법에 대한 인식이 높아져 연구기관 내에서 윤리심사위원회의 정비 등이 급속하게 추진됨과 동시에 지침개정이 이루어져 왔다. 또한 국내외 모두에서 개인 게놈정보의 총체적이고 적극적인 이용을 통하여 게놈연구를 응용의료방법으로서 첨단의료로 자리매김하도록 하는 것이 중요하다고 인식하게 되었다. 이러한 가운데에 연구의 발전과 그 성과의 실용화에 직면하여, 개인 게놈정보를 어떻게 파악하고, 어떻게 보호하는 것이 필요한지에 대해서 사고방식의 재검토가 필요하다고 생각하게 되었다.

1. 2000년 전후의 게놈연구에 부수되는 윤리적 문제·인권에 대한 국외의 대응

게놈연구의 발전에 의해 발생할 수 있는 윤리적 문제에 대해서 국외, 특히 프랑스, 독일, 영국에서는 1990년대 초부터 국가 입법으로 대응하였다. 영국, 독일에서는 모두 1990년에 생식의료기술을 중심으로 한 생명과학기술에 관한 국내법이 제정되었고[6][7], 프랑스에서는 1994년에

---

4) 과학기술회의생명윤리위원회 '인간게놈연구에 관한 기본원칙'
 https://www.mext.go.jp/b_menu/shingi/kagaku/rinri/genso614.html
5) 후생노동성·문부과학성·경제산업성 '인간게놈·유전자분석연구에 관한 윤리지침'
 https://www.mhlw.go.jp/general/seido/kousei/i-kenkyu/genome/0504sisin.html
6) 영국 Human Fertilisation and Embryology Act 1990
 http://www.legislation.gov.uk/ukpga/1990/37/contents
7) 독일 Embryo Protection Act (Embryonenschutzgesetz) 1991
 http://www.gesetze-im-internet.de/eschg/BJNR027460990.html

제정된 생명윤리법 내에 유전자검사, DNA감정에 대해 생명존중의 원칙에 따라 생명윤리에 관한 조항이 기술되었다[8]. 이들 국가들에서 초기에 대응이 이루어진 이유는 생명윤리에 대한 우려가 시작된 1970년대부터 생명윤리에 대한 인식이 비교적 높았던 점이 한 원인이라 생각할 수 있다. 또한 생식의료기술에 대한 대응이 진행되는 가운데, 유전자연구에 대한 입법 조치가 이루어진 것도 한 원인으로 생각된다. 국제적으로는 게놈연구의 발전과 이러한 국가들의 대응을 받아들여 유네스코가 1993년에 국제생명윤리위원회를 만들고 생명윤리에 대한 보고서를 작성하여 나아가 1997년에 '인간게놈과 인권에 관한 세계선언'(각주1)을 채택한 것은 주목할 만하다. 거의 같은 시기에 영국에서는 인간유전학자문위원회(HGAC)(그 후 인간유전학위원회(HGC)로 됨), 미국에서는 대통령 생명윤리자문위원회(NBAC)나 NIH가 각각 보고서·가이드라인의 제정하기에 이르렀다. 이외에도 국제적인 검토도 행해져, 유럽평의회에 의한 '인권과 생물의학에 관한 조약'(1997년)(각주2), WHO의 '유전의학과 유전서비스에 있어서의 윤리적 문제들에 대하여 제안된 국제가이드라인'(1998년)(각주3), HUGO의 성명 등이 그 결과로 나타났다. 이상의 각국 및 국제기구에 의한 대응은 그 내용으로부터 과학자의 관여가 적지 않았다고 생각되며, 과학자 스스로 연구의 발전에 부응한 시의적절한 대응이었다고 생각할 수 있다.

2. 2000년 전후의 게놈연구에 대한 윤리적 문제 · 인권에 대한 국내의 대응

일본에서 21세기까지 유전자연구에서의 윤리적 문제에 대한 대응이

---

8) 프랑스 생명윤리3법(일본어 번역)
　　大村美由紀「生命倫理法(立法紹介 フランス)」外国の立法33-2号(1994年)1-35면.

충분하다고는 할 수 없는 상황이었다. 그러나 질환을 일으키는 원인유전자분석에 대해서는 1990년대에 전문가집단(일본인류유전학회)이 '유전카운셀링과 출생 전 진단에 관한 가이드라인(1994년)'[9]과 '유전성 질환의 유전자진단에 관한 가이드라인(1995년)'[10]을 작성하고, 실시 전후의 절차에 대하여 과학자의 자율준수기준으로서 정하고 있다.

2000년 전후의 인간게놈계획실시에 있어 DNA염기배열분석에 대한 기술발전이 있었으며, 대량, 고속, 염가의 게놈분석방법의 발전이 연구를 가속화했다. 또한 인간게놈 염기배열해독에 대한 연구과정에서 분명하게 된 개인 간의 게놈배열의 차이(게놈다형)가 인식되었지만, 당시에는 유전자(게놈)연구 전체에 대해 논의가 행해지고 있었다고는 하기는 어려우며, 개인 게놈정보의 해독이 초래하는 상황에 대해서 이 시점에서는 그다지 인식하지 못하였다고 할 수 있다. 따라서 국내에서는 특정 게놈유전자분석에 대해서 대상자에 관한 윤리적 문제의 인식은 있지만, 일반적으로 연구자의 윤리적 문제에 대한 인식은 그렇게 높지 않았던 것도 사실이다. 다만 국외의 상황과 비교하면, 1998년 이후 과학기술회의 게놈과학위원회에서 검토되고, 1999년에 설치된 과학기술회의 생명윤리위원회에서도 검토가 행하여져 2000년에 '인간게놈연구에 관한 기본원칙'(각주4)이 발표되었고, 2001년에 게놈지침(각주5)이 책정된 점에서 선도적으로 윤리문제에 대한 대책을 발표했다고는 할 수 없지만 아주 늦지도 않았다고 할 수 있다.

---

9) 유전카운셀링·출생전 진단에 관한 가이드라인(일본인류유전학회회고)
   https://jshg.jp/about/notice-reference/guidelines-on-genetic-counseling-and-prenatal-diagnosis/
10) 유전성 질환의 유전자진단에 관한 가이드라인(일본인류유전학회회고)
   https://jshg.jp/about/notice-reference/guidelines-on-genetic-diagnosis-of-hereditary-diseases/

3. 인간게놈 염기배열해독 후의 게놈연구와 분자유전역학

2003년에 인간게놈염기배열의 해독 후 연구는 한층 더 게놈기능에 대한 분석과 의학에의 응용방법 등을 목표로 진행되었으며, 그중에서도 게놈다형(SNP나 CNV)에 관한 연구가 다국 간의 국제협력에 의해 국제 HapMap 프로젝트로서 2002년부터 3년간 실시되었다. 그 결과 단기간에 게놈다형에 관한 정보가 획득되었고, 이전까지 협의의 유전병에 대하여 이루어져 왔던 게놈연구가 널리 건강, 질병, 약제에 대한 효과나 부작용과 관계있는 유전자 또는 그러한 것들에 영향을 미치는 환경요인의 해명을 목표로 하는 연구에 활용되게 되었다. 즉 게놈과학의 성과는 분자유전역학연구로 이어졌다고 할 수 있다. 나아가 HapMap 연구와 그 응용에서는 종으로서의 인간유전자배열정보의 해독에 더해 개인의 게놈정보가 해독되기 때문에 그동안의 연구에 비하여 개인유전정보의 기밀유지, 개인에 대한 불이익 등 고려해야 할 문제가 아주 많아질 것으로 예상되었다. 이에 더하여 2006년 이후 분자유전역학연구로서 행하여지는 모든 게놈분석에 의한 비교검토(모든 게놈 관련분석)가 급속하게 확산되고, 질환요인으로 추정되는 후보유전자의 총체적인 탐색이 실시되고 보고되었다. 이러한 점에서 오늘날에는 개인에 대한 게놈(전체의 망라적)분석이 분자유전역학연구의 주류가 되었고, 그 성과가 의료에 응용되어 의료에 있어 게놈정보가 깊이 활용되게 되었다. 이러한 상황에 따라 게놈연구실시에서는 윤리적 문제를 해결하는 것의 중요성이 높아지고 있다.

4. 게놈연구와 개인정보보호

최근 게놈연구의 빌진은 개인 유전징보에 내한 총체적인 분석을 가능케 하고, 분자유전역학연구의 성과는 의료 등에 응용되는 시대를 맞

이하게 되었다. 개인유전정보는 일생 변하지 않는 '궁극의 개인정보'이며 특히 민감한 개인정보이기 때문에, 일본에서는 2004년에 제정된 「개인정보보호법」[11]에 의하여 그 보호, 관리나 공개조건 등에 대하여 규제하게 되었다. 다만 동 법률에서 학술연구는 그 예외로 하고 있지만, 정보의 응용이용을 규제대상으로 하는 점, 법령상 국공립기관 구성원에게는 이러한 예외규정이 적용되지 않는 점 등 연구자의 입장에서는 이해하기 어려운 측면도 있다. 연구의 자유는 학문 자유의 핵심이며, 연구 성과는 인류의 건강보호와 유지에 도움이 되는 것도 사실이지만, 다른 한편으로 연구대상자(시료제공자, 연구협력자)의 개인정보는 지켜져야 하며, 다음에 언급되는 국제표준으로부터도 연구협력시에 사전 동의가 중요하다는 점은 당연한 것이다. 또한 국가의 지침으로서 게놈지침에 이어서 '역학연구에 관한 윤리지침'[12]이 2002년에 제정되었지만, 지침제정의 순서에서도 인간게놈·유전자분석을 이용하는 분자유전역학연구는 '역학연구에 관한 윤리지침'의 대상이 아니라 '인간게놈·유전자분석연구에 관한 윤리지침(게놈지침)'의 대상으로 파악하여야 하는데 분자유전역학연구의 특수성이 동 지침에는 충분히 반영되지 않은 상황이었다. 이에 역학연구와 임상연구에 대해서는 통합된 '인간을 대상으로 하는 의학계연구에 관한 윤리지침(의학지침)'[13]이 2014년에 제정되고, 인간게놈이나 유전자분석을 이용하는 연구에 대해서는 게놈지침이 적용되지만, 게놈지침에 규정되지 않은 사항에 대

---

11) 개인정보보호법
　　https://www.ppc.go.jp/files/pdf/201212_personal_law.pdf
12) 역학지침
　　https://www.mhlw.go.jp/general/seido/kousei/i-kenkyu/ekigaku/0504sisin.html
13) 인간을 대상으로 하는 의학계연구에 관한 윤리지침
　　https://www.mhlw.go.jp/file/06-Seisakujouhou-10600000-Daijinkanboukouseikagakuka/0000153339.pdf

해서는 의학지침이 적용된다는 병행적인 규율이 행하여지게 되었다. 그 후 2017년에 이르러 게놈지침의 개정이 행하여졌다.[14]

5. 인간게놈 · 유전자분석연구에 관한 윤리지침(게놈지침)(2017년 개정)

2017년 개인정보보호법의 개정에 대응하여 지침개정이 행하여졌다. (각주14) 또한 지금까지의 지침이 연구발전에 대응하기에 불충분하다는 의견도 있어 게놈·유전자분석연구의 발전과 그 임상적인 응용에 입각하여 그 대응을 고려한 개정으로 평가되고 있다.

개인정보보호법 개정에 대응하여 개정된 지침에서의 용어정의에서는 새롭게 개인식별부호(생체정보를 디지털 데이터로 변환한 것 등), 요(要)배려개인정보(개인정보에 병력 등이 포함되는 것) 등의 용어가 추가되고, 지금까지 '연결불가능익명화'된 정보도 새로운 지침시행 후에는 개인식별부호가 포함되는 등에 따라 특정 개인이 식별되는 경우가 있다는 판단에 따라 '연결가능익명화' 및 '연결불가능익명화'의 용어가 폐지되었다. 또한 익명화처리가 고려된 경우에도 '특정 개인을 식별할 수 없는 정보로 되는 것'과 '특정 개인을 식별할 수 있는 정보로 되는 것'과 같이 양자를 구별하게 되었다. 나아가 개인정보보호법에서는 새롭게 정의된 '익명가공정보'와 '비식별가공정보'의 용어가 추가되었다. 익명가공정보와 비식별가공정보는 특정 개인을 식별할 수 없도록 하는 것과 같이 개인정보를 가공하여 당해 개인정보를 복원할 수 없도록 한 것이다.

---

14) 인간게놈·유전자분식연구에 관한 윤리지침(2017년 개징)
https://www.mhlw.go.jp/file/06-Seisakujouhou-10600000-Daijinkanboukouseikagakuka/0000153405.pdf

사전동의를 받는 절차 등에 대해서는 개인정보보호법과 연구의 발전에 대응하여 다음과 같이 재검토되었다. 다른 연구기관에 기존 시료·정보를 제공하고자 하는 경우의 사전 동의절차에 대해서 개인정보보호법의 적용을 받는 기관에 대해서 opt-out 절차에 따라 시료·정보의 다른 연구기관에 대한 제공(요배려개인정보를 제외)이 가능하도록 규정이 추가되고, 공동이용에 따라 다른 연구기관에 대하여 시료나 정보를 제공하는 것에 대하여도 opt-out 절차에 따라 가능토록 하는 규정이 추가되었지만, 이들에 있어서 개인정보보호법의 요건을 충족하지 못하는 외국에 있는 제삼자는 제외된다. 한편, 동의취득이 곤란한 경우에 개인정보를 제삼자에게 제공할 수 있는 전략으로서 사회적 중요성이 높은 연구인 점 등의 일정한 기준을 만족시키는 경우에 opt-out에 따른 제삼자 제공을 가능케 하는 규정이 추가되었다. 또한 다른 연구기관에게 시료나 정보를 제공한 경우에는 제공에 관하여 필요한 사항을 기록하고 보존하는 규정이 추가되었다. 이와 관련하여 기존 시료나 정보를 제공받아 연구를 실시하고자 하는 경우에는 다른 연구기관으로부터 시료나 정보를 제공받은 경우에 필요한 사항을 기록하고 보존하는 것에 대하여 새롭게 규정이 추가되었다.

나아가 자신의 기관에서 보유하는 기존의 개인정보로부터 익명가공정보 등을 작성하고, 자신의 기관에서 이용목적의 변경이나 제삼자에 대하여 제공하는 경우에 사전 동의절차가 곤란한 경우에는 절차를 요하지 않는 것으로 하는 규정이 추가되었다.

윤리심사체제에 대해서는 연구의 발전에 따라 원칙적으로 자신의 기관에 윤리심사위원회를 설치할 것을 요구하는 규정을 삭제하고, 타 기관의 윤리심사위원회에 대하여 심사의뢰를 가능케 하는 규정이 추가되었고, 다기관 공동연구의 경우 하나의 윤리심사위원회에 의하여 일

관심사하는 것을 가능케 하는 규정이 추가되었다. 윤리심사위원회의 구성 및 회의의 성립요건 등을 '인간을 대상으로 하는 의학계연구에 관한 윤리지침'각주10)과 동일하게 규정이 변경되고, 위원회 구성의 차이에 따른 문제도 해소되었다.

이러한 개정들은 개인정보보호법이나 다른 윤리지침과 정합성을 가지는 것이지만, 게놈연구에 있어서 여러 절차에 따른 변경이 필요하고, 공포부터 시행까지 3개월로서 단기간인 점, 시행 후 6개월 동안의 기간에 개정지침에 대한 대책이 필요하다는 점이 우려를 낳았다. 나아가 개인정보보호법 관계자와 의료·의학계연구자 간에 개인정보에 대한 인식의 차이가 있는 점은 해결하여야 할 과제로 생각되며, 당장은 개인정보법에 따른 대응이 필요하다고 하더라도 장기적으로는 의료·의학연구를 위한 특별법이 제정될 필요성도 제기되고 있다.

6. 게놈연구를 포함하여 빅데이터를 이용하는 연구에 대한 국제기구의 대응

국제기구로 눈을 돌려보면, 과거에는 인간게놈배열해독과 동일하게, 2003년에 국제기구로서 유네스코는 유전정보의 취급에 대해 적확하게 대응하여 '인간유전정보에 관한 국제선언'[15]을 채택하고, 그 후 2005년에는 '생명윤리와 인권에 관한 세계선언'[16]을 채택하여 분자유전역학을 포함하여 새로운 시대에 있어 게놈연구 시의 절차 등 윤리적 문제에 대한 기본적인 관념을 제시하고 있다. 또한 유네스코는 2008년에

---

15) 유네스코 : 인간유전정보에 관한 국제선언(문부과학성 가역)
https://www.mext.go.jp/unesco/009/005/004.pdf
16) 유네스코 : 생명윤리와 인권에 관한 세계선언(상지대학 IBC 사무국 가역)
https://www.mext.go.jp/unesco/009/005/005.pdf

'동의'에 관한 보고서[17]를 정리하고, 그 중에서 분자유전역학연구와 관련되는 사항으로서 역학연구나 공중위생시책에 대한 정의, 역학연구에 있어 시료정보의 2차 이용에 대한 원칙을 기술하였으며, OECD는 2009년에 '인간의 바이오뱅크 및 유전학연구용 데이터베이스에 관한 OECD가이드라인'[18]을 제정하고, 연구발전에 따른 게놈연구, 유전정보 축적방식에 대하여 언급하고 있다. 나아가 유네스코에서는 2017년에 '빅데이터와 건강'에 대해 보고서를 발표하면서, 게놈정보, 임상정보를 포함한 빅데이터의 취급에 있어서 그 특징과 법적인 자리매김, 윤리적 과제를 규명하여 연구발전에 따른 인류의 혜택과 함께 인권보호에 대한 법령이나 지침의 정비가 필요하며, 이에 있어서 국제기구와 각국의 대응필요성이 기술되어 있다.[19]

Ⅲ. 의료응용을 목적으로 한 게놈연구의 발전과 과제

게놈연구에 있어 입수할 수 있는 개인유전정보가 기술적으로 한정되어 있던 시기에는 유전적인 가족질환 등 특정 상황에 대하여 충분히 고려하면 윤리적 문제는 대부분 회피할 수 있었으며, 인권은 보장된다고 생각해 왔다. 그러나 천 달러 게놈연구 프로젝트(천 달러로 1인의 모든 게놈분석을 목표로 함)가 진전되어 거의 그것이 가능케 된 현재, 개인 게놈정보는 기술적으로 (용이하게) 입수할 수 있게 되었으며, 종전과 같이 연구·분석대상을 좁히

---

17) 유네스코 : '동의'에 관한 보고서
　　http://unesdoc.unesco.org/images/0017/001781/178124e.pdf
18) 인간의 바이오뱅크 및 유전학 연구용 데이터베이스에 관한 OECD가이드라인
　　https://www.jba.or.jp/link_file/publication/1003_human_biobank.pdf
19) 유네스코 : 빅데이터와 건강에 관한 보고서안
　　http://unesdoc.unesco.org/images/0024/002487/248724E.pdf

거나 익명화하여 문제를 해결하는 것만으로는 불충분하다고 이해된다. 또한 개인의 모든 게놈배열이 분석대상으로 되면, '개인유전정보에 의해 무엇이 분명히 되는 것인가'에 대한 연구협력(참가)자와 연구자·의료관계자 등의 사이에서 이해의 간극은 이전보다 훨씬 더 크게 되고, 획득된 정보의 가치나 영향은 익명화의 유무에 따라서도 크게 변화될 수 있는 점에도 유의할 필요가 있다. 동시에 모든 게놈배열의 해독은 개인 특정을 용이하게 하는 점에서 익명화가 반드시 개인정보보호로 되지 않는 점도 고려하여야 한다. 한편, 많은 연구자가 적절한 순서에 따라 정보를 공유하여 비로소 연구의 성과가 의료에 응용될 수 있게 된 점도 사실이며, 그 방법이나 구조는 이후에도 계속 검토되어야 할 것이다. 따라서 연구에 의하여 얻을 수 있는 정보가치를 포함하여 동의를 받는 절차에 대해서 연구자와 의료관계자 뿐만 아니라 연구협력자와 질환을 가진 환자 각각의 사이에서 사고방식을 공유하여 방법과 구조를 정비할 필요가 있으며, 윤리심사 등의 절차나 분석과 정보관리에 대한 지침정비와 법정비 등은 여전히 과제로 남아있다고 생각한다.

IV. 국경을 초월한 연구와 윤리적 문제

지금은 게놈연구에 한하지 않고, 연구와 그 응용에 있어 국경 등의 경계가 없고, 시료나 정보는 순식간에 세계로 확산되는 시대이다. 한편 사회체제, 민족문화 등 개인을 둘러싸고 있는 상황은 다양하게 존재하며, 개인의 사고방식도 크게 다르다. 또한 문제해결을 위하여 의거하게 되는 법, 지침 등의 규범도 국가에 따라 다른 것이 현실이므로 게놈연구나 그 응용에 있어서 국제기구 또는 다국가 간의 대응책이 아주 중요하게 되었다. 앞서 몇 개의 다국간 혹은 국제기구에서의 선언, 지침, 조약 등의 제정과 체결을 언급했지만, 의학연구 시의 윤리적 문제에 대해서 의미 있는 준거가 되는 세계의사회의 헬싱키선언도 개정이 반복되어 왔다. 2013년에는 연구에 참여한 약자집단의 보호, 바이오뱅크 등에 있어서 연구시료의 재이용에 관한 사전동의에 대한 언급 등 연구발전을 감안하여 시료나 정보, 나아가서는 피험자, 연구참가자의 보호에 대한 언급이 이루어지고 있다.[20] 이후에도 연구발전이나 기술진보에 발맞추어 국제적으로 공통의 이해가 이루어지도록, 또한 준수해야 할 사항을 공유하는 부단의 노력을 계속할 필요가 있다.

V. 이후의 방향성

게놈연구의 발전은 의료에 활용되는 시대를 맞이하였지만, 여전히 연구발전은 이후에도 한층 더 이루어져야 한다. 즉 연구발전을 위해서 의료에 활용될 것을 목적으로 한 연구발전의 방법이나 필요한 연구구조의 정비가 필수적이며, 과제해결에 있어서도 연구자가 과제해결을 목적으로 연구를 추진하는 것이 지금까지 해온 것 이상으로 중요하게 될 것으로 생각한다. 연구를 둘러싼 법적인 내용을 포함하여 제도에서도 연구발전과 사회의 변화에 따라 변화를 모색하는 것이 필요하다고 생각한다.

VI. 마치면서

게놈과학의 진보가 의학과 의료에 주는 영향은 아주 크며, 질환의 적

---

[20] 헬싱키선언 포르탈레자 개정(세계의사회) 일본의사회 번역
http://dl.med.or.jp/dl-med/wma/helsinki2013j.pdf

확한 치료법의 선택, 예측정보에 기초한 예방법 등 차세대의 치료법에 대한이 기대를 높이고 있다. 한편 게놈·유전자정보를 다루는 연구는 게놈·유전자정보가 궁극적인 개인정보인 점에서 의학연구나 의료의 입장에서도 윤리적·법적·사회적 문제로 이어지는 측면을 충분히 인식할 필요가 있다. 이후에도 연구의 발전이나 국내적인 관점에서뿐만 아니라 국제적인 관점에서도 이러한 문제를 인식한 배려와 검토가 중요하다.

<참고문헌·사이트>

(1) 유네스코 : 인간게놈과 인권에 관한 세계선언(문부과학성 가역)
　　http://www.mext.go.jp/unesco/009/005/001.pdf
(2) WHO : 유전의학과 유전서비스에 있어서의 윤리적 제문제에 관해 제안된 국제가이드라인(일본어번역)
　　https://jshg.jp/wp-content/uploads/2017/08/WHOguideline.pdf
(3) 유럽평의회 : 인권과 생물의학에 관한 조약
　　http://conventions.coe.int/Treaty/en/Treaties/Html/164.htm
(4) 과학기술회의생명윤리위원회「인간게놈연구에 관한 기본원칙」
　　https://www.mext.go.jp/b_menu/shingi/kagaku/rinri/genso614.htm
(5) 후생노동성·문부과학성·경제산업성「인간게놈·유전자분석연구에 관한 윤리지침」
　　https://www.mhlw.go.jp/general/seido/kousei/i-kenkyu/genome/0504sisin.html
(6) 영국 Human Fertilisation and Embryology Act 1990
　　http://www.legislation.gov.uk/ukpga/1990/37/contents
(7) 독일 Embryo Protection Act (Embryonenschutzgesetz) 1991
　　http://www.gesetze-im-internet.de/eschg/BJNR027460990.html
(8) 프랑스 생명윤리3법(일본어 번역)
　　大村美由紀「生命倫理法(立法紹介 フランス)」外国の立法33-2号(1994年)1-35면.
(9) 유전카운셀링·출생전 진단에 관한 가이드라인(일본인류유전학회회고)
　　https://jshg.jp/about/notice-reference/guidelines-on-genetic-counseling-and-prenatal-diagnosis/
(10) 유전성 질환의 유전자진단에 관한 가이드라인(일본인류유전학회회고)
　　https://jshg.jp/about/notice-reference/guidelines-on-genetic-diagnosis-of-hereditary-diseases/

⑾ 개인정보보호법

https://www.ppc.go.jp/files/pdf/201212_personal_law.pdf

⑿ 역학지침

https://www.mhlw.go.jp/general/seido/kousei/i-kenkyu/ekigaku/0504sisin.html

⒀ 인간을 대상으로 하는 의학계연구에 관한 윤리지침

https://www.mhlw.go.jp/file/06-Seisakujouhou-10600000-Daijinkanboukouseikagakuka/0000153339.pdf

⒁ 인간게놈·유전자분석연구에 관한 윤리지침(2017년 개정)

https://www.mhlw.go.jp/file/06-Seisakujouhou-10600000-Daijinkanboukouseikagakuka/0000153405.pdf

⒂ 유네스코 : 인간유전정보에 관한 국제선언(문부과학성 가역)

https://www.mext.go.jp/unesco/009/1386539.htm

⒃ 유네스코 : 생명윤리와 인권에 관한 세계선언(상지대학 IBC 사무국 가역)

https://www.mext.go.jp/unesco/009/1386605.htm

⒄ 유네스코 : 「동의」에 관한 보고서

http://unesdoc.unesco.org/images/0017/001781/178124e.pdf

⒅ 인간의 바이오뱅크 및 유전학 연구용 데이터베이스에 관한 OECD가이드라인

https://www.jba.or.jp/link_file/publication/1003_human_biobank.pdf

⒆ 유네스코 : 빅데이터와 건강에 관한 보고서안

http://unesdoc.unesco.org/images/0024/002487/248724E.pdf

⒇ 헬싱키선언 포르탈레자 개정(세계의사회) 일본의사회 번역

http://dl.med.or.jp/dl-med/wma/helsinki2013j.pdf

제10장

대규모 게놈분석·뱅크사업에 관한 과제
- 최근 부상하고 있는 신규과제를 중심으로 -

長神風二(나가미 후지)

Ⅰ. 시작하며-본고에서 다루는 과제의 정리

일본에서 2010년대는 개인의 게놈을 분석하는 시기였다고 할 수 있을 것이다. 기술적인 발전에 의하여 게놈분석에 필요한 속도와 비용대비효과가 매우 향상되었기 때문에, 각 개인의 게놈을 분석하는 것이 현실이 되었다. 요컨대 그것이 일상적인 것으로 된 것이 최근 5-6년이라 할 수 있다.[1)]

한편 인간을 대상으로 한 생명과학연구에 있어 세계에서 '바이오뱅크'가 일반화된 것도 2010년대라 할 수 있을 것이다. 일본에서 앞서 시행해 온 바이오뱅크 재팬(BBJ)[2)]에 대한 대처는 2003년에 시작했다. 필

---

1) 일본에서 처음 정리된 양의 개인 게놈정보에 기초한 데이터베이스가 공개된 것은 2013년 11월 12일, 교토대학대학원의학연구과부속게놈의학센터를 중심으로 하는 "Human Genetic Variation Database"라 할 수 있다. Human Genetic Variation Database ⟨http://www.hgvd.genome.med.kyoto-u.ac.jp/⟩
2) 바이오뱅크 재팬 도쿄대학의과학연구소와 이화학연구소를 중심으로 한 프로젝트 '오더메이드 의료실현화 프로젝트'(그 후 별도의 기회에 '오더메이드 의료의 실현 프로젝트'로 개칭)에 의해 구축된 일본 첫 대형 바이오뱅크. 오더메이드 의료의 실현 프로젝트

자가 관여하고 있는 토호쿠(東北) 메디컬 메가뱅크계획³⁾의 발표의 후속 조치로서 바이오뱅크를 설치하고(2013년), 6개의 국립의료연구기관에 의하여 공동으로 대처(내셔널 센터 바이오뱅 ⁴⁾ 6NC, 2012년경부터 본격적으로 크 네트워크 프로젝트, 바이오뱅크로서의 활동을 조직)하고 있다. 또한 3개를 총칭하여 3대 바이오뱅크로 부르고, 이러한 바이오뱅크로부터 다른 연구기관의 심사에 따라 시료와 정보를 분양하기 시작한 것 등 모두 최근 7-8년 동안에 진행되어 온 것이다.

대규모 게놈분석이 가능하게 되고 각 개인의 게놈정보의 분석이 용이하게 된 것은 그 자체로서 다양한 법적, 윤리적 과제를 야기시키게 되고, 이미 다양한 경우에서 이러한 점이 논란이 되었고 지침의 개정 등에 영향을 미쳐왔다. 한편 인간유래시료를 바탕으로 바이오뱅크를 구축한다는 계획은 2013년에 행해진 인간게놈·유전자분석연구에 관한 윤리지침의 전부개정 중 그 일부분이 이를 목적으로 하고 있었던 것과 같이 여러 측면에서 검토가 이루어져 왔다. 결과적으로 이미 많은 논의가 있어 왔고 과제도 이미 정리되었지만,⁵⁾ 필자는 지금도 토호쿠 메디컬 메가뱅크계획의 시행 중에 아주 새로운 문제에 직면하고 있다. 그것은 주로 개인 게놈분석에서의 문제와 바이오뱅크의 과제가 결합되어 복합적으로 발생하고 있다고 할 수 있다. 본고는 이러한 새로운 문제점에 대하여 방대하고 다양한 과제 중에서 아래의 두 가지를 주된

〈https://biobankjp.org/〉

3) 2011년에 처음 예산화되고, 2013년부터 코호트조사를 공개한 토호쿠 메디컬 메가뱅크계획은 토호쿠(東北)대학과 이와테(岩手)의과대학에 의해 실시되고 있으며, 국립연구개발법인 일본의료연구개발기구(AMED)가 관할하고 있다. AMED사업에 있어서 토호쿠 메디컬 메가뱅크계획, 〈https://www.amed.go.jp/program/list/04/01/001.html〉
4) 내셔널센터 바이오뱅크 네트워크 프로젝트는 주로 후생노동성 관할의 국립의학계연구소에 의한다. 내셔널센터 바이오뱅크 네트워크 프로젝트 〈http://www.ncbiobank.org/〉
5) 특히 町野朔나 辰井聡子에 의해 2009년이라는 비교적 이른 시기에 검토가 서적으로 완성되어 정리되어 있다. 町野朔=辰井聡子共著『ヒト由来試料の研究利用―試料の採取からバイオバンクまで』(上智大学出版, 2009年).

과제를 다루고자 한다.

① 바이오뱅크의 활성화로부터 복수기관에 의해 동일한 검체에 대한 분석결과가 발표되거나 공유될 가능성의 문제
② 연구에서 얻게 된 정보와 진료와의 연계에서의 과제

필자가 ①에서 검토하고자 하는 과제는 예컨대, 한 사람의 바이오뱅크협력자 A씨에 대해 그 시료·정보 등이 세 개의 기관에 분양되었다고 하는 경우에 발생할 수 있는 문제이다. 첫 번째 기관이 개인정보로 다루지 않는 레벨의 분석정보(예컨대 2-3개소의 SNV정보와 부분적인 설문조사정보)를 연구성과의 일환으로서 공개하고, 두 번째 기관이 동일하게 독립적으로 부분적인 정보를 공개했다고 가정하고 세 번째 기관이 공개하려고 하는 정보가 공개된 두 개 기관의 정보와 '연결되어 있는' 것으로서 결합정보가 보호대상이 되는 개인정보의 가능성이 있는 경우에 어떠한 사태가 발생할 것인가 또는 여기에서 동의철회나 연구의 공정성이 문제될 수 있는 경우에는 더욱 복잡한 문제가 된다.

또한 ②에서 검토하고자 하는 것은 게놈분석을 수반하는 연구과제에서 많은 연구프로젝트가 분석결과를 개인에게는 알려주지 않는데, 이 경우에 어떻게 진료와의 접점을 찾을 수 있을 것인가 하는 점이다. 진료의 일환으로 게놈분석을 하는 경우에 현재는 보험이 적용되지 않는 자유진료로서 고액의 자기부담금이 필요한 경우에, 연구참가 등 어떠한 형태로 한번 게놈분석을 한 개인은 그것이 진료에 활용되기를 바랄 것이다. 그러나 연구에서 게놈분석을 할 때에 대부분의 사전 동의에서는 본인에 대해 분석결과의 공개를 예정하고 있지 않고 나아가 의료기관에 결과를 이관하는 것도 예정되지 있지 않다. 이런 경우에 개인으

로부터 결과공개를 청구받는다면 어떠한 조건으로 교부할 수 있을 것인가 하는 과제이다. 구체적인 경우에 따라 검토하고자 한다.

II. 배경-대규모 게놈분석, 바이오뱅크, 분양 그리고 사전 동의

본장에서는 'I. 시작하며'에서 언급한 과제에 대하여 그 배경을 조금 더 상세하게 정리하고자 한다.

1. 대규모 게놈분석과 개인의 게놈

잘 알려진 대로 인간게놈분석은 부분적인 유전자영역의 해독을 제외하면 1990년 국제인간게놈프로젝트에서 시작되어 2003년에 완료되어 결코 오랜 역사를 가진 것은 아닙니다. 국제인간게놈프로젝트에서는 1명분의 모든 게놈을 해독함에 13년이 걸리고 비용도 수 백억엔이 필요하며, 당시에는 한명씩 개인 게놈해독을 한다는 것은 상상조차 하기 어려웠다.

상황이 일변한 것은 2000년대 중반 소위 '차세대 시퀀서'의 등장이 계기가 되었다. 일루미나사로 대표되는 신흥 바이오기업 등에 의해 개발된 신규기기들은 시간과 비용을 극적으로 줄일 수 있었다. 한 명분의 해독비용이 1만달러 정도로 떨어지고, 소요시간도 한 명에 대해 몇 주 정도면 되는 레벨에서 100명 ~ 1000명 단위의 해독은 일반화되기에 이르렀다. 세계 각국이 협력하는 국제 1000명 게놈프로젝트는 2008년에 시작하여 2012년에 시퀀스 결과에 대하여 논문발표가 행하여졌으며,[6] 아이슬란드의 deCode프로젝트(1990년에 프로젝트 공개, 2000명이 넘는 게놈분석결과를 논문으로

---

6) Mc Vean, G. A., Abecasis, D. M., Auton, R. M., et al. (2012). "An integrated map of

발표한 것 [7])와 같은 예도 있다. 동시에 개인이 게놈정보를 해독하고, 그것을 공개하는 특수한 예도 나타났다. 일본과 미국에서 유명한 것은 DNA 이중나선구조의 발견자로서 유명한 제임스 왓슨[8]이나 토미타 마사루(冨田勝) 게이오 대학(慶應義塾大学)[9] 교수이다.

필자가 관여하는 토호쿠 메디컬 메가뱅크계획은 그러한 가운데 2012년에 시작했지만, 계획을 발족할 당시 모든 게놈해독을 대규모로 추진하는 것은 국내에서는 거의 유례가 없었으며, 특이한 형태로 받아들여졌다.

또한 2010년 전반에는 차세대 시퀀서의 해독정도가 반드시 높다고 인식되지는 않았으며, 특히 특정개인의 SNV에서 빈도가 낮은 것과 같이 시퀀스에 있어서의 에러를 찾아내는 것은 곤란하다고 알려졌다.[10] 차세대 시퀀서에 의해 얻어진 분석결과는 집단으로서 통계적으로 취급하는 것은 유효하더라도 그 특정 개인정보로서 취급하기에는 곤란하다고 생각되었다.

---

genetic variation from 1, 092 human genomes". Nature 491(7422) : 56-65.

7) Gudbjartsson DF, Helgason H, Gudjonsson SA et al. (2015) "Large-scale whole-genome sequencing of the Icelandic population", Nat Genet. 47(5) : 435-44.

8) James Watson genotypes, on NCBI B36 assembly Archived, 〈https://web.archive.org/web/20080705140214/http://jimwatsonsequence.cshl.edu/〉

9) 冨田勝교수의 개인게놈배열이 공개, 〈https://www.ddbj.nig.ac.jp/news/ja/2012-07-31.html〉

10) 실제 토호쿠대학 토호쿠 메디컬 메가뱅크기구에 있어서 집단에 있어서의 빈도와 위치정보만이라고는 하더라도 빈도가 낮은 일염기변이를 공개함에 있어서는 많은 논의가 행해졌다. 공개에 있어서 특히 개인특정의 과제나 질환과의 관련 등에 대해 검토한 것은 아래의 페이지에 기술되어 있다. 東北メディカル・メガバンク計画「全ゲノムリファレンスパネル」の情報公開を拡充します〜同パネル上の全SNV/SNPのアレル頻度情報〜, 〈http://www.megabank.tohoku.ac.jp/news/13176〉

2. 인간유래시료의 바이오뱅크

바이오뱅크는 생체시료 및 그에 부수되는 정보 등을 체계적으로 보관하는 것이지만, 오늘날의 바이오뱅크와 같은 대규모의 것은 그리 오래되지 않았다. 당초에는 특별한 질환을 가진 환자를 대상으로 하여 그 질환샘플을 축적하는 것으로 행해하여졌지만, 일반 주민과 같이 건강한 사람을 대상으로 하는 대규모의 축적의 역사는, 해외에서는 2004년에 시작한 UK Biobank 또는 그보다 수년 앞서 검체수집도 공개했던 deCode의 프로젝트를 그 효시로 본다. 일본에서는 전술한 BBJ가 47개 질환의 환자를 대상으로 2003년에 시작했으며, 6NC 바이오뱅크로 불리는 내셔널센터 바이오뱅크 네트워크는(각 시설에서의 검체축적 그 자체의 기원을 묻는다면 상당히 오래되었을 것이지만, 네트워크로서의 통일된 사전 동의 등에 기초한 것으로) 2012년경부터 시작되었지만, 이들 모두는 질환을 대상으로 한다. 대규모로 일반주민을 대상으로 한 것은 토호쿠 메디컬 메가뱅크계획이 일본에서는 처음이라고 할 수 있다.[11]

바이오뱅크의 특징은 장기보존과 시료와 정보 이용의 다양성이다. 수집시점에서는 특정이 불가능했던 목적이나 방법에 의하여 분석·연구되고, 또한 그 실시주체도 수집시점에서는 특정되지 않는 특징을 가진다. 검체수집시점에서는 예정되지 않았던 분석방법이 취해지는 경우도 있다.

바이오뱅크의 시료와 정보가 외부연구기관 등에 의해 사용되는 것은 시료와 정보의 분양으로 일컬어지며, 2010년 이후 일본 국내에서도 몇 개의 바이오뱅크에서 일어나고 있다. 또한 시료와 정보를 그 수집과 관련된 기관이 다른 기관과 함께 분석하는 공동연구는 이보다 더 일찍부터 이루어지고 있었다. 시료와 정보의 제공자의 사전 동의에서는 시

---

11) Kuriyama S, Yaegashi N, Nagami F et al. (2016) The Tohoku Medical Megabank Project: Design and Mission, Journal of Epidemiology, 26(9), 493-511.

료와 정보가 다양하게 이용되는 것을 전제로 하고는 있지만, 그 이용 방법에 있어서 개요가 공개된 후 제공자가 그것이 자신의 의사에 따른 것이 아니라고 한다면 당초의 동의를 철회할 수 있는 권리를 인정하는 것이 일반화되어 있다.[12]

Ⅲ. 검토①-복수기관에 의해 동일한 검체에 대한 분석결과가 발표되고 공유될 가능성에서 오는 문제

전술한 배경을 전제로 하여 윤리·법령상의 정리에 있어서 구체적으로 문제되거나 문제되고 있는 과제를 본장과 다음 장에서 살펴보기로 한다. 우선 본장에서는 Ⅰ에서 '① 바이오뱅크의 활성화로부터 복수기관에 의하여 동일한 검체에 대한 분석결과가 발표되고 공유되는 가능성에서 오는 문제'로 한 것을 구체적으로 검토한다.

1. 가상적인 상황설정

필자에게 친숙한 토호쿠 메디컬 메가뱅크계획을 예로 들면, 2017년 12월 현재 해독된 모든 2,049명의 게놈데이터가 대규모의 분양대상으로 되어 있다. 그로부터 분양이 복수로 행해지는 경우를 예로 들어 생각해 본다.

Case 1 : 우선 연구기관 A가 분양신청을 하고, 특정 조건하에서 2,049명 중 200명을 추출해서 그 정보를 분석하고 연구발표를 했다고 가정하자. 그 후 연구기관 A의 발표에 대하여 연구상 완전히 찬성하지 않

---

12) 境田正樹, "東北メディカル・メガバンク計画における法的·倫理的課題", Law&Technology, 2014 ; 62 ; 31-40.

는 연구기관 B가 추가시험의 의미도 포함하여 같은 특정 조건의 추출방법에 따른 정보분양을 시도했다고 하자. 여기에서 두 기관의 분석 간에 일정 기간이 경과하여 그 동안에 3명이 동의를 철회하여 데이터가 분양된 것은 197명이었다고 한다. 연구기관 B가 분석한 결과, 그 3명에 의하여 발생한 차이도 포함하여, 연구기관 A가 행한 결과와 다른 결과가 도출되었다고 하자. 연구기관 B가 연구발표하고 양자 간의 차이가 일반에 공개되었다.

Case 2 : 연구기관 C가 분양신청하고, 특정 질환에 감염되었다고 하는 50명에 대해서 분석하고 질환원인이 의심되는 몇 가지의 유전자변이와 개별인의 혈액검사로부터의 검사수치종류 등을 구체적으로 언급한 연구발표가 있었다고 가정한다. 그 후 연구기관 D가 분양신청하고, 더욱 넓은 질환군의 개념 하에 전술한 50인을 포함한 100명의 정보분양을 신청하여 연구를 수행하고, 연구기관 C와는 일부 중복되는 복수의 유전자변이나 혈액검사의 검사치, 설문조사의 회답정보 등을 바탕으로 연구발표를 했다고 하자. 나아가 연구기관 E가 별도의 시점에서 분양신청을 하고, 전술한 50명을 포함한 집단에 대해 유전정보의 일부와 그 외의 정보를 포함한 발표를 하고자 했다고 가정한다. C, D, E 각자가 발표하는 정보는 단독으로는 전혀 개인특정성이 없으며, 또한 개인정보보호법상으로도 문제가 없다고 한다. 그러나 연구대상에 같은 대상자가 포함된 때에 혈액검사의 특정 검사치나 설문조사에 대한 회답 등 복수의 항목의 특성이 일치하는 것은 달리 보더라도 동일인인 것이 높은 개연성으로 추정가능하게 된다. 또한 C, D, E 각자로부터 발표된 유전정보는 각각 단편적이라 하더라도 세 개를 종합하면, 법률상으로도 개인정보에 해당하는 것이 될 가능성이 있다.

전술한 두 가지의 가상 Case는 현실적으로 발생한 것은 아니지만, 절대 있을 수 없는 것도 아니며, 아래에서 이 경우들에 따라 어떠한 문제가 발생하는지 검토하기로 한다.

2. 가상 Case의 경우에 어떠한 문제가 발생할 수 있을까

Case 1 : 두 가지의 중대한 문제가 발생하는데, 하나는 개인특정성의 문제이고, 또 다른 하나는 데이터의 추적가능성(traceability, トレーサビリティ)의 문제이다.

우선 개인특정성의 문제에 대해서는 두 연구기관으로부터 상세한 연구발표가 이루어지면, 그 정보값의 차이는 당연히 동의철회자의 정보로 추정된다. 전항에서 예로 든 것은 세 명으로 가정하고 있지만, 당연히 한 명일 수도 있다. 수인의 정보의 상세한 발표는 당연히 개인을 특정할 수 있는 위험을 높일 수 있으며, 유전정보 등이 관계되는 경우에는 법적인 문제도 발생할 수 있다.

또 하나의 문제는 최근 들어 연구공정의 문제로부터 갑자기 부각되고 있는 데이터의 추적가능성에 관한 문제다. 토호쿠 메디컬 메가뱅크 계획에 있어서 정보를 분양하는 경우에는 개인의 게놈정보 등 특히 민감성이 높은 정보에 대해서는 함부로 분양 등으로 타 기관으로 이동시키지 않고, 토호쿠대학에 있는 슈퍼컴퓨터 내에서 분석하여 분석결과만을 가져가는 것을 원칙으로 하고 있다. 그렇게 하면 연구기관 B에 의하여 분석이 행하여지는 시점에는 원본데이터로부터 동의철회한 세 명분의 데이터는 멸실되어 있으며, 분석 후의 결과로서 연구기관 A에만 존재하게 된다. 최근 연구공정 규칙에서는 취득데이터의 일정기간 보존이 강력하게 장려되고 있지만, 바이오뱅크와 같이 제공자 유래의 데이터 중에서 사전 동의에 기초한 경우에는 부득이하게 데이터삭제가 되는 것을 예정하고 있다. 연구기관 A와 B 간의 데이터 차이에 있어서 연구기관 A는 근거가 되는 원본자료를 연구기관 B가 연구를 개시하는 시점에서는 제시하지 않은 것으로 되어 난처한 상황이 될 수 있다.

Case 2 : 연구기관 E에 의한 연구결과 발표시점에 C, D에 의하여 연구결과가 공개된 경우에 연구기관 E는 그 분석결과를 얻은 시점에는 개인정보가 보호되는 상태로 유지된다. 필자는 법률전문가는 아니지만, 개인정보보호법을 문언대로 해석하면, 분석완료시점에 E에게 책임이 발생하고, 함부로 공개할 수 없는 분석정보를 보유하고 있는 것이다. 정보분양과 분석에는 상당한 비용과 노력을 요하는 것이기 때문에, 조금 늦게 분석을 완료한 E가 발표할 수 없다고 한다면 불합리한 상황이 발생할 것이다. 또한 정보분양이 C, D, E로 시계열적으로 행해지는 경우에는 E에 대해 선행연구의 존재를 미리 알려 리스크를 전제로 한 연구인 점을 사전에 양해시키는 것도 가능할지 모르지만, C, D, E의 발표가 거의 동시에 이루어질 가능성이나 D의 발표보다 이전에 E의 분양이 행하여지고, 더 나아가 E의 발표가 선행된다면 분양시점에 전혀 검토하지 않은 리스크가 D의 발표불능상태를 초래할 가능성도 있다.

3. 문제의 해결방법과 그 단점

전항에서 언급한 문제에 대하여 해결방법이 없지는 없다. 예컨대, Case 1에 대해서는 단순히 개인특정을 피하는 것만을 위해서라면, 애조 연구기관 B에 의한 정보이용에 있어서 심사[13]단계에서 이를 인정하

---
13) 토호쿠 메디컬 메가뱅크계획의 시료·정보분양에 있어서의 시료·정보분양신청의 흐름

지 않는 방법이 있다. 요컨대, 완전히 동일한 조건에서 정보이용을 하도록, 또한 동의철회에 의한 데이터세트의 차이 때문에 개인이 특정될 수 있는 개연성이 있으므로 그 이용을 피한다는 것이다. 그러나 과학연구에 있어서 추가시험의 가능성을 폐쇄하는 것과 같은 방식은 과학의 발전에 있어서 불합리한 면이 있다고 생각될 수밖에 없다. 또한 연구기관 B에 대하여 분양시에 개인특정의 위험을 충분히 설명하고, 분석결과공개에 있어서 제약이 있다는 점을 잘 이해시키고, 그 발표에 앞서서 사전검토를 하도록 하는 방법도 있다.

토호쿠 메디컬 메가뱅크계획에 있어서는 현시점에서 후자의 자세를 취한 MTA의 방식을 공개하고 있지만, 그 경우의 사전검토 등은 전문성이 높아 세심한 주의가 필요하며, 뱅크측에 큰 비용을 발생시키는 것이다. 또한 사전검열적인 행위로 이어질수도 있어, 운용에 있어서는 신중한 주의를 요하게 된다. 대규모 공적 바이오뱅크로서 이러한 검토비용을 계속 부담하는 것은 지속가능성의 관점에서 바람직하지 않다.

또는 연구기관 B에 대하여 "신규분양"으로 검토한 건이 어떤 범위에서 추적가능성을 확보하여야 하는가에 대하여 다른 방법을 창안하여야 한다는 생각도 있다. 연구기관 A에 대하여 정보를 분양한 후 예컨대, 당해 계획의 슈퍼컴퓨터의 한 구획에 동의철회가 있었던 것도 포함하여 보관하고, 추적가능성을 확보할 목적 외에는 엄격하게 이용을 제한하는 것으로 하고, 그 목적에 한해서 별도 형태의 프로세스를 준비하는 것이다. 보관장소는 공적인 데이터베이스 등에 준비가능하다면 그것으로 대신하는 것도 가능할 것이다. 대상자의 사전 동의의 문제는 '분양 후에 정보에 대하여 동의철회가 있더라도 삭제할 수 없는 경우가 있다'는 규정에 의하여 동의의 범위와 일치하지 않는 것은 아니지만,

〈http://www.dist.megabank.tohoku.ac.jp/flow/flow/index.html〉

어디까지나 추적가능성을 고려한 제한을 어떻게 담보할 수 있을지 등의 논점은 남을 것이다.

Case 2에 대해서도 동일하게 C, D, E 각각에 대한 분양에 있어서 그 중복범위 등을 잘 고려하고, 신청범위 등을 조정하여, 리스크를 줄여가는 방법을 생각할 수 있다. 이것들도 데이터뱅크를 관리하는 측에 아주 높은 비용을 요구하는 것임과 동시에 이러한 조정이 행해지는 것 자체가 연구상의 비밀을 사전에 공개해야 하는 것으로 이어지고, 시료나 정보를 이용하고자 하는 연구자로부터도 기피되는 원인으로 작동될 수도 있을 것이다.

VI. 검토②-진료와의 경계 과제

일반 주민을 대상으로 한 바이오뱅크는 어디까지나 연구사업이며, 직접적으로 진료와 연결될 가능성이 없다는 점은 말할 것도 없다. 그러나 사전 동의를 통하여 유명한 연구기관(부속병원이 병설되어 있는 경우도 많음)에게 시료나 정보를 제공한 참가자에게 있어서는 진료를 받는 경우와 유사하다고 생각하게 되는 경우가 있을 수 있다는 점도부정할 수 없다.

1. 가상적인 상황설정

대규모의 바이오뱅크 F(특히 게놈분석을 수반하는 것)에 대한 참가자 G가 그 바이오뱅크를 운영하는 연구기관과 관련된 병원 H에서 진료를 받았다고 하자. 병원에서 진료받은 결과로서 자비진료로 유전자분석을 수반하는 검사를 제안받았다고 가정한다. 참가자 G의 입장에서는 바이오뱅크 F와 병원 H는 동일법인이기도 하고 바이오뱅크 F가 소유하는 게놈분석 정보를 병원 H에게 넘길 수 있으면, 고액의 자비진료를 받을 필요가 없고 그것이 더 쉬운 방법으로 보인다.

2. 가상 Case의 경우 발생하는 문제와 그 대처

바이오뱅크 측으로서는 가령 본인이 신고했다고 하더라도 분석정보를 "그대로" 진료에 이용하는 사례는 기본적으로 예정하고 있지 않다. 뱅크에서의 검체처리나 차세대 시퀀서에 의한 분석이라고 하더라도 진료에서의 환자정보관리와는 완전히 다른 것이기 때문이다. 당연히 바이오뱅크 측에서는 응할 수 없다고 할 것이지만, 참가자 G측에서는 납득이 되지 않는 부분이 있을 것이다.

현실 문제로서 익명화되어 있는 바이오뱅크의 분석정보를 참가자로부터 신고를 받았다고 하더라도 아무런 문제없이 그 중 하나를 추출하기 위해서는, 엄중하게 보관되어 있는 대응표를 바탕으로 하여 재연결 작업을 하여야 하는 등 그 비용은 상당하며, 자비진료에 의하여 새롭게 검사하는 것과 그렇게 큰 차이가 나는 것이 아닐 가능성도 있다.

이 Case에서 상정한 것과 같은 내용은 진료현장에서 유전자분석에 의한 검사가 확대되어 감에 따라 결코 드물지 않게 발생할 수 있는 것으로서, 실제로 토호쿠 메디컬 메가뱅크계획에 있어서도 유사한 사례를 경험하고 있다. 이는 참가자들로부터의 신뢰에 관한 문제이며 더욱 효과적인 대처가 요구된다.

V. 문제해결을 통해

앞서 두 개의 절에서 2017년 말에 바이오뱅크를 운용함에 있어서 부상한 문제에 대하여 아주 일부의 예를 기술했다. 각각의 문제에 있어서 현 시점에서의 대처법도 함께 기술했지만, 일종의 대증요법적인 것이지 반드시 정답이 있는 것은 아니다. 또한 필자의 경험에 비추어 보아도 이러한 개별 문제의 출현은 바이오뱅크의 운영에 있어서 드문 것이 아니며, 여러 가지의 형태로 바뀌어서 일상에서 나타나는 것이다.

이러한 문제의 원인에는 처음부터 바이오뱅크에 참가하는 시점에서 시료나 정보를 제공하는 단계의 사전 동의에 있어서 연구기관 측에 그 시료나 정보에 관한 권리를 양도하는 한편, 여전히 동의철회 등의 권리를 계속 유지하는 등 제공자 측에게도 일정 이상의 권리가 계속 유지된다고 하는 복잡한 구조가 있다. 또한 개인정보보호법 형식으로 일정한 염기수 이상의 분석결과를 개인정보로 취급하는 것과 같이, 그때까지 일반적인 정보에 불과했던 것이 어떤 시점에서 갑자기 개인정보로 변환된다고 하는 전환점을 내포한다는 특수한 성질에 기인하는 부분도 있다.

앞으로 바이오뱅크가 확대되어 갈 것을 고려하면, 관계자 간에 이에 관하여 명확한 정리를 하고 그것을 사회에 대해서도 제시해 가는 것이 중요하다.

Ⅵ. 마치면서

일본에서 임상검체의 보관 등은 이전부터 행하여져 왔지만, 대규모 바이오뱅크의 형태로 정비되어 온 것은 최근의 일이며, 또한 관계되는 법령 등의 정비는 거의 최근 10년 정도 사이에 순차적으로 진행되어 오고 있다. 또한 대규모 바이오뱅크(특히 다수의 외부기관에 시료나 정보분양을 하는 것을 전제로 한 것)의 운용 그 자체도 막 시작한 바이며, 어떤 윤리나 법령상의 문제를 포함하는 일이 발생할지에 대하여도 정보가 충분히 축적되어 있다고 하기는 어렵다. 참가자로부터 취득한 사전 동의의 형태도 각 기관마다 다른 가운데, 겨우 축적한 경험을 가능한 한 널리 공유해 가는 것이 중요하다. 이러한 실례의 축적 가운데에 바이오뱅크를 구성하는 시료나 정보의 존재방식에 대하여 정리하고, 좁은 의미에서의 바이오뱅크 관계자뿐만 아니라 이후의 바이오뱅크에 시료 등의 제공자로 될 수 있는 자들을 포함하는 넓은 층과도 공유해 가도록 미력이나마 노력하고자 한다.

[사사] 졸고를 정리함에 있어 이러한 기회를 주시고, 또한 당해 계획이 직면한 과제에 대해 빈번하게 지도를 해 주신 도쿄대학 교수인 요네무라 시게토(米村滋人) 교수에게 우선 감사드린다. 또한 토호쿠대학 토호쿠 메디컬 메가뱅크기구의 발족 이래 그 윤리법령면을 선도해 주신 도쿄대학이사인 사카이다 마사키(境田正樹) 교수, 그리고 매일 새롭게 발생하는 과제에 함께 매진하고 있는 토호쿠대학 토호쿠 메디컬 메가뱅크기구와 이와테의과대학 이와테토호쿠 메디컬 메가뱅크기구의 여러분, 나아가 애초 저희들의 계획에 찬성하여 협력해 주신 코호트 조사/바이오뱅크의 참가자 여러분께 감사드린다.

제11장

개체사로서의 심장사
- NHB 공여자(Non-Heart-Beating Donor)에 대해서 -*

町野 朔(마치노 사쿠)

Ⅰ. 개체사와 장기이식

1. 뇌사, 심장사와 장기이식

인간의 '죽음'이 무엇인지 정의할 때에, 장기이식을 위해서만 언급된 것은 아니지만, 처음으로 본격적인 법률해석론으로서 논의된 것은 장기이식과 관련해서이다. 죽음의 정의에 있어서 '뇌사'를 죽음으로 인정하고 뇌사자로부터 심장 등의 적출을 인정해야 할지가 문제되었다. 많은 국가가 뇌사를 인간의 죽음으로 인정하게 되었으며, 일본에서도 1997년에「장기이식법」(장기의 이식에 관한 법률[1997년 법률 제104호] 특별한 언급이 없는 경우에는 아래에서 인용하는 조문은 장기이식법임)이 제정되었지만, 뇌사 그 자체에 대하여 뿌리 깊은 반대는 여전히 존재하고 있다.

---

* 본고에 대해서는 많은 분들의 조언을 받았다. 특히 木内哲也(나고야대학부속병원이식외과. 소속은 조언을 받은 당시로 함. 이하 동일), 福嶌教偉(일본 국립순환기병연구센터 이식의료부), 芦刈淳太郎(일본 장기이식네트워크 알선사업부) 등으로부터 문헌 외에도 귀중한 의견을 받았다. 이에 깊이 감사드린다.

뇌사를 둘러싼 논의가 계속되는 가운데 미국 등에서는 뇌사진단을 거치지 않은 심정지제공자, 소위 Non-Heart-Beating Donor(이하 'NHB 기부자'라 한다)로부터의 이식용 장기의 적출이 행하여지게 되었다. 이는 용어로부터만 보면, 뇌사 이전의 전통적인 죽음인 '심장사'로부터의 장기적출이며, 문제가 없는 것처럼 보인다. 그러나 그 운용에는 인간의 '죽음'의 이해에 관한 기본적인 문제가 있다고 생각된다. 본고는 NHB 기부자로부터의 장기제공 문제를 통해 인간의 '죽음', '개체사'에 대해서도 검토하고자 하는 것이다.[1]

2. 사체장기이식우선주의와 dead donor rule
（デッド・ドナー・ルール）

우선 장기이식과 생체, 사체와의 관계를 정리한다.

(1) 사체장기이식우선주의

이식을 위한 장기는 사체 혹은 생체로부터 제공되지만, 장기의 적출은 사체로부터 행해지는 것이 원칙이며, 살아 있는 사람에게 중대한 상해를 가하는 생체장기공여는 불가피한 경우에만 인정되어야 한다는 것이 '사체장기이식우선주의'이다. 이는 국제적인 원칙이며, 일본에서도 당연한 것으로 받아들여지고 있다.[2]

이에 반해 장기공여자(donor)의 장기공여에 대한 자기결정권을 보호하기 위해서는 공여자는 말을 할 수 없는 '사자'가 아니라 자기결정을

---

[1] 필자는 뇌사에 대해서는 검토한 바가 있다. 町野朔『生と死, そして法律学』(信山社, 2014年) 369-396면.
[2] 町野朔「国際社会における日本の臓器移植法―イスタンブール宣言の意味」移植46巻(2011年) 144면, 同「臓器移植法の倫理についての法的考察」精神科治療学32巻161면(2017年) 161면 등.

할 수 있는 '살아있는 자'여야 한다고 하는 '생체장기이식우선주의'를 주장하는 견해도 있다.[3] 그러나 이는 사자의 자기결정권을 살아있는 자와의 자기결정권과 동일한 것으로 이해하는 전제에 있어 오류가 있을 뿐만 아니라 경제적 곤궁, 인간적 관계 등으로부터 생체장기제공에 빠지게 되는 약자의 자기결정권을 배려하지 않은 것이다. 우리들은 생체장기를 요구하는 '이식 투어리즘(ツーリズム tourism)'이 개발도상국의 가난한 사람들을 착취하여 불행한 결과를 초래해 온 역사를 기억할 필요가 있다.

(2) Dead donor rule

장기제공자를 죽음에 이르게 하는 것과 같은 장기적출은 설령 제공자의 승낙이 있더라도 허용되지 않으며, 이러한 행위는 제공자가 사망한 때에 비로소 인정된다는 것이 '사망기증자규칙(デッド・ドナー・ルール)'(dead donor rule 이하, 'DD규칙'이라 한다) 이다.[4] '사체장기우선주의'가 이식을 위한 생체장기의 적출은 예외적으로만 허용된다고 함에 반해 DD규칙은 제공자의 생명을 잃게 하는 것과 같은 장기이식은 절대로 허용되지 않으며, 장기이식은 사체장기이식으로서만 인정된다고 하는 것이다. 장기이식이 없었던 16세기말 '베니스의 상인'의 시대부터 본인의 승낙이 있다 하더라도 인체의 일부를 적출하여 인간의 생명을 박탈하는 것은 허용되지 않는다는 것은 보편적인 윤리이며, 장기이식에 있어서의 DD규칙은 이러한 인식의 결론에 불과하다.

---

3) 奧田純一郎「生体移植と死体移植」町野朔=山本輝之=辰井聡子(編)『移植医療のこれから』(信山社, 2011年)63면, 同「病腎移植の法的・倫理的問題：ドナーの「拡大」か「再定義」か」上法60巻3·4号(2017年)123면.

4) Robertson, The Dead Donor Rule, Hastings Center Report, Vol. 29 No. 6, 6(1999). 또한 児玉聡「デッド・ドナー・ルールの倫理学的検討」生命倫理17巻1号(2007年)183면 참조.

일본의 '위법성조각론'은 뇌사는 인간의 죽음이 아니며 뇌사자도 살아 있는 것이지만, 뇌사체로부터 심장 등의 장기를 적출하여 이를 죽음(심장사)에 이르게 하더라도 그 행위는 위법하지 않으며, 이를 허용하고 있는 것이 장기이식법이라고 한다. 이에 따르면 일본의 법률은 DD규칙을 인정하지 않는 '궁극의 생체장기이식법'이기도 한 것으로 될 것이다. 뇌사론에 있어서 '죽음의 무게'를 배려했을 위법성조각론자는 '살아 있는 것의 무거움'을 고려하지 않은 것이다. 이것이 근본적인 오류라는 것은 다시 반복할 필요는 없다고 생각한다.[5]

II. 장기이식법과 뇌사·심장사

1. 사체장기이식법으로서의 일본 장기이식법

다음으로 일본 장기이식법의 내용을 확인해 보고자 한다.

동법은 많은 외국의 장기이식법과 달리 제공자가 사체인 경우의 사체장기이식만을 규정하고 있다(제6조 제1항). 생체장기이식에 관한 법률은 없으며, 후생성의 통지 「장기이식에 관한 법률」의 운용에 관한 지침(가이드라인)의 제정에 대하여 [1997年健医発 제1329호, 최종개정 2012년 4월 26일] 이하 '장기이식 가이드라인'이라 한다)와 학회가이드라인인 '일본이식학회윤리지침'(1994년, 최종개정 2015년 10월 1일)이 있을 뿐이다.[6]

---

5) 町野朔『犯罪各論の現在[いま]』(有斐閣, 1996年) 50-52면 등 과거부터의 논의이다.
6) 아래와 같은 상태가 특히 생체제공자의 보호에 대해서 불충분한 점은 분명하며, 적절한 대응을 생각해야 한다고 생각한다. 町野「国際社会における日本の臓器移植法」·전게각주 (2)144면.

2. 뇌사와 '뇌사 이외의 죽음'

(1) 장기이식법과 '죽음의 판정에 대한 통일법'

장기이식법에서 '사체'는 '뇌사한 자의 신체를 포함한다'고 하고 있기 때문에(제6조 제1항 본문), 현행법에서 '뇌사'는 '죽음'의 하나에 불과하며, '뇌사 이외의 죽음'이 존재하게 된다. 2009년의 장기이식법 개정 전에는 '뇌사한 자의 신체 이외의 사체'(구 부칙 제4조 제1항)로 표현되어 있었다. 이러한 '뇌사 이외의 죽음'은 장기이식법이 뇌사를 인간의 죽음으로 인정하기 전부터 죽음이라는 것에 이론(異論)이 없었던 죽음을 말하며 심장사이다. 다만 장기이식법은 뇌사에 대해서는 '뇌간을 포함한 전뇌의 기능의 불가역적 정지'(제6조 제2항)라는 정의를 두고, 그 판정기준과 방법에 대하여 상세하게 규정하고 있지만(제6조 제4항·장기이식법시행규칙[이하 '규칙'이라 한다] 제2조), 심장사에 대해서는 법률상 어떠한 규정도 존재하지 않는다.

일본의 장기이식법과 같이 전통적인 죽음의 개념을 견지하면서도 이에 '새로운 죽음'인 뇌사를 추가하는 방법은 미국 주법통일위원회의 '죽음의 판단에 대한 통일법'(Uniform Determination of Death Act, 이하 '전미통일법'이라 한다)이 채택되어 있었던 바였다. 동법에서 전통적인 죽음은 '순환, 호흡기능의 불가역적인 정지'로 되어 있다. 현재 대부분의 주가 전미통일법을 그대로 채택하고 있다고 하지만, 그 문언은 다음과 같은 것이다.[7]

---

[7] National Conference of Commissioners on Uniform State Laws, Uniform Determination of Death Act 1980.

> 제1조(죽음의 판단) (1) 순환, 호흡기능의 불가역적인 정지 또는 (2) 뇌간을 포함한 전뇌(全能)기능의 불가역적인 정지 중 어느 하나가 확인된 자는 사망한 것이다. 죽음의 판단은 채택된 의학적 기준에 의하여 이루어져야 한다.
>
> § 1. [Determination of Death] An individual who has sustained either (1) irreversible cessation of circulatory and respiratory functions, or (2) irreversible cessation of all functions of the entire brain, including the brain stem, is dead. A determination of death must be made in accordance with accepted medical standards.

전미통일법은 '의료 등에 있어서의 윤리문제에 관한 대통령위원회'(President's Commission for the Study of Ethical Problems in Medicine and Biomedical and Behavioral Research, 1980-1983. 이하 '대통령의료윤리위원회')가 작성한 것이다. 동 위원회는 뇌사의 정의와 함께 뇌사와 전통적인 죽음의 개념인 순환, 호흡기능의 불가역적인 정지인 소위 '심폐사'(cardiopulmonary death)와의 관계를 명료하게 하여야 한다고 하며, 뇌사의 등장으로 전통적인 심폐사를 부정하는 것은 아닌 점을 분명히 하는 위와 같은 모델입법을 제안하고, 이를 미국의학연합(National Medical Association)와 미국 법조회(American Bar Association)가 승인하고, 주법통일위원회(National Conference of Commissioners on Uniform State Laws)가 통일법으로서 제안한 것이다.[8]

---

8) President's Commission for the Study of Ethical Problems in Medicine and Biomedical and Behavioral Research, Defining Death. A Report on the Medical, Legal and Ethical Issues in the Determination of Death(1981), at 67-84. 또한 President's Council on Bioethics, Controversies in the Determination of Death. A White Paper(2008), at 4-5 참조.

(2) 심장사·심폐사·3징후설

'심폐사'는 전통적인 죽음으로 순환기능의 정지와 호흡기능의 정지를 일체로서 인식한다. 호흡에 의해 산소를 받아들이는 폐, 혈액순환에 의해 산소를 공급하는 심장의 어느 한 기능이 정지하면, 다른 기능은 이어서 정지하기 때문에 두 개의 장기 기능이 불가역적으로 정지하는 것을 보고 확인하는 것이다. 그러나 심장기능의 불가역적 정지는 호흡기능의 정지를 초래한다. 뇌사 이외의 죽음으로서는 심장기능의 불가역적 정지라고 하여야 할 것이며 그것으로 충분하다. 현재는 미국에서도 '심폐사'와의 차이를 구별하지 않고 '심장사(cardiac death)'라는 것이 사용되고 있다.

일본에서 전통적으로 '임상적 죽음의 판정'기준으로 되어 온 것은 동공확대·호흡정지·순환종지(終止)라는 '3징후설'이었다. 그 중 호흡과 순환의 정지는 심폐사이며, 동공확대는 뇌간기능의 일부상실에 의해 뇌기능의 죽음을 확인하는 것이다.[9] 따라서 의사가 환자의 임종에 입회하지 않는 때에는 법의학자는 심폐사를 기준으로서 죽음의 시점을 판단해 왔다. 그리고 '심폐사'에 대하여 언급한 것과 동일한 이유로 일본에서도 '뇌사 이외의 죽음'은 심장사로 해야 한다고 생각하고 있다. 장기이식의 실무에 있어서도 사체로부터의 장기제공은 '뇌사 하의 장기제공'과 '심정지 하의 장기제공'으로 나뉘어져 있다.[10]

---

9) 예컨대 日本医師会生命倫理懇談会『脳死および臓器移植についての最終報告書』(1968년)3-4면, 町野朔『犯罪各論の現在』·전게각주(5)61-64면·70-78면, 佐伯仁志「生命に対する罪(3)」法学教室357호(2010년)113면 등.
10) 寺岡慧監修·高原史郎ほか編『臓器移植とコーディネーション—基礎から応用まで』(日本医学館, 2015년)379-381면[芦刈淳太郎] 참조.

3. 심장사체로부터의 장기공여

일본에서는 2009년의 법 개정에 따라 뇌사자로부터의 장기공여는 심장사체로부터의 장기공여와 동일하게 본인의 opt-out(거부) 없이 유족의 opt-in(승낙)이 있는 경우에도 가능하게 되었으며(법 제6조 제1항 제2호), 장기공여는 뇌사 하에서 행해지는 것이 원칙으로 되어 있다. 심정지하에서 장기제공이 행해지는 것은 뇌사장기공여가 불가능한 다음과 같은 경우만이다.

① 본인 혹은 유족이 장기의 공여는 승낙하지만, 뇌사판정을 거부한 경우(제6조 제3항).
② 제공자가 '장기이식가이드라인 제4'가 인정하는 장기제공시설 이외에서 사망한 경우. 뇌사상태에서의 장기제공을 목적으로 장기공여시설(장기이식 가이드라인 제4)로 환자를 이송하여 뇌사판정을 하고 장기공여를 하는 것은 '삼가하여야 한다'라고 하는 행정청지도[11]에 따르면 이 경우에도 심정지 상태에서의 장기제공만이 가능하다.

①② 어느 경우에 있어서든지 공여자가 될 수 있는 환자는 의료시설에서 서서히 혈압저하의 과정을 거쳐 심정지에 이른다. 심장사의 판단이 행하여지기 직전에 온조혈*을 억제하기 위하여 관류 등에 의한 냉각이 행하여지지만,[12] 그럼에도 장기의 손상은 진행될 수 있기 때문에

---

11) 『臟器提供手続に係る質疑応答集(2015年9月改正版)』5면.
12) 北田秀久・相川厚 「腎臟採取マニュアル」 http://www.asas.or.jp/jst/pdf/
* 역자주: 장기의 혈류가 멈추고 나서 장기를 이식하여 혈류가 재개될 때까지의 시간을 조혈시간이라고 하는데, 특히 체온 상태에서 조혈이 일어나면 세포의 대사가 이루어지고 있음에도 불구하고 산소나 영양이 보급되지 않기 때문에 세포가 사멸하므로 이 시간을 〈온조혈시간〉이라 부른다. 심장이 움직이고 있는 뇌사 상태에서 적출하면 장애 없이 꺼낼 수 있고 온조혈 시간도 짧게 할 수 있다.

심정지 후의 폐, 간 등의 제공은 거의 불가능하게 된다. 현재 일본의 경우 심정지 하에서 실제로 제공되고 있는 장기는 신장, 췌장, 안구 뿐이다.[13]

III. 심장사 상태에서의 장기제공과 NHB 제공자

1. 케이프타운(남아프리카)과 삿포로(일본)에서의 심장이식

세계 최초, 일본 최초의 심장이식은 모두 뇌사 후가 아니라 심장사 후의 심장제공으로 이루어졌다. 더욱이 두 사례 모두 현재의 이해에서 보면 심장사 판단에 있어 많은 문제를 포함하는 것이며, NHB 제공자의 문제에 먼저 닿아 있는 사례이다.

(1) 케이프타운의 경우

세계 최초의 심장이식 성공사례는 1967년 12월 3일 남아프리카의

---

manual2021/006.pdf. 小林英司「臓器を灌流させながら血管を縫う技術」http://organfabri.med.keio.ac.jp/zoukiisyokuniokeruatarashiikekkannfunngouhou(kobayashi).pdf 참조. 大阪地判平10・5・20判時1670号44면(관서의대부속병원사건)은 심장사로 되기 전에 신장적출을 위한 카테터를 삽입하고 관류조치를 행하는 것은 그것이 행해진 시점에서 제공자가 사망하지 않은 이상, 본인의 승낙이 없는 이상, 그 승낙을 얻었다 하더라도 위법하다고 했다. 이는 필연적인 귀결은 아니라고 생각하지만 현재는 심정지 전의 관류조치는 뇌사판정 후에 행해지는 것으로 되어 있기 때문에(寺岡慧[監修]・高原史郞ほか[編]・전게가주(10)381면[芦刈淳太郞]참조), 오사카지방법원이 지적한 문제는 없다고 생각한다. 이 경우 '뇌사판정'은 법률의 절차에 따라 장기이식을 위해서 허용되어 행해지는 것은 아니지만, 의료결정을 위해서 행해지는 '일반적인 뇌사판정'(장기이식 가이드라인 제7) 혹은 '법에 규정하는 뇌사판정을 했다고 한다면 뇌사로 될 수 있는 상태에 있다고 판단한 경우'(동 제6 1(1))이며, 죽음의 판단인 것은 동일하다.

13) 寺岡慧ほか編・전게각주(10)379면[芦刈淳太郞]. 참고로 2014년의 신장이식의 총수는 1598건이며, 그 중 생체이식은 1471건, 심정지 하의 이식은 42건, 뇌사 하의 이식은 85건이다. 日本移植学会『2015 臓器移植ファクトブック2015』. http://www.asas.or.jp/jst/pdf/factbook/factbook2015.pdf

케이프타운(Cape Town)의 한 병원(Groote Shuur Hospital)에서 크리스찬 바너드(Christiaan Barnard) 의사에 의해 행해진 것이며, 그 자신이 심장사에 의한 심장적출인 점을 명시적으로 언급했다.[14] 바너드 의사에 의하면, 법의학전문가로부터 의사들이 뇌사가 인간의 죽음이라고 인정한다면 그의 의견은 존중될 것이라는 조언을 받았고, 그는 법적으로 문제되지 않는 방법을 사용하였다는 것이다.

공여자는 교통사고를 당한 젊은 여성, 공여받는 자는 위독한 심장질환(관상동맥질환)을 가진 당뇨병이 있는 54세의 남성이며, 그 죽음이 가까운(imminent) 상태에 있었다고 한다. 심장적출은 공여자에게 부착되어 있던 인공호흡기를 제거하고, 심전도가 5분간 정지하고, 자발호흡 및 반사기능이 없어진 것을 확인한 시점에서 행해졌다. 의사는 심장사의 도래를 기다리고 있었던 것이 아니라 심장의 적출을 위해서 심장사를 의도적으로 초래한 것이다. 심장을 공여받는 자는 면역억제제 사용에 따른 부작용으로 인해 폐렴이 함께 발생했으며, 이식수술 후 18일 후에 사망했다.

(2) 삿포로의 경우

일본에서 최초의 심장이식은 1968년 8월 8일 와다 쥬로우(和田寿郎)라는 의사에 의해 삿포로(札幌) 의과대학부속병원에서 행해졌다. 와다(和田)의사는 뇌사설을 주장하고, 뇌사판단을 거친 후 심장을 적출했다

---

14) 아래에 대해서는 C. N. Barnard, *A Human Cardiac Transplant:An interim report of a successful operation performed at Groote Schuur Hospital, Cape Town*, South African Medical Journal, Vol. 41, 1271(1967. 30. December); C. N. Barnard, *Reflections on the First Heart Transplant*, South African Medical Journal, Vol. 72 No. 11, XIX(1987. 5. December).

고 하고는 있지만, 실제로 뇌사진단을 한 것은 확인되지 않고 있다.[15] 실제로 공여자에게 '소생술로서 시행하였던 보조순환'을 정지한 후 '심실세동이 발생한 후에 적출된 심장'을 이식했었기 때문에,[16] 이식을 위해서 심정지를 의도적으로 초래하였다는 점에서 케이프타운의 경우와 동일하다.

삿포로 지방검찰청은 1970년 9월 1일 불기소재정(裁定)서에 있어서 죽음의 판정기준으로서 3징후설을 취하고, 심장적출 시점에 제공자가 살아 있었다는 증거는 없었다고 판단했다. 그러나 전해진 바에 따르면, 삿포로 지검은 '인공적인 방법으로라도 순환과 호흡기능이 있는 사람의 사망은 그것을 정지한 경우에 심장의 자동능력(다른 힘이 없어도 자력으로 활동하는 능력)의 유무에 의하여 판정할 수 있다'고 하는 전제에 섰으며, 더욱이 심장은 적출시에 '세동상태'에 있었다고 하는 관계자의 진술을 얻었으면서도 심장이 '비가역적인 정지'가 있었다고 생각한 것 같다.[17] 그러나 전자에 있어 기능정지의 '불가역성'은 의학기술적 불가역성이어야 하는 점에서 후자에 있어서의 '세동상태'는 '정지'가 아닌 점을 간과한 것으로 법률적으로 오류가 있었다고 생각한다.[18]

---

15) 共同通信社社会部移植取材班編著『凍れる心臓』(共同通信社, 1999年)272-273면(수사보고서 요지). 和田寿郎『あれから25年ー「脳死」と「心臓移植」』(かんき出版, 1992年)128면에는 '그리고 [인용자 삽입:1968년 8월 8일] 10시 10분(뇌사와 심장사)[괄호내는 원문대로], 임종이 다가왔다'고 하지만, 뇌사판단을 행한 것을 언급하고 있는 부분은 없다.

16) 和田『あれから25年』・전게각주(15)131-132면, 同『神から与えられたメス』(メディカルトリビューン, 2000年)16-17면.

17) 町野朔=秋葉悦子『脳死と臓器移植(第3版)』(信山社, 1999年)232-233면(朝日新聞 1970년 8월 31일 석간, 동 9월 2일 석간). 또한 共同通信社社会部移植取材班編著『凍れる心臓』・전게각주(15)272-273면(수사보고서 요지) 참조.

18) 町野・전게각주(5)62면. 札幌高判昭61・3・24高刑集39巻1号8면 셔블로더(ショベルローダー shovel loader)사건에서는 심장의 박동이 '미세'했다 하더라도 죽음은 도래하지 않은 것이라 하고 있다.

2. '뇌사에 관한 하버드 특별위원회보고서'(1968년)에 의한 DD규칙의 확립

케이프타운, 삿포로에서 심장이식이 시행될 때에도 뇌사를 인간의 사망으로 보는 뇌사설은 유력설일 뿐이었다. 그 판단기준과 절차가 분명하지 않았기 때문에 뇌사를 원용하는 것이 시행되지 않았던 것이다.

이러한 상태를 바꾼 것은 1968년의 '뇌사에 관한 하버드 특별위원회 보고서-불가역적 혼수(昏睡)의 정의'(이하 '하버드보고서')[19]였다. 동 보고서는 뇌사를 '영속적인 뇌기능의 정지'(permanently nonfunctioning brain)로 보고, ①무감수성·무반응성, ②무동성·무호흡, ③무반응, ④뇌파평탄이 그것을 인정하기 위한 기준(criteria)이라고 하였다. 하버드보고서는 소생조치를 중지해도 되는 시점과 DD규칙 하에서 장기이식에 사용하기 위한 장기적출이 가능한 시점을 확인하기 위해서는 이러한 새로운 죽음의 정의가 필요하다고 하였다.

하버드 특별위원회가 보고서를 발표한 것은 케이프타운에서의 심장이식사건 이전이었던 점도 있어 동 보고서에서는 심장이식의 문제를 다루고 있지는 않지만,[20] 뇌사는 장기적출을 위해서만의 개념은 아닌 점을 명시함으로써 뇌사를 DD규칙으로 자리매김하게 되었다.[21] 그로부터 4년 후 하버드 특별위원회에서의 멤버도 추가된 'task force'는 '하버드 보고서'가 제시한 기준을 추가적으로 확인하고, 뇌사에 대한 비판

---

19) Ad Hoc Committee of the Harvard Medical School to Examine the Definition of Brain Death, A Definition of Irreversible Coma, JAMA 205, 337(1968).
20) 하버드보고서에 부가된 법률가의 코멘트는 뇌사가 소생조치 중지의 시점, 상속에 있어서의 사망시기 확정에 대해서 의미를 가지는 것을 언급하지만, 장기공여의 문제를 다루는 바는 없다.
21) 또한 삿포로에서의 심장이식이 행해진 것은 1968년 8월 8일이며, 그 직전인 (8월 5일)에 '하버드보고서'를 인쇄한 JAMA가 발행되어 있지만, 당연히 和田의사는 이를 몰랐다고 생각한다.

을 고려하면서도 이를 지지했다.[22)]

뇌사를 인간의 사망으로 보는 것에 대한 반대는 여전히 계속되고 있었지만, 뇌사와 그 판단기준에 대해서 의사들의 지지를 얻었으며, DD 규칙을 기본으로 한 "뇌사자는 사자이므로 장기를 적출할 수 있으며, 장기를 적출하기 위해서 뇌사자를 사자로 보는 것은 아니다"라는 원리가 확립되었다. 이러한 것들이 전술한 미국 대통령위원회의 보고서, 전미통일법에 이르게 되었다.

3. NHB 공여자로부터의 장기공여

(1) NHB 공여자의 재등장

1970년 이후 1990년까지 미국에서의 장기공여는 뇌사 상태에서 즉, 전미통일법의 제2의 죽음인 '뇌간을 포함한 전뇌(全能)기능의 불가역적 정지'에 기초하여 행해지는 것이 대부분이며, 심장사 하의 즉, 제1의 죽음인 '순환·호흡기능의 불가역적 정지'에 따르는 경우는 드물었다고 일컬어진다. 그렇지만, 1990년대에 들어서면서, 심장사 상태의 장기공여에 대하여 재평가하면서 그동안 뇌사제공자의 뒤에 숨겨져 있던 'NHB공여자'가 재등장하게 된다. 이러한 움직임은 유럽 전체에도 퍼졌었다.[23)] 이러한 논의의 배경에는 다음과 같은 사정이 있다.

뇌사장기이식이 법적으로 인정되면서 호흡순환이 유지된 사체로부터 상태가 좋은 장기의 공여가 가능하게 되었다. 시클로스포린(サイクロ

---

22) Institute of Society, Ethics, and the Life Sciences, Task Force on Death and Dying, *Refinements in Criteria for the Determination of Death: An Appraisal*, JAMA 221, 48(1972).

23) Dominguez et al., *Current situation of donation after circulatory death in European countries*, Transplant International, Vol. 24, 676(2011).

スポリン cyclosporine)을 비롯한 면역억제제의 개발, 장기보존기술의 향상도 있었으며, 장기이식의 성과는 비약적으로 향상했다. 그러나 그에 수반하여 이식용 장기가 '절대적으로' 부족한 상태로 되었다. 미국에서는 장기공여를 촉진하기 위한 여러 방책이 논의되기 시작하였는데, 그러한 가운데 뇌사장기이식 이전에 행하여졌던 심장사 상태의 장기이식을 활용하는 것이 고려되었고, NHB공여자가 다시 등장하게 된 것이다.[24]

(2) NHB 공여자의 유형

널리 인용되고 있는 '마스트리히트 카테고리(Maastrichit categories)'에 따르면 NHB공여자에는 다음의 다섯 가지 유형이 있다.[25]

① 병원 외에서의 심정지로 바로 병원에 이송된 환자(dead on arrival. 일리노이 장기 뱅크가 시행한 것이라고 한다)
② 구급차에서 병원응급실에 이송되었지만, 소생불능으로 판단된 환자(unsuccessful resuscitation)
③ 집중치료실에서 치료를 중지하고 심정지가 아주 가까워진 환자(awaiting cardiac arrest in intensive care). 피츠버그대학 메니컬 센터의

---

24) DeVita et al., *History of Organ Donation by Patients with Cardiac Death*, Kennedy Institute of Ethics Journal, Vol. 3, 113(1993); Steinbrook, *Organ Donation after Cardiac Death*, New England Journal of Medicine, Vol. 357, 209(2007).
25) Kootstra et al., *Categories of Non-Heart-Beating Donors*, Transplantation Proceedings, Vol. 27, 2893(1995). 이에 제5의 카테고리를 추가한 것이 Sánchez-Fructuoso et al., *Renal Transplantation from Non-Heart-Beating Donors: a promising alternative to enlarge the donor pool*, Journal of the American Society of Nephrology, Vol. 11, 350(2000)이며, 본문에 소개한 것은 이에 기초한다. USB제공자의 유형에 대해서는 또한 DeVita et al., *History of Organ Donation by Patients with Cardiac Death*, Kennedy Institute of Ethics Journal, Vol. 3, 113(1993) 참조.

프로토콜(Pittsburg protocol)

④ 뇌사진단 중 혹은 진단 후에 예기치 않은 심정지에 이른 환자 (cardiac arrest while brain dead)

⑤ 집중치료 중에 예기치 않은 심정지에 이른 환자(unexpected cardiac arrest in intensive care).

(3) 관리된 심장사 상태의 장기공여

일본에서의 심정지 상태에서의 장기이식은 심장사가 자연스럽게 도래하는 것을 기다려서 행해지기 때문에, 관류 등의 장기보존조치를 취했다고 하더라도 장기적출까지는 온조혈에 의한 손상이 진행된다. 장기의 적출·이식은 장기이식 네트워크에 등록하여 공여받는 자의 선택, 장기적출 팀의 구성·파견, 관계자의 의사확인이 행해지는 것을 기다려야 한다. 심장이 기능하고, 순환이 유지되고 있는 뇌사 상태의 공여인 경우에도 장기의 손상은 진행되고 시간과의 싸움은 존재하지만,[26)] 관류조치만으로 장기를 보존하고 있는 심장사 상태의 장기공여에서는 온조혈에 의한 장기의 손상이 현격하게 빨라지고, 공여가능한 장기도 사실상 제한되게 된다(Ⅰ 3).

그러나 NHB제공자로부터의 장기이식은 '관리된 심장사 상태의 장기공여'(controlled donation after cardiac death. 이하 '관리된 DCD'라 한다)으로서 신속하게 행해진다.

③의 피츠버그 프로토콜에 있어서는 생명유지장치의 제거에 따라 심정지 도래의 시기를 조작하는 것이 가능해진다. 이에 따라 순환계의 정지로부터 장기적출까지의 시간을 가능한 한 단축하려고 하는 바너

---

26) 많은 복잡하고 중요한 순서를 거치면서 행해지는 장기이식 코디네이션의 실제에 대해서는 특히 寺岡ほか編·전게각주(10)379-344면(芦刈淳太郎·朝居朋子·岩見誠示·中山恭伸·菊池雅美·大宮かおり·福嶋教偉) 참조.

드 의사가 최초의 심장이식시행과 동일하며(Ⅲ 1 (1)), '관리된 심장사'가 존재하게 된다. ①②④⑤는 '관리되어 있지 않다'고 하지만, 장기적출 수술을 신속하게 행하기 위해서 소생조치를 실시하지 않는다고 한다면, 심정지의 시기를 연기하지 않는다는 의미에서는 역시 심장사는 관리되고 있는 것이다. 그리고 장기의 적출에서 이식까지의 시간을 단축하기 위해서 2가지의 수술을 같은 병원, 때로는 공여자와 공여받는 자의 침대를 나란히 두고 수술이 진행되기도 한다.[27] 이러한 순서는 삿포로에서의 심장이식을 상기시키게 된다.

해외에서 최초로 신장에서 시작한 NHB 공여자로부터의 이식도 이상과 같은 관리 하에서 간, 폐, 나아가서는 심장에 대해서도 시행되어지고 있다.[28]

Ⅳ. 관리된 DCD에 있어서의 NHB 공여자의 생명

1. NHB 공여자와 DD 규칙

(1) 관리된 DCD와 종말기의료

'대통령의료윤리위원회' 후에 설치된 '대통령생명윤리위원회'(President's Council on Bioethics, 2001-2009)의 보고서 '사망의 결정에 있어서의 논쟁'(2008년. 이하 'PCBE 보고서'라 한다)은 NHB 공여자와 관리된 DCD에 대한 윤리적 문제는 장기이식을 목적으로 생의 종기에 있어서

---

[27] Steinbrook, *Organ Donation after Cardiac Death*, supra note (24), at 211-212.
[28] Boucek et al., *Pediatric Hear Transplantation after Declaration of Cardiocirculatory Death*, New England Journal of Medicine, Vol. 359, 709(2008); Longnus et al., *Heart transplantation with donation after circulatory determination of death*, Nature Reviews Cardiology, Vol. 11, 354(2014).

의 NHB 공여자의 돌봄이 소홀하게 되고, 결국 사망선언를 서두르게 되기 때문에, 이를 방지하는 수단이 취해진다면 문제없다고 하여 이러한 장기이식방법도 지지될 수 있다고 했다.[29] 미국의 '장기이식 네트워크·장기배분 네트워크'(OPTN/UNOS)가 생명유지장치의 제거결정은 병원의 care team과 근친자에 의해 행해져야 한다는 점, 해파린 등(ヘパリン, レジティン)의 주입 등 장기공여의 절차는 근친자의 동의에 의해 행해져야 하는 점, 생명유지장치의 제거 등 환자의 관리에는 이식관계자는 동석하지 않는 점, 사망선고는 심폐사의 확인 후에 care team에 의해 행하여져야 하는 점 등의 '모델요소'를 정한[30] 것도 이러한 고려에 따른 것이다. 이식의료 측에서는 대통령생명윤리위원회와 동일하게 관리된 DCD를 종기의료의 일부로 보는 매뉴얼도 제안되고 있다.[31]

(2) 구명의료와 관리된 DCD

그렇지만 장기이식을 전제로 심장사의 시기를 조작하는 것은 '장기를 적출하기 위하여 공여자를 죽음에 이르게 해서는 안 된다'는 DD규칙에 반하는 것이다.

일본 장기이식법에서는 기질적 뇌장애의 원인이 되는 질환에 대하여 '시행할 수 있는 모든 적절한 치료를 시행한 경우라 하더라도 회복의 가능성이 없다고 인정되는 자에 대해서'만 뇌사판정을 할 수 있다

---

29) President's Council on Bioethics, Controversies in the Determination of Death, supra note(8), at xix, 1, 79-87. 이외에 Robertson, The Dead Donor Rule, supra note 4, at 12 등 동일한 사고방식이 많다.

30) Attachment Ⅲ to Appendix B of the UNOS BYLAWS: Model Elements for Controlled DCD Recovery Protocols(March 23, 2007). https://webcache.googleusercontent.com/search?q=cache:Ht4RUt1Ze1cJ:https://unos.org/appendix_b_attachiii/+&cd=1&hl=ko&ct=clnk&gl=kr

31) Manara et al, Donation after circulatory death, British Journal of Anaesthesia, Vol. 108, 1108(2012).

(규칙 제2조 제1항 본문). 주치의가 환자에 대하여 '법에서 규정하는 뇌사판정을 했다고 한다면 뇌사가 될 수 있는 상태에 있다고 판단한 경우,'(과거에는 '임상적 뇌사'로 불렸다)에 비로소 가족에게 장기공여의 기회가 있는 점, 그에 대해서는 코디네이터에 의한 설명이 있을 것을 알리게 된다. 가족이 코디네이터의 설명을 듣고, 장기공여에 동의한 경우에도 '법적 뇌사판정'이 행해지기까지는 '환자의 의료에 최선의 노력을 다할 것'으로 되어 있다(가이드라인 제6.1 주치의 등 (1)·(2)). 심장사의 경우에 있어서는 이러한 절차가 명시되어 있지는 않지만, 장기이식을 전제로 하여 사망의 판단이 이루어져서 안 된다는 것은 심장사에 대해서도 동일하며, 실제로도 그렇게 행하여지고 있다.

삿포로의 심장이식에서는 공여자의 구명이 충분하게 시행되지 않은 채로 이식의사에 의하여 생명유지조치가 중지되고, 심장을 적출하고자 했던 것은 아닌가 하는 의심이 강하게 존재하고 있었다.[32] 일본은 이러한 경험에서 배운 것이지만, 미국에서도 관리된 DCD는 케이프타운에서 행해진 것과 동일하다는 인식은 있다.[33]

환자의 종기에 있어서 어떠한 때에 소생조치를 시작하지 않는 것이 허용되는지, 시행되고 있는 조치를 중지해야 할지는 그 자체가 큰 문제이지만, 이러한 결정은 본인·가족·의료진의 의사를 고려하여 이루어져야 할 것이며, 장기이식의 필요성에 의하여 결정되어서는 안 된다.[34]

---

32) 전해지는 바에 따르면, 삿포로지검의 불기소재정서는 공여자에 대한 처치는 '최적으로 완벽하지 않은 것이었음은 분명'하지만 업무상 과실치사의 형사책임을 물을 만큼의 자료가 없었다고 했다. 町野ほか編·전계각주(17)233면·235면(朝日신문 1970년 8월 31일 석간). 또한 共同通信社社会部移植取材班編著『凍れる心臟』·전계각주(15)276면(수사보고서 요지) 참조.

33) DeVita et al., History of Organ Donation by Patients with Cardiac Death, supra note (24), at 125.

34) 산소호흡기(ヴェンティレイター)에 의해 생명을 유지하고 있는 사지마취환자가 장기공여를 위해서 그 정지를 요구하고, 병원의 윤리위원회가 그것을 인정한 사례에 대

2. 관리된 DCD와 NHB 공여자의 사망

(1) 심장의 불가역적 정지

근본적인 문제는 이러한 절차에 의하여 장기의 공여가 이루어진 NHB공여자는 정말 사망했는가이다. 물론 심장이 정지한 것만으로 사람이 사망한 것은 아니다. 그 정지가 불가역적(irreversible)인 때에 심장사가 있는 것이며, 하나의 개체로서의 인간이 사망하는 것이다. 그리고 불가역성의 유무는 의학기술적 가능성의 유무에 따라 결정되는 것이며, 마사지나 전기적 자극에 의해 심장의 박동이 재개될 때에는 심장사가 존재하지 않는 것이다. 관리된 DCD에 의하여 장기가 적출되는 공여자는 non-heart-beating이기는 하지만, cardiac death인지는 의문스럽다. 특히 적출된 심장이 공여받는 자의 체내에서 움직인다는 것은 심장기능의 불가역적 정지가 도래하지 않았다는 것이다.[35]

공여자의 심장사는 공여자에게 있어서는 순환기능의 정지이며, 공여받는 자의 체내에서 순환기능이 존재하는 것과는 관계가 없다는 의견도 있을지 모른다. 그러나 공여받는 자의 체내에서 공여자의 심장이 기능했다고 하는 것은 공여자의 체내에서도 그러했을 것이라는 점을 의미하고 있다.

심장사의 정당한 이해로부터는 관리된 DCD는 DD규칙에 반하고 있

해 Spike, Controlled NHBD Protocol for a Fully Conscious Person: When Death Is Intended as an End in Itself and It Has Its Own End, Journal of Clinical Ethics, Vol. 11, 73(2000). 논자는 논의의 중점은 DD규칙으로부터 autonomy로 이동하고 있다고 하여 이는 윤리적으로 허용된다고 한다. Id. at 76.

35) Veach, *Donating Hearts after Cardiac Death-Reversing the irreversible*, New England Journal of Medicine, Vol. 359, 672(2008): *Transplanting Hearts after Death Neasured by Cardiac Criteria: The Challenge to the Dead Donor Rule*, Journal of Medicine and Philosophy, Vol. 35, 313(2010).

다.[36] 케이프타운, 삿포로의 심장이식 후 우리는 뇌사를 개체사로서 인정하지 않으면 심장이식은 불가능하다는 전제에서 뇌사의 문제를 논의해 온 것이며, 이 정당한 출발점을 놓쳐버려서는 안 된다고 생각한다.

(2) '불가역적 정지'의 의미

그럼에도 미국에서는 NHB 공여자로부터의 '관리된 DCD'를 옹호하기 위하여 여러 논의가 전개되고 있다.[37] DD규칙을 폐기하고 본인의 동의에 기초하여 '거의 죽은 사람'(the nearly dead)으로부터 심장, 폐와 같은 생명유지에 필수적인 장기를 적출하는 것도 윤리적으로 정당하다는 일본의 위법조각론보다 더 나아간 견해도 있다.[38] 또한 사망의 정의로부터 기능정지의 '불가역성'을 제외해야 한다는 견해도 있다.[39] 그러나 많은 견해는 DD규칙을 유지하고, 죽음의 개념에서 기능의 '불가역적 정지'를 제외해야 할 것은 아니라고 하면서도 그 이해(理解)에 따라 관리된 DCD를 지지할 수 있다고 보는 견해가 일반적이다. 그 중에서도 불가역성을 '윤리적으로' 이해하여, 환자에게 소생조치를 취하지 아니한다는 결정이 윤리적으로 정당한 경우에는 불가역적이라고 보는

---

36) 木村剛編集・磯部光章班長『心臓移植に関する提言—循環器病ガイドラインシリーズ2016年版』(日本循環器学会, 2017年) 9-10면(町野朔). 같은 지적은 Ave et al., *Heart donation after circulatory determination of death: ethically acceptable?* Nature Reviews Cardiology published online 15 July 2014.

37) Fortunato, "*Irreversibility*" *and the Mordern Understanding of Death*, Discussions, Vol. 9 No 2, 7-9(2013) 참조.

38) Sade, *Brain Death, Cardiac Death, and the Dead Donor Rule*, J.S.C.Med. Assoc., Vol. 107, 146(2011).

39) Cole, *The reversibility of death*, Journal of Medical Ethics, Vol. 18, 26(1992); *Statutory Definition of Death and the management of Terminally Ill Patient Who May Become Organ Donors after Death*, Kennedy Institute of Ethics Journal Vol. 3, 145(1993).

견해[40]가 있다. 그러나 이는 연명조치의 미실시나 중지의 허용성 문제를 죽음의 문제와 동일시하는 것이며, 논리적으로나 윤리적으로도 허용할 수 없다. PCBE 보고서는 불가역성의 의미를 '언제, 어디에서, 누구라도, 어떠한 상황에서라도 회복불가능하다'고 하는 '강한 의미'에 있어서가 아니라 '그 때, 그 경우에 있는 자에 따라서는 회복불가능하다'고 하는 '약한 의미'로 이해하여야 할 것이라고 보아 '순환·호흡기능의 불가역적 정지는 기능이 자동적으로 회복되지 않고, 동시에 의학적 개입에 의하여 회복시킬 수 없다는 조건 아래에서 인정된다'고 한다.[41] 그렇지만 이는 불가역성의 기준을 객관적인 의료적 가능성에서 구해 온 지금까지의 사고방식과는 다르며, 죽음의 개념을 개별적 상황에 의존시키는 것으로서 타당하다고는 생각되지 않는다.

V. 개체사로서의 심장사

1. 기능의 불가역적 정지

인간의 죽음은 특정한 장기의 죽음에 '국지화'(Lokalisierung)되어 있다. 인간의 생물학적 기능정지에 직결되는 중요기관의 죽음이 도래한 때에 한 인간의 개체사가 존재하는 것으로 되며, 뇌사, 심장사가 인간의 죽음으로 되는 것도 이러한 장기들이 인간의 기능의 불가역적 정지에 직결되기 때문이다. 심장사나 뇌사도 각 기관의 기능이 불가역적으로 정지함에 따라 도래하게 된다. 뇌사는 '전(全)뇌사'이므로 대뇌·간뇌·뇌간·

---

40) Tomlinson, *The Irreversibility of Death: Reply to Cole*, Kennedy Institute of Ethics Journal, Vol. 3, 157(1993).

41) President's Council on Bioethics, Controversies in the Determination of Death, supra note(8), at 84. 이는 Youngner et al., *When Is "Dead"*? Hastings Center Report, Vol. 29, 14(1999)의 제안을 지지한 것이다.

소뇌의 모든, 그리고 그것들이 가지는 모든 기능의 불가역적 정지여야 한다. 그 판정방법은 장기이식법시행규칙에 상세하게 규정하고 있는 바이며, (역자주:의식이 없어 인공호흡기를 제거하면 자체호흡이 불가능한) 심한 혼수상태(深昏睡)·동공의 산대 고정·뇌간반사의 소실·평탄뇌파·자발호흡의 소실이 있으면 뇌사로 본다. 첫 번째 판정시점에서 '적어도 6시간(6세 미만인 자에 있어서는 24시간)을 경과한 후'에 재확인하는 것으로 되어 있다(규칙 제2조 제2항).[42] 이에 의하여 전뇌기능의 불가역적 정지가 확인되는 것이다. 이러한 판단방법에 따르면 뇌기능정지의 불가역성에 대한 '오류'는 발생하지 않을 것으로 생각된다.

그런데 장기이식법은 '뇌사 이외의 죽음'인 심장사의 판정방법에 대해서 아무 것도 언급하고 있지 않다. 그렇기 때문에 심장기능이 불가역적으로 정지했는지는 의사가 소생회복술을 어디까지 계속할지에 직결되며, 심장사는 의사의 재량에 의해 결정된다는 오해가 발생할 수 있다. 전술한 '약한 의미에서의 불가역성'은 이러한 '재량적 불가역성'의 일종이며, 심장사는 뇌사와 전혀 이질적인 존재로 되어 있다. 불가역성의 판단은 의학기술적 가능성이라는 의미에서 객관적이며 의사의 재량에 맡겨진 문제가 아니라는 점은 앞에서 언급한 바이다.

오해를 해소하기 위해서는 일본의 장기이식법도 뇌사에 대해서와 동일하게 심장사에 대해서도 기능의 불가역적 정지의 판단에 관한 표준

---

[42] 장기이식법시행규칙의 뇌사판정기준은 竹内一夫교수의 연구 소위 '타케우치(竹内)기준'을 기초로 한 것이다. 『厚生省厚生科学研究費特別研究事業 脳死に関する研究班1984年度研究報告書(1985年5月)』, 『同 1985年度研究報告書(1986年1月)』, 竹内一夫「厚生省「脳死に関する研究班」による脳死判定基準の補遺」日本医師会雑誌105巻4号(1993年)55면. 나아가 증상사례를 충분히 얻을 수 없는 것 등을 이유로 하여 당초는 竹内기준의 대상에서 제외되어 있던 6세 미만의 소아에 대해서도 그 후 증상사례의 축적을 바탕으로 추가시험을 행하고, 竹内기준의 적용이 가능하다는 점을 제시했다. 「厚生省「小児における脳死判定基準の研究班」 1999年度報告書 小児における脳死判定報告書」日本医師会雑誌124巻(2000年)1623면. 2010년에 이를 받아들여 시행규칙이 개정되고, 12주 이상 6세미만 소아의 뇌사판정기준이 규정되었다. 이상에 대해서는 武下浩・又吉康俊「脳死判定基準-成人から小児まで」町野ほか編・전게각주(3)43면 참조.

적 방법을 제시하는 것이 필요할지도 모른다.

2. 뇌사와 심장사

심장사, 뇌사 모두 인간의 죽음인 개체사이다. 대통령생명윤리위원회의 보고서는 심장사와 뇌사는 죽음을 엿볼 수 있는 2개의 창문이며, 통상은 심장사의 창문에서 볼 수 있지만, 거기에 인공심폐라는 커텐이 열려져 있을 때에는 뇌사의 창에서 죽음을 본다는 것이다.[43] 그러나 심장사·뇌사는 죽음을 인식하기 위한 방법이 아니라 죽음 그 자체이다.[44]

일본의 장기이식법은 전미통일법과 동일하게 심장사, 뇌사 모두 개체사로 보고 있지만(II2(1)), 일본에서는 뇌사만이 죽음이라고 보는 '뇌사일원론'도 있다.[45] 이에 따르면 NHB공여자는 사자가 아니게 되며, 관리된 DCD는 생체장기이식으로서만 인정되게 된다. 뇌사일원론에 따르면, 심장사는 '죽음'이 아니며, '죽음'인 뇌사를 인정하기 위한 사정에 불과하다. 또한 장기이식법이 인정하는 '뇌사한 자의 신체' 이외의 '사체'(제6조 제1항 본문)는 사실 사체는 아니게 된다. 이는 현행법의 해석으로서도 곤란하다.

뇌사로 되지 않더라도 심장사로 죽음을 인정하는 '심장사·뇌사 이원론'은 '의식있는 사체'를 인정하는 것이며 부당하다고 비판받는 경우도 있지만,[46] 심정지가 바로 심장사는 아니라는 점은 이미 언급한 바이

---

43) President's Council on Bioethics, Controversies in the Determination of Death, *supra* note(8), at 4-5.
44) 町野·전게각주(1)395-396면.
45) 특히 長井圓「臟器移植法をめぐる生命の法的保護－脳死一元論の立場から」町野朔＝長井圓＝山本輝之 編『臟器移植法改正の論点』(信山社, 2004年)218면, 同「世界基準の脳基礎理論」岩瀬徹＝中森喜彦＝西田典之編集代表『刑事法・医事法の新たな展開 下巻』(信山社, 2014年)177면.
46) 佐伯仁志「生命に対する罪(3)」·전게각주(9)117면. 또한 辰井聡子「脳死説の検証」町野ほか編·전게각주(3)130면은 의식이 있는 자에게 사망진단을 하거나 장기를 적출하는 것은

다. 심장기능의 불가역적 정지인 심장사가 다가온 시점에서는 뇌사인 전뇌기능의 불가역적 정지가 아직 도래하지 않은 경우도 있을 수 있지만, 인식기능을 담당하는 대뇌피질 기능의 불가역적 정지는 발생하고 있는 것이고 '의식이 있는 사체'가 있는 것은 아니다.

타당하지 않다고 한다.

제12장

의료방임(ネグレクト, neglect)에 관한 일고찰

水野紀子(미즈노 노리코)

Ⅰ. 시작하며-부모의 치료거부

2017년 11월 2일자 '구순구개열을 받아들일 수 없었던 가족'이라는 제목의 기사에서 소아외과의사(마츠나가 타다시(松永正訓))가 '최악의 기억으로 남아 있는 아기'에 대한 기억을 쓰고 있다.[1] 선천성 식도폐쇄증과 구순구개열이 있는 아기가 태어났는데, 부모가 식도폐쇄증수술에 동의하지 않아 결과적으로 그 아기는 사망한 사례이다. 부모가 수술에 동의하지 않은 이유는 구순구개열이 있는 아기의 얼굴을 받아들일 수 없다는 것이었다. 구순구개열은 성형(形成)외과수술에 의하여 잘 치료할 수 있음을 설명하고, 식도폐쇄증수술은 촌각을 다투는 것임을 설명했음에도 수술을 거부하는 가족의 의사는 바뀌지 않았다. 의사는 아동상담소에 연락하고, 부모의 친권을 제한하고, 그 동안 수술을 하고자 하였지만 상담소로부터 병원에 온 3인의 직원은 부모를 설득하는 것만을 시도했으며, 친권제한은 거절하고 '이후에는 선생님들이 해결해 주

---

1) yomiDr.(ヨミドクター)コラム「口唇口蓋裂を受け入れなかった家族」https://yomidr.yomiuri.co.jp/article/20171012-OYTET50005/

세요'라고 하며 돌아갔다. 이후 아기는 신생아실에서 아사(餓死)했다고 한다.

식도폐쇄증과 구순구개열은 모두 예후가 좋은 치료 가능한 증상이다. 현재 일본의 소아과의사라면 이를 치료하지 않는다는 선택을 할 수는 없을 것이다. 따라서 이 아기의 아사는 친권자의 의료방임에 의한 것으로 평가할 수 있다. 아동상담소가 의사가 희망했던 친권을 제한하지 않은 판단은 잘못이었다고 할 수밖에 없다.

이 의료방임에 의한 비극은 어떻게 하면 피할 수 있었을까. 이 비극이 발생한 시점은 위의 기사로부터 분명하지는 않다. 이는 과거의 예외적인 사례이며, 현재라면 아동상담소가 더욱 적극적으로 개입했을 것이기 때문에 이러한 비극은 발생하지 않는다 할 수 있을까. 한편 만약 의사가 필요하다고 판단한 수술을 친권자가 거절한 경우, 아동상담소는 끝까지 개입할 수 있을 것인가. 수술시행의 여부판단의 타당성은 어떻게 확보되어야 할까. 본고에서는 이러한 점에 대해 생각해 보고자 한다.

의료방임은 두 가지의 문제영역에 걸친 테마이다. 하나는 애초 아동학대의 한 영역이다. 여기에서는 신체적 학대나 정신적 학대와 동일하게 친권자가 바람직하지 않은 친권행사에 대하여 사회가 어떻게 유효하게 개입하는가 하는 문제로 된다. 또 하나는 의료에 있어서 자기결정의 문제이다. 수술을 받음에 따라 발생하는 연명의 가능성과 수술을 받지 않음에 따른 인생의 질의 비교형량에 의한 선택은 사전 동의의 존중으로서 의사법 영역에서 매우 중요한 주제 중 하나로 되어 있다. 미성년자의 치료인 경우에는 성인과 달리 의사결정의 주체가 아이와 부모 양자로 되기 때문에 문제가 더 복잡해진다. 신생아의 경우 아이에게는 의사능력이 없기 때문에 부모의 동의결정만이 고려대상이며, 그것의 법적 성질이 문제될 뿐이다. 그러나 의사능력을 가지는 아이의 경우는 아이의 의사와 부모의 의사가 다른 때의 처리 등 논의의 대상이 더욱 복잡해진다. 나아가 그러한 논의들의 전제로서 의료계약의 당사자를 미성년자 본인으로 생각할지, 아니면 부모로 생각할지 문제가 있으며, 또한 친권의 권능으로서 친권자가 미성년자의 부적절한 의사결정에 친권행사로서 어디까지 개입할 수 있는가 하는 문제도 있다. 그러한 배경에는 미성년자라 하더라도 환자와 의사 간의 의료계약으로 생각할지, 친권자와 의사 간의 의료계약으로 생각할지 법체계에 따른 차이도 놓여 있다. 이에 대하여 순차적으로 고찰하고자 한다.

II. 아동학대에 대한 개입

부당하고 부적절한 친권행사에 대한 공적개입이라는 점에 있어서 일본사회의 아동학대에 대한 대응이 불충분하다는 점을 문제의 배경에 있는 전제로서 고려하여야 한다. 우선 행정청적인 대응에 있어서 서구 국가들과 비교하여 예산상 아주 빈약한 체제에 있으며, 전문가 양성도 부족하고, 아동상담소는 만성적인 일손부족 상황에 있다. 또한 행정청적인 개입은 공권력에 의한 친권제한이므로, 친권자의 의사에 반하는 경우 근대법 하에서는 사법적인 개입이 필수로 될 것이지만, 일본 가정재판소의 현황은 그렇지 않아도 성년후견사무만으로도 업무가 과중하기 때문에, 인적 인프라가 그에 대응할 수 있는 체제가 아니다.[2] 따라서 아동복지법 제33조가 규정하는 아동상담소의 판단에 따른 일시보

---

2) 친권법개정 전의 논문이지만, 문제상황은 다음의 논문에 개략적인 내용을 언급한 것과 다르지 않다. 水野紀子「児童虐待への法的対応と親権制限のあり方」季刊社会保障研究45巻4号(2010年)361면 이하.

호가 실제로는 크게 기능할 수밖에 없는 상황이다.

그러나 아동학대로부터 아이를 구출함에 사회가 공동으로 대응하여야 한다는 문제의식은 널리 공유되고 있으며, 조금씩이기는 하지만 사회적 대응방법이 구축되고 있다. 그리고 다음의 Ⅲ에서 후술하듯이 사법적인 개입에 의하여 의료방임에 대응하여 수술을 받도록 한 심판례가 몇몇 존재한다.

우선 친권제한의 전체 상황을 통계수치를 통하여 확인해 보고자 한다. 최고재판소 사무총국 가정국이 공표한 2014년 1년간의 통계를 보면,[3] 새로 들어온 건수는 친권상실심판이 110건, 친권정지심판이 151건, 관리권상실심판이 10건이며, 이미 처리된 건수는 동일하게 130건, 157건, 12건이다. 이미 처리한 건수의 내역을 보면, 친권상실심판에서는 인용이 34건, 기각이 16건, 취하(取下げ)가 73건, 기타 7건, 친권정지심판에서는 인용이 43건, 각하가 28건, 취하가 82건, 기타 4건, 관리권상실심판에서는 인용이 5건, 각하가 2건, 취하가 5건이다. 친권상실심판의 종국사안 124건의 신청인을 보면, 자녀의 친족에 의한 신청이 105건, 아동상담소장에 의한 신청이 14건, 아이에 의한 신청이 5건, 친권정지심판의 종국사안 156건에 대해서는 아이의 친족에 의한 신청이 99건, 아동상담소장에 의한 신청이 34건, 아이에 의한 신청이 22건, 검찰관에 의한 신청이 1건이었다. 그리고 종국사안에서는 친권상실심판 124건 중 인용이 29건, 각하가 16건, 취하가 74건, 기타 5건, 친권정지심판 156건 중 인용이 40건, 각하가 29건, 취하가 83건, 기타 4건이며, 당연할 수도 있지만 아동상담소장에 의한 신청의 인용률이 높게 나타났다. 친권상실인용사건 29건의 인용원인은 신체적 학대가 7건, 성

---

[3] 재판소의 다음의 홈페이지에 공표되어 있는 숫자에 따름. http://www.courts.go.jp/vcms_lf/151204sinkenteisi.pdf

적학대가 4건, 방임(ネグレクト)이 11건, 심리적 학대가 4건, 기타 친권행사가 현저히 곤란 또는 부적당한 경우가 4건, 친권정지인용사건 40건의 인용원인은 신체적 학대가 4건, 성적학대가 2건, 방임이 23건, 심리적 학대가 5건, 기타 친권의 행사가 곤란 또는 부적당한 것이 9건으로 되어 있다. 그리고 본고의 관심인 의료방임에 대해서는 친권정지인용원인인 방임 23건 중 적어도 11건에 대해서는 의료방임이 원인인 것으로 일컬어졌다. 명치민법 이래 친권행사에 대하여 공적으로 개입하고, 사법적인 개입을 신청하는 역할은 민법상 검찰이었지만, 검찰의 신청은 대체로 이루어지지 않고 있다. 대신에 아동복지법에 따라 인정된 아동상담소장의 신청이 행하여져 왔지만, 전국적으로 1년간의 수치가 두 자리인 점은 친권제한에 대하여 사법적인 대응이 거의 실효적으로 이루어지지 않고 있음을 말해준다. 의료방임의 경우에 아동복지법 제28조에 따른 입소조치심사의 대상은 되지 않지만, 이러한 심사를 포함하더라도 전체적인 수치는 세 자리에 불과하다.

가정재판소의 심판을 거치지 않고도 행정권인 아동상담소가 아동복지법 제33조의 일시보호로 대응하는 것도 가능하다. 2016년도에 아동상담소가 대응한 양호상담 중 아동학대대응건수는 122,575건으로 전년도에 비해 19,289건(18.7%) 증가했으며, 매년 증가하고 있다.[4] 이 중 최근에 몇 건이 일시보호처분을 받았는지를 보여주는 수치는 확인되지 않지만, 2015년도에는 아동학대상담대응건수가 103,286건, 그 중 일시보호건수가 약 6분의 1인 17,801건이며, 일시보호소 11,607명 이외에 일시보호위탁수탁처인 아동보호시설 2,523명, 유아원 1,109명, 아동자립지원시설 69명, 정서장애아 단기요양시설 58명, 장애아 관계시설 452명, 기타 사회복지시설 129명, 경찰 등 339명, 위탁부모 783

---

4) http://www.mhlw.go.jp/toukei/saikin/hw/gyousei/16/dl/kekka_gaiyo.pdf

명, 기타 622명으로 되어 있다.[5] 의료방임의 경우는 어쨌든 병원에 위탁될 것이기 때문에 기타 622건에 포함된 것이 아닌가 생각할 수 있지만 분명하지 않다. 현재 의료방임을 이유로 일시보호되고 있다고 하더라도, 이러한 숫자들로부터 예상되는 수치는 최대로 예상해도 세 자리일 것으로 생각된다.

이러한 수치들과 대비하여 인구규모에서 일본의 약 2분의 1인 프랑스의 수치를 비교해 보기로 하겠다. 아동보호국립감독국(l'Observatoire national de la protection de l'enfance(ONPE)) 사이트에 따르면,[6] 2016년 1년간 아동보호조치가 취해진 아동 수는 311,618건이다. 친권자의 동의을 얻을 수 없어서 아동사건담당판사에 의하여 사법적 개입이 행해진 수가 92,639건, 그 내역은 검찰신청이 78,377건, 직권에 의한 것이 3,963건, 부모나 후견인의 신청이 7,560건, 미성년자의 신청이 2,330건, 아동의 위탁을 받은 보호자의 신청이 409건으로 되어 있다. 즉 84.6%가 검찰의 신청에 의한 것이었다. 친권제한판결만으로도 10만건 가까운 수치를 보이는 프랑스와 두 자리의 일본을 비교할 것이 아니지만, 일본에서의 행정적인 일시보호건수를 포함하더라도 프랑스의 친권제한판결 수에는 크게 미치지 못한다.

그러한 배경에 있는 것은 국가가 어느 정도의 공적비용을 이 문제에 사용하는가 하는 판단의 차이이다. 프랑스에서는 2016년에 아동의 사회적 지원에 지출된 금액이 78억 2,500만유로로 계산되어 있다. 일본

---

5) 2017년 4월 21일 새로운 사회적 양육의 존재방식에 관한 검토위원회 12회 회의자료로서 배부된 자료에 근거하였다. http://www.mhlw.go.jp/file/05-Shingikai-11901000-Koyoukintoujidoukateikyoku-Soumuka/0000163285.pdf

6) https://www.onpe.gouv.fr/system/files/publication/note_chiffres_cles_janvier_2018.pdf

의 2015년도 예산을 보면,[7] 사회보장관련비 31조 5,297억엔 중 연금·의료·개호(介護)보험급부비가 23조 1,107억엔으로 대부분을 점한다. GDP에 대비하여 보면 OECD 평균보다 고령자에 대한 지출은 상회하지만, 아동양육(子育て)지원지출은 크게 하회하는 것을 보이고 있다. 결국 아이들을 위해서 어느 정도의 공적비용을 투입할 것인가 하는 판단이 기본이다. 일본의 구조적인 어려움이 여기에 있다고 할 수밖에 없다.

본고가 처음 인용한 의료방임의 사례에서 상담신청을 받은 아동상담소 직원은 부모의 반대를 무릅쓰고 수술을 받도록 할 수는 없다고 생각한 것인지, 아니면 그렇게 하기 위해서 일시보호를 할지, 나아가 아동상담소장이 가정재판소에 신청할 가능성을 생각하여 격무로 인한 업무부담으로 견딜 수 없었다고 판단한 것일까. 최후의 안전망이어야 할 아동상담소가 소극주의나 도덕적 해이(moral hazard)로 인하여 적절한 역할을 하지 않고 있다는 비판도 있다.[8] 그러나 이러한 상황이 발생한 시기에 따라서는 의료방임에 대응하는 방법이 숙지되어 있지 않았을 가능성도 있다. 어쨌든 현재는 부적절한 친권행사에 개입하는 방법이 일본에서도 열려져 있기는 하다. 다음으로 의료방임에 대응한 판례를 보도록 하자.

Ⅲ. 의료방임에 관한 판례

친권자가 의사의 판단에 대항하여 필요한 수술에 반대하는 경우, 강행할 수 있는 수단으로서 가장 명확하고 확실한 수단은 재판소의 허가

---

[7] 厚生労働委員会調査室·吉成俊治「2015年度(2015年度)社会保障関係予算－社会保障に対する信頼と制度の持続可能性」立法と調査2015年3月362号89면 이하.
[8] 山脇由貴子『告発 児童相談所が子供を殺す』(文藝春秋社, 2016年) 등.

를 받는 것이다. 친권자가 자녀에게 필요한 치료를 받도록 하지 않는 경우, 아동상담소장 등이 친권자의 직무집행정지나 직무대행자의 선임을 신청하는 방법으로 2011년 친권정지제도가 창설되기 전부터 몇 가지 사례가 공표되고 있다.[9]

오사카(大阪)가정재판소 키시와다(岸和田)지부 2005년2월15일심판·家月59卷4号135면은 아동가정센터소장이 종교상의 이유로 미성년자의 수술에 동의하지 않는 친권자에 대하여 직무집행을 정지하고, 직무대행자를 선임하는 보전처분이 신청된 사안에서 보전처분을 인용하고 있다. 또한 나고야(名古屋)가정재판소 2006년7월25일심판·家月59卷4号127면[10]도 동일하게 아동·장애인상담센터장이 종교상의 이유로 미성년자의 수술에 동의하지 않는 친권자에 대하여 친권자로서의 직무집행을 정지하고, 직무대행자를 선임하는 보전처분이 신청된 사안에서 미성년자는 위독한 심장질환을 앓고 있고, 긴급하게 수술 등의 의료조치를 수차례에 걸쳐 시행하지 않으면, 가까운 장래에 사망을 피할 수 없는 상황에 있으며, 수술의 동의거부는 친권을 남용하여 미성년자의 복지를 현저히 손상시키고 있는 것으로서 신청을 인용하고 있다. 또한 츠(津)가정재판소 2008년1월25일심판·家月62卷8号83면[11]은 친권자가 종양수술에 동의하지 않는 경우로서, 아동상담소장이 신청한 친권자의 직무집행정청지·직무대행자 선임과 심판 전의 보전처분을 인용했다. 민법개정 후의 판례로서는 미야자키(宮崎)가정재판소 2013년3월

---

9) 이러한 판례들에 대해서는 개별 평석 외에 永水裕子「医療ネグレクト：同意能力のない未成年者に対する医療行為への同意権の根拠についての一考察」桃山法学20＝21号(2013年)329면 이하 등의 논문에 있어서도 정리한 검토가 있다.
10) 神谷遊·判例タイムズ1249号58면, 田中通裕·民商法雑誌138卷1号107면, 澤田省三·戸籍826号31면 등의 해석이 있다.
11) 羽生香織·民商法雑誌144卷2号313면 이하, 鈴木伸智·新·判例解説Watch(法学セミナー増刊)10号103면 이하, 永水裕子·別冊ジュリスト219号82면 이하 등의 해석이 있다.

29일심판·家月65卷6号115면이 미성년자에 대하여 어떤 질환의 존재가 의심되지만, 친권자가 정당한 이유도 없이 의료행위에 동의하지 않아 미성년자는 정밀검사를 받거나 정기적인 통원진료를 받는 것이 곤란한 상황에 있다고 하여 친권정지를 인정하고 있지만, 이 사건은 성년자인 자녀 본인이 신청한 사안으로 의료방임이라기 보다는 친권자에 의한 보호양육이 상실된 경우이다. 이러한 전반적으로 방임한 경우에 있어서의 의료방임을 광의의 의료방임이라 부르며, 다른 점에서는 의무를 태만히 하지 않는 부모가 의료만을 거절하는 경우를 협의의 의료방임이라 부르는 경우가 있다.

주목해야 할 것은 최근의 도쿄가정재판소 2015년4월14일심판·判時 2284号109면[12]이다. 시간이 절박한 의료현장에서 재판소의 판단을 구하는 것이 큰 곤란을 내포한다는 점은 분명하다. 그 점에서 0세 아동의 수술에 대하여 심판전 보전처분을 내린 이 심판은 친권자의 진술을 듣는 절차를 생략하고 있으며, 이 생략에 정도의 문제는 있다 하더라도 시간단축의 의미는 있다. 수술의 긴급성이 높은 경우, 원칙적으로 친권자의 진술을 들어야 한다고 한 가사사건절차법 제107조는 부담스러울 수 있으며, 그 단서 "그 진술을 듣는 절차를 거침에 따라 보전처분의 목적을 달성할 수 없는 사정이 있는 때는 그러하지 아니하다"를 적용할 필요가 있다. 본 심판은 다음과 같이 언급하여 절차를 생략하고 있다. "인정사실에 따르면 미성년자의 생명의 안전 및 건전한 발달을 위해서는 가급적 조속히 수술할 필요가 있으며, 무수혈 수술을 행하는 경우에도 응고장애나 수술 중 대량출혈과 같은 긴급한 경우에 대비해 사전에 수혈에 대해 동의를 받아 놓을 필요가 있다고 할 수 있다. 그렇다면 수혈에 동의하지 않는 것이 종교적 신념 등에 기초한 것이라 하더

---

[12] 大塚正之・民商法雜誌153卷2号136면 이하의 해석이 있다.

라도 미성년자의 생명에 위험을 발생시킬 가능성이 아주 높으며, 친권자들에 의한 친권의 행사가 곤란 또는 부적당한 것으로서 자녀의 이익을 해하는 것이 분명하며, 본건에서는 보전의 필요성도 인정된다. 또한 친권자들의 진술을 들을 시간적 여유도 없다. 따라서 본건 신청사건의 심판이 효력을 발생하기까지 친권자들의 미성년자에 대한 친권자로서의 직무집행을 정지하고, 또한 그 정지기간 중 신청인을 직무대행자로 선임하는 것이 상당하다." 그러나 사실인정 중에서 "친권자들은 무수혈 수술 중에 수혈의 필요가 있는 때, 친권이 일시적으로 없는 상태라면 수혈은 어쩔 수 없다는 취지의 의사를 제시했다"는 것이 확인되고 있다. 부모가 반대하지 않으면 애당초 재판절차는 불필요할 것인데, 재판소가 친권을 정지한다면 부모가 어쩔 수 없다고 하는 것과 위와 같은 의사를 표시하지 않는 경우 청문절차를 생략할 수 없다고 한다면, 이 심판례의 선례적 의의는 감소하게 된다.

전술한 2014년도 사법통계의 수치에 따른 11건의 의료방임이 어떠한 사안이었는지는 불명확하지만, 전술한 도쿄가정재판소 2015년4월14일심판과 동일하게 종교적 이유의 수혈거부사안이 포함되어 있을 가능성이 높다. 종교적 이유의 수혈거부는 환자의 자기결정권과 의사의 치료의무가 정면에서 충돌하는 경우의 하나이다. 주지하듯이 최고재판소판결 2000년2월29일판결·民集54卷2号582면은 "환자가 수혈받는 것은 자신의 종교상 신념에 반하는 것이어서 수혈을 수반하는 의료행위를 거부한다는 명확한 의사를 표시한 경우, 이러한 의사결정을 할 권리는 인격권의 한 내용으로서 존중되어야 한다"고 판시하여, 수술에 있어서 수혈을 한 의사에 대한 설명의무위반의 위자료청구를 인정했다. 이 판결사안은 "수혈을 수반하지 않는 수술을 받는 것이 가능하다고 기대하여 … 입원한 것을 … 의사들이 알고 있었다"는 사실을 중시한 것이었지만, 이 판결의 결과 종교적 수혈거부환자에 대한 대응으로서 병원은 수혈가능성의 유무에 관계없이 수혈동의서를 받을 수 없는 경우에는 전원(転院)을 권고하게 되었고, 사실상 종교적 이유로 수혈거부의향을 가지고 있는 신자는 수술을 거부하는 경향을 볼 수 있었다. 그렇다 하더라도 법적인 문제는 해결되었다고 일컬어지고 있다.

나아가 2008년 2월 28일에는 일본수혈·세포치료학회 등 복수의 의학계 학회원과 외부위원으로 구성되는 종교적 수혈거부에 관한 합동위원회 명의로 '종교적 수혈거부에 관한 가이드라인'이 공표되었다.[13] 이 가이드라인은 당사자를 18세 미만과 15세 미만의 연령으로 구별하고, 친권자가 거부하는 경우에 당사자가 15세 미만 또는 의료에 관하여 판단능력이 없는 경우에 대해서는 다음과 같이 규정한다. "친권자 쌍방이 거부하는 경우 : 의료측은 친권자의 이해를 얻을 수 있도록 노력하고, 가능한 한 무수혈 치료를 하지만 최종적으로 수혈이 필요한 경우에는 수혈을 한다. 친권자의 동의를 전혀 얻을 수 없고, 오히려 치료행위가 저해되는 것과 같은 상황에 있어서는 아동상담소에 학대신고를 하고, 아동상담소에서 일시보호 후에 아동상담소가 친권상실을 신청하고, 이와 함께 친권자의 직무정지처분을 받고, 친권대행자의 동의에 따라 수혈을 한다." 전술한 2014년 심판례 중 방임 Case의 약 절반을 의료방임심판이 점하고 있는 것은 이러한 가이드라인의 영향도 있을지 모른다. 그러나 의료방임판단 중 종교적 이유의 수혈거부는 단순히 수혈을 거부한다는 극히 단순한 것이다. 그렇기 때문에 가이드라인 작성이 가능했었다고 볼 수도 있다.

전술한 최고재판소판결 2000년2월29일판결이 나오기 전인 1998년에 최고재판소 판결과 동일하게 위자료청구를 인정한 그 원심인 노교

---

13) http://www.anesth.or.jp/guide/pdf/guideline.pdf

고등법원 1998년2월9일판결·高裁民集51卷1号1면을 비판하는 논문 "환자의 자기결정과 사전의 사법적 개입"(코다마 야스시(児玉安司))이 발표되어 있다.[14] 이 코다마(児玉) 논문은 "의사가 최선으로 생각하는 치료에 환자(내지 대리승낙권자)가 동의하지 않고, 또한 그 환자가 다른 병원에 전원하는 것을 거부하거나 병원이 전원시켜주지 않는 경우"에 "의사는 환자의 자기결정권 존중과 '최선의 주의의무'의 딜레마에 빠진다"는 문제에 대해서 예컨대, "재판관이 신청을 받고 병원에 달려가 결정하는 데까지 필요한 시간은 한 시간 정도였다"고 하는 것과 같은 미국에서의 사법적 개입을 소개함과 동시에 이러한 사법적 개입이 불가능한 일본에 있어서 이 원심판결과 같은 적극적인 '사후적 판단'을 다음과 같이 비판하고 있다. 미국의 법원은 "치료방법에 있어서 대립이 있는 경우에는 아주 광범위하고 신속한 대응"을 하지만, "적절한 의료로서 행해진 행위에 대하여 개입하는 것에는 겸억적이다."[15] 또한 "합의를 위반한 결과, 생명·건강에 대한 침해나 육체적 고통이 없는 경우, 단순한 정신적 고통(emotional destress)에 대하여 금전적 배상을 하는 것에는 전통적으로 아주 신중한 태도를 취하고 있다." 그에 반해 설명의무위반을 인정한 일본의 판결은 "환자가 수술 중에 대량출혈이 발생하여 출혈성 쇼크에 빠져 있는 경우 의사가 '극적인 효과를 낼 수 있는 치료수단'인 수혈을 행하지 않고, 많은 출혈이 있을 복강 내에 출혈지점을 찾아 지혈을 시도하면서 수액·승압제·회수식자기혈수혈(セルセーバー) 등으로 상태를

---

14) 児玉安司「患者の自己決定と事前の私法的介入」判例タイムズ980号(1998年)53면 이하.
15) 영국의 판례에서도 동일한 경향이 있는 것 같다. Gillick(グリック) 판결에 있어서 Templeman(テンプルマン) 판사는 긴급성의 법리에 기초하여 행한 치료에 대해서 "재판소는 필요하다면 사전에 허가했을 의료를 그것이 실패로 마친 경우라 하더라도 사후에 승인할 것이다"고 언급한다. 横野恵「イギリス法における未成年者に対する医療と同意: 判例研究のための前提作業として」早大法研論集95号(2000年)99면 이하, 인용은 118면 각주(59)부터임.

개선하고자 하는 것은 너무 위험한 시도이다. 그런 상황 하에서 여전히 환자의 의사를 존중하고자 하는 의사의 치료행위와 환자의 생명을 존중하고자 하는 의사의 치료행위에 대하여 사후적으로 '위법'으로 단정짓는 것에 필자는 주저할 수밖에 없다." 의사이자 법률가인 저자 코다마 야스시는 이렇게 현장감있는 비판을 한 후 다음과 같이 언급하며 논문을 끝낸다. "환자가 의사의 치료방법에 동의하지 않을 때 동의에 관한 법원의 명령이나 병원 내 유치명령까지 요구하고자 하는 미국의 의사들과 비교할 때, 더불어 침대 곁에서 고뇌의 선택을 반복해 온 미국의 재판관들을 상기할 때, 일본의 의료를 둘러싼 법적·문화적 배경의 차이를 느낄 수밖에 없다."

코다마(児玉) 논문에서 볼 수 있는 것과 같이 의료현장에 대한 이해와 일본의 독특한 의료환경의 문제를 고려하여 이 문제를 생각해야 할 것이다. 사후적 판단가능성으로 인하여 치료현장에 위축효과를 초래하지 않고, 또한 본고가 최초로 소개한 것과 같은 일탈을 방지하는 방법은 시행되고 있는 것일까.

IV. 의료계약과 사전 동의

논의의 전제로서 의료계약과 사전 동의의 문제에 대하여 간단히 언급하기로 한다.[16] 의료계약이나 사전 동의도 본고에서 언급함에는 그것만으로 너무 큰 논의대상이며, 양자 간의 정합적인 이론구축도 아직 논의 중이라는 느낌이다. 의료계약의 체결합의와 의료적 침습행위에

---

16) 이러한 문제들의 일부에 대해서는 水野紀子「医療における意思決定と家族の役割－精神障害者の保護者制度を契機に, 民法から考える」法学74巻6号(2011年)204면 아래에서 더욱 상세하게 고찰했다. 본고의 IV는 이 구 논문과 일부 중복된다.

별개로 요구되는 사전 동의는 별도의 것이기는 하지만, 일본 의사법의 논의에 있어서는 사전 동의에 대한 논의가 압도적인 영향력을 가지는 것으로 보인다. 의료계약의 체결합의와 사전 동의를 동일시하여 논하는 경우까지 있으며, 사전 동의라는 환자의 권리를 마주하기까지 의료계약의 성립에 환자의 동의가 필요하다는 것도 그다지 자각하고 있지 못했던 것은 아닌가라고도 생각된다.[17] 반면 사전 동의의 중시나 절대시와 모순되는 것과 같은 경향, 예컨대 비교법적으로도 특이한 의료보호입원이라는 명칭의 정신질환자의 강제입원제도가 그러한 것처럼 가족만이 개입하여 치료가 공개되는 것을 정당화하는 경향도 강하고, 환자의 행위능력이 없는 경우의 의료계약에 대해서 환자본인의 수익의 의사표시가 없어도 의료계약이 성립한다고 보는 부진정 제삼자를 위한 계약설이 최근 유력설로 되고 있다. 그리고 일본의 현황에서 사전 동의는 의료현장의 귀중한 시간을 소모하는 의료침습행위시의 성가신 서면절차로 보는 느낌도 있다.

사전 동의를 절대적인 요청으로 받아들이는 경향이 있기는 하지만, 성인의 경우에도 그 자기결정이 만능이라는 것은 아니다. 예컨대 본인의 의사에 반하더라도 강제치료를 받게끔 할 필요가 있는 경우가 있다는 점에 대해서는 어느 국가도 부정할 수 없다. 최근 독일연방헌법재판소 2016년 7월 26일 결정은 "의학적으로 필요한 치료가 자유로운 의사를 형성할 수 없는 돌봄을 필요로 하는 자의 의사에 반하지만, 자유박탈을 수반하는 수용은 그 요건을 결하고 있어 실시할 수 없을 때, 돌봄을 필요로 하는 자의 신체나 생명에 미치는 위험의 정도와 치료 리스크를 고려하지 않고 돌봄을 필요로 하는 자에 대해 치료를 실시하지

---

[17] 의사에 관한 논고에 특히 그 경향이 강한 것으로 생각된다. 熊倉伸宏『臨床人間学ーインフォームド・コンセントと精神障害』(親興医学出版社, 1994年) 등.

않는 것은 기본법 제2조 제2항 제1문에 기초한 국가의 보호의무에 위반하고 있다"고 판시하여, 환자가 표시한 '자연스러운 의사'와 원래 표시되어야 할 환자의 '자유로운 의사'를 구별하여 전자에 반하더라도 강제치료를 해야 할 것을 인정했다.[18]

사전 동의의 법리와 같이 인격권에 대한 개입은 모든 법률가가 승인하는 것이기는 하지만, 때로는 그 개입이 과한 것으로 평가되기도 한다. 그리고 권리의 난립, 개인주의의 고조, 소비자적 태도의 증대, 민사책임소송의 증가 등이 문제시되었다. 프랑스의 Hauser는 인격과 동의권의 존중이 초래하는 '위험(un sujet perilleux)'을 다음과 같이 흥미로운 표현을 이용하여 세 가지로 나누어 언급한다. 첫째, 문제가 단순하지 않은 것을 이해하지 못하고 환자가 무능력인 상태이더라도 동의가 필요하다는 원칙만을 고수하는 '순수주의 l'angélisme', 다음으로 행복추구라는 이름하에 환자의 욕구에 맞지 않을 수도 있는 자기결정을 엄격하게 형식적으로 채택하는 '통제경제 le dirigisme', 그리고 마지막으로 생명선택으로 이어지는 행위로 길을 열어버릴지 모르는 '우생학 l'eugénisme'이다.[19] 이러한 위험에 빠지지 않고 의료시스템을 운영하는 세밀한 길을 발견하기 위해서는 시민의 타협과 공생의 질서인 민법을 기초로 체계적인 정리를 하는 것이 필요할 것이다.

그러나 종래는 사전 동의를 절대시하는 환자의 인격권론과 현실적으로 행해지고 있는 의료를 원만하게 설명하기 위한 의료계약론, 모두 민법상 계약이론과의 긴장관계에 대한 인식이 약했던 것으로 필자는 생

---

[18] 神野礼斉「ドイツ世話法における強制治療と国家の保護義務―連邦憲法裁判所2016年7月26日決定を素材として」九州国際大学法学論集23巻1·2·3号(2017年)181면 이하 참조. 인용은 동 192면부터임.

[19] Jean Hause, Le consentement aus soins des majeurs protégés, Petites affiches 19 mars 2002 No 56, p. 4 et suiv., 인용부분은 p. 5.

각한다.[20] 민법상 계약이론과의 긴장관계로써 그 예외로 되는 경우를 체계화하고 있지 않으면, 모순을 정리하지 못한 의사(医事)법 이론으로 되며, 그 경우에 가끔 무엇이 중시되는지에 따라 결론이 달라질 위험이나 새로운 사태를 안정적으로 해결할 수 없는 흠결을 안게 된다고 생각한다. 이러한 관점에서 최근 출간된 요네무라 시게토,『의사법강의』(米山滋夫『医事法講義』)[21]는 유사한 책에서 볼 수 없는 체계적인 지향을 가진 의사법 교과서이며, 본고의 아래에서 고찰하는 신생아의료도 기본적으로 이『의사법강의』의 정리에 따르고자 한다.

의료계약도 계약이므로 당연히 민법이 정하는 행위능력이 요구된다. 따라서 대륙법인 프랑스법[22]이나 독일법[23]은 영미법권인 영국법이나 호주법 등과 달리 의사능력이 있는 미성년인 청소년에게 의사(医事)적인 행위능력을 부여하는 것을 인정하지 않는다. 재산의 관리처분능

[20) 「(特集) 意思決定の代行」法律時報67巻10号(1995年)에 정리된 논문들은 각각 귀중한 것이기는 하지만, 사전동의(의 어떤 부분)만을 다루는 논문이나 의료계약을 함께 다루는 논문이 여러 가지 포함되어 있으며, 사전동의와 의료계약의 관계는 정리되어 있지 않다.

21) 米村滋人『医事法講義』(日本評論社, 2016年).

22) 寺沢知子「未成年者への医療行為と承諾(1)(2)(3・完)-「代諾」構成の再検討」民商法雑誌106巻5号・6号107巻1号(1992-1993年)는 프랑스법에 있어서의 이론상황을 소개하면서 이 문제에 대해 상세하게 검토한 선구적인 업적이다. 위 문헌에서의 문제의식은 "승낙능력'이 있으면 본인의 승낙이 반드시 필요하며, '승낙능력'이 없으면 반드시 법정대리인의 승낙이 필요하다는 양자택일적인 해결을 귀결시키는 것으로 되는" 것을 문제시하며, "미성년자 자신이 자기결정권을 행사할 수 있지만, 다른 한편으로 경험적 지식도 기초로 하는 승낙을 스스로에게 있어서 최선의 방향으로 단독으로 행할 수 있는지 여부에 대해 문제가 발생하는 것과 같은 경우도 있다"고 한다. 동 106巻5号(658면)90면. 이 양자택일적인 해결이 일반적으로 받아들여지고 있다는 인식이 타당한 것이라면, 그 자체가 이 영역의 논의에 있어서 대륙법적인 관점으로부터의 접근이 아니라 자기결정 내지 사전동의 법리가 압도적이었던 것을 말하고 있는 것이라 할 수 있을까.

23) 河原格「未成年者の医療契約の締結能力と侵襲への同意能力」笠原俊宏編『日本法の論点(第1巻)』(文眞堂, 2011年)130면 아래는 독일법을 소개하고, 미성년자와 친권자 쌍방의 공동동의권으로 운영되고 있다고 한다. "일본은 미성년자의 자기결정권을 절대적인 것으로 인식하고, 더욱이 침습에 대한 동의는 일신전속적인 성질을 가진다고 하는 이유만으로 미성년자 단독의 동의권 행사를 인정하고 있다"고 비판한다. 위 136면.

력이 인정되지 않는 청소년이 자신의 신체에 대한 결정을 단독으로 내린다는 것은 모순이기 때문이다. 친권자에게 자녀의 건강상태를 알려주지 않아, 친권자가 주의를 줄 수 없다고 한다면, 미성년자의 자율을 인정하는 것은 위험하기도 하다. 어쨌든 행위무능력자가 혼자서 의료계약을 체결했다고 한다면, 이론적으로는 그 계약은 상대적 무효로 된다고 생각된다.[24] 의료행위에 대해서 자녀 본인의 동의권·거절권을 인정하는 것은 친권자의 동의권·거절권을 인정하지 않는 것을 의미하는 것은 아니다. 그러나 일본의 의료계약에 관한 논의에 있어서는 성인인 자녀의 치료에 대해서는 부모에 의한 제3자를 위한 계약으로서 처리하지만, 의사능력을 가지는 어느 정도 성장한 자녀에 대해서는 환자의 행위능력을 묻지 않는다고 보는 견해가 다수이다.[25] 물론 일본에서는 의료방임과 같은 부모의 부당한 친권남용행위에 대해 적시에 개입하도록 하는 제도적인 보장은 불충분하지만, 그 불비 때문에 부득이 이러한 해석이 취해지고 있는 것은 아니다.

요네무라 시게토, 『의사법강의』는 의사능력을 가지지 않는 미성년자가 의료기관에서 진찰받는 경우의 의료계약에 대해서 ①법정대리구성, ②제삼자를 위해서 행하는 계약구성, ③'부진정(不眞性) 제삼자를 위해 하는 계약' 구성, ④사무관리구성이라는 네 가지를 언급하며, ③을 부정한다. 그리고 미성년 환자에게 친권자가 동반하는 경우에 친권자가 자기의 계산으로 지불의사를 가지는 경우는 ②, 환자 본인의 계산으로 지불하는 의사를 가지는 경우는 ①, 친권자 이외의 자가 동반하는

---

24) Gérard Mémeteau, Cours de droit médical, 3e ed, 2006, pp. 326-327.
25) 前田達明「医療契約について」『京都大学法学部創立百周年記念論文集 第3巻·民事法』79면 이하(有斐閣, 1999년) 79면 등은 행위능력을 필요로 하는 견해이지만, 예컨대 前出泰「診療契約」NBL923호(2010년)72면은 "진료계약을 체결할 시에는 환자에게 의사능력이 필요하지만, 행위능력은 불필요하다고 해석되고 있다"는 일반적인 표현으로 기술한다.

경우로 동반자가 보수지불의 의사를 가지는 경우는 ②, 그렇지 않으면 ④로 된다고 정리한다. 의사능력을 가지는 미성년자가 의료기관에서 진찰을 받는 경우는 환자 자신이 계약당사자로 될 수 있지만, 민법의 원칙에 따라 친권자의 동의권·취소권이 미친다고 하며, 동반자가 계약당사자로 될 가능성에 대해서 미성년자가 의사능력을 가지는 경우, 가지지 않는 경우 모두 기본적으로는 구별되지 않는다고 한다. "다수설은 생명·건강이 '일신전속적 사항'이라고 하여 일률적으로 동반자의 당사자성은 부정하지만, 의료계약 당사자와 개별의료행위의 동의주체는 다르며, '일신전속적'인 점은 의료행위의 동의권을 본인에게 부여해야 할 것을 의미하는 것에 불과하다(다만 그 타당여부는 별도 검토를 요한다)."[26]

본고의 관심사는 여기에서 말하는 "개별의료행위의 동의권"이다. 의료적 침습행위는 상해죄나 업무상 과실치사상죄 등의 죄책에 따라 형사제재의 대상이 될 가능성이 있다. 환자의 동의는 의료적 침습행위에 대해 상해죄의 위법성이 조각되는 요건의 하나로서 요구되어 왔다. 그러나 이 요건은 환자의 묵시적인 동의나 추정적 동의의 여지를 넓게 인정하고, 환자의 현실적인 자기결정을 보호하는 것은 아니었다. "최근 사전동의론이나 설명의무론 등 환자의 의료적인 결정을 보호할 목적으로 하는 다른 법률구성이 주장된 것은 이러한 '환자의 동의' 법리의 불충분성 때문인 것이다."(米村滋人)[27]

의료행위를 형사사건으로 고발한 것이 무죄로 된 후쿠시마현오오노(福島県立大野)병원사건(福島地裁2008年8月20日判決·季刊刑事弁護57号185면)의 기소판단이 널리 비판받은 것처럼 아주 신중하고 겸억적이어야 할 것이다. 그러나 일본의 풍토에서는 가령 민사사건의 설명의무위반 등 금

---

26) 전게각주(21)·米村滋人『医事法講義』95면 이하. 인용은 98면.
27) 전게각주(21)·米村滋人『医事法講義』171면.

액적으로 경미한 손해배상청구라고 하더라도 불법행위로 위법하다고 평가되는 것은 의료현장에 있어서 결정적인 위축효과를 초래한다. 환자 내지 그 대리승낙권자로부터의 손해배상청구의 제소가능성은 그 의사에 반한 의료를 행하는 용기를 현장의 의사로부터 박탈하게 될 것이다.

일본법은 가족법의 전형적인 특징처럼 가족에게 가족 구성원의 생존을 지지하면서 통제하는 광범위한 권리의무를 부여하고, 또한 가족에게 광범위한 자치권을 부여하는 경향을 가진다.[28] 협의이혼제도로 대표되는 것처럼 신고만으로 성립하는 신분행위는 가족에게 광범위한 자치권을 부여하는 것으로 그것은 가족 내의 강자가 사실상 결정권을 가지는 것을 의미하며, 가족 내의 소위 약육강식을 시정하는 힘을 가지지 않는다. 이 특징이 '가정(家)'제도에 유래하는 것이라는 점은 틀림없지만, 제2차 세계대전 이후의 민법개정도 '가정(家)'의 자치를 당사자의 자치로 이동시켰을 뿐이며 기본적으로 변경되지는 않았다. 예컨대 이혼의 경우 폭력을 행사하는 남편(DV夫)과 하루라도 빨리 이혼하고자 하는 부인 등과 같이 교섭할 수 있는 힘(バーゲ-ニング・パワー bargaining power)을 가지지 않은 측이 약자로 되며, 합의만이라도 성립되면 어떠한 불합리한 결론도 구속력을 가진다. 동시에 자녀를 뺏는 것과 같은 어느 쪽도 양보하지 않으면 논의가 계속되어 결론이 나지 않는 소위 '발효된 조정'으로 되는 경우도 있다.

그러나 동시에 장기간 공개원칙 하에서 운영되어 온 호적제도가 상징하는 것처럼 행정적으로 일률적인 규제는 현장에 무리가 있더라도

---

28) 水野紀子「家族の自由と家族への国家介入」法律時報2017年8月号痛巻1115号(2017年)53면 이하.

'사회'의 압력을 이용하여 관료적으로 운영된다.29) 이러한 법질서운영은 '가정'제도의 전통이라는 것 외에 근대법을 운영하기 위한 인프라를 정비하지 않은 것도 이유였을 것이다. 가족 간에 불일치가 있는 경우나 권리자에게 결정능력이 없는 때에는 공적으로 개입하여 절차가 틀림없이 이행되도록 실효적으로 감독할 수 있는 사법시스템 등의 공적 체제가 일본에서는 아직 충분하지 않다.

이러한 법운영의 특징이 의사법영역에 있어서도 예컨대, 장기이식법에 있어서 유족의 취급이나 생체간 장기이식 등에도 공통적으로 나타난다고 생각한다. 뇌사장기이식에 유족의 누군가가 반대하여 전원 일치로 결정되지 않는 때에는 불이행규칙デフォルト・ルール(default rule)으로서 장기공여가 불가능하게 되어 공여에 소극적 효과를 초래했지만, 장기공여를 받을 자가 공여의 가능성이 있었던 것을 모르는 실무에 있어서는 분쟁으로 이어지는 경우는 없었다.30) 그러나 이렇게 막연한 일반적인 가족에게 법적권한을 부여하여 그 의사결정의 절차를 모호하게 하면, 통상적으로는 어떠한 행위도 할 수 없게 될 것이다. 장기이식에 대한 유족의 의사결정을 해결할 수 없다 하더라도(장기이식 수가 감소하는 것을 문제시 하지 않으면) 문제가 없는 구조로 되어 있으며 아주 예외적인 경우에 불과하다.

---

29) 水野紀子「戸籍の虚偽記載と訂正等をめぐる問題」法律時報88卷11号通卷1104号(2016年)37면 이하.

30) 2009년 개정 장기이식법은 장기를 공여할 의사표시와 함께 친족에 대해 장기를 우선적으로 공여할 의사를 서면으로 표시할 수 있도록 했다. 공여자와 공여받는 자를 상호간에 익명으로 이식코디네이터가 독점적으로 그 사이를 이어줌에 따라 비로소 유상공여 등의 여러 위험을 피할 수 있는 장기이식의 구조를 이 개정법이 붕괴시키게 된 것이다. 공여받는 자가 공여자의 가까이 있어 공여자정보를 가질 수 있는 것은 공여받는 자에 의한 공여자의사의 위조를 비롯하여 공여자의 구명에 전념하고 있던 의사가 적시에 장기이식을 말할 수 없었던 것을 공여받는 자가 책임문제로 할 가능성 등 많은 폐해를 발생시킬지 모른다. 개정법 입법시의 논의가 불충분했던 것으로 생각된다. 생각건대 공여받을 후보자로부터의 제소라는 가능성에 생각이 미치지 못했을 것이다. 水野紀子「改正臟器移植法の問題点と今後の展開」医学のあゆみ237卷5号(2011年)353면 이하.

개인은 가족 내에 매몰되고, 보호됨과 동시에 가족에 의해 지배받는 존재이기도 하다. 그러나 환자 개인의 인권을 보장하기 위해서는 가족 내에 매몰시켜서는 안 된다. 그리고 미성년자인 아이는 가족 내에서 가장 약자이다. 아이가 성장하여 사춘기 이후 스스로 의료 시행을 좌우하는 힘을 가지게 되면, 의사능력을 가지는 미성년자와 친권자의 의사가 대립하는 경우가 발생하게 된다. 그리고 부모의 동의 없이 사춘기의 딸에게 피임의 조언이나 처치를 하는 것을 다룬 영국의 Gillick판결과 같이 논점은 복잡하게 된다.[31] 그러나 본고에서는 그 문제는 대상으로 하지 않고, 아직 의사능력을 가지지 않는 아이, 특히 신생아의 의료와 구명에 대해 마지막으로 고찰하고자 한다.

V. 신생아의 의료방임

신생아 의료의 발전으로 일본의 유아사망률은 세계에서 가장 낮은 순위로 되고 있다. 또한 신생아에게 고도의 의료가 시행됨에 따라 위독한 질환을 가진 신생아의 구명을 어디까지 행하는가 하는 어려운 문제가 발생하게 되었다.[32] 이러한 사정은 서구 국가들에서도 발생하고 있으며, 그 비교법적 소개도 상당히 축적되어 있다.[33] 이러한 소개는

---

31) 家永登『子どもの治療決定権：ギリック判決とその後』(日本評論社, 2007年)가 상세하다.
32) 이 문제에 대해서 논하는 문헌으로서 保条成宏「小児患者の医療ネグレクトへの医事法的対応：「総合的医事法」の視点に基づく刑法と民事法・福祉法の協働」年報医事法学29号(2014年), 同「子どもの医療ネグレクトと一時保護による対応：刑法・民法・児童福祉法の協働による「総合的医事法」の観点に立脚して」中京法学49巻3・4号(2015年)127면 이하 등. 또한 小山剛=玉井真理子編『子どもの医療と法』(尚学社, 2008年)・『同・第二版』(2012年)이 넓게 이 문제를 다루고 있다.
33) 외국들의 소개업적으로서 丸山英二「重症障害新生児に対する医療とアメリカ法―2つのドウ事件と裁判所・政府・議会の対応(上)(下)」ジュリスト835号(1984年)104면 이하・836号(1985年)88면 이하, 丸山英二「未成年者に対する医療とアメリカ法―親の決定権とその限

판례연구가 많다. 부모가 신생아의 질환을 받아들이지 못하고, 의료방임의 결과로 사망에 이르면, 형사범죄의 대상으로 될 수 있다.34) 부모가 종교적인 치료만에 그친 것이 형사벌로 문제되는지를 둘러싸고 다양한 판례나 입법이 교착하고 있다. 그러나 어쨌든 혹은 국가후견주의(パレンス・パトリェ)*에 따라 혹은 국가의 기본권 보호의무에 따라 공적개입이 행하여지는 것은 당연하다고 일컬어지고 있다. 즉 판례의 대세는 부모를 대신하여 판단한다는 상황 하에서 내려지는 것이며, 코다마(兒玉) 논문이 소개하는 것과 같이 때로는 신청받은 이후 1시간여만에 재판관이 환자의 머리맡까지 달려와서 판단을 내리는 것이다.

일본의 사법(司法)은 그러한 사법과는 작동방법이 다르며, 손해배상청구소송이 리딩케이스로 된다. 의료행위를 거쳐 환자의 예후가 나

界」ケース研究207号(1986年)2면 이하, 横野恵・전게각주(15)「イギリス法における未成年者に対する医療と同意：判例研究のための前提作業として」, 横野恵「イギリス判例法における未成年者に対する医療と同意(1)(2・完)」早大法研論集97号(2001年)139면 이하・98号(2001年)147면 이하, 横野恵「カナダにおける未成年者に対する医療と同意：児童保護立法による介入を中心に」比較法学35巻2号(2002年)113면 이하, 久藤克子「アメリカにおけるメディカルネグレクトの医事法的考察」年報医事法学17号(2002年)32면 이하, 同「未成年者の医療に関する自己決定権ー信仰に基づいた輸血拒否事例を素材として」広島法学26巻4号(2003年)137면 이하, 横野恵「未成年者に対する医療と親の同意ーイギリスにおける裁判所の関与を中心として」比較法研究64号(2003年)117면 이하, 永水裕子「子どもの医療に対する親の決定権限とその限界(1)(2・完)：アメリカのメディカル・ネグレクトを素材として」上智法学論集47巻1号(2004年)45면 이하・2号(2004年)119면 이하, 永水裕子「アメリカにおける重症新生児の治療中止ー連邦規則の批判的考察とわが国に対する示唆」桃山法学8号(2006年)1면 이하, 永水裕子「未成年者の治療決定権と親の権利との関係ーアメリカにおける議論を素材として」桃山法学15号(2010年)153면 이하, 永水裕子「医療ネグレクト：同意能力のない未成年者に対する医療行為への同意権の根拠についての一考察」桃山法学20=21号(2013年)329면 이하 등. 또한 전게각주(32)・小山剛=玉井真理子編『子どもの医療と法』・『同・第二版』에 수록된 논문들이 비교법을 망라적으로 논하고 있다.

34) 영국의 아ー사ー(Arthur)의사가 형사벌이 문제된 사건에서는 임신중절이나 안락사에 반대하는 삶이라는 운동체에 대한 내부고발이 있었다. 아서 의사사건에 대해서는 家永登「障害新生児の治療をめぐる親と医師の関係」唄孝一=石川稔編『家族と医療』(弘文堂, 1995년), 전게각주(31)・『子どもの治療決定権：ギリック判決とその後』제10장에 수록.

* 역자주: parens patriae, 국친사상.

쁜 경우, 애초 그러한 의료행위를 승낙하지 않았다는 형식으로 소송이 진행되는 경우도 있다. 그리고 무엇보다 문제는 부모가 도와주지 않는 의사결정을 한 경우에 본고의 모두(冒頭)에서 언급한 사례와 같이 의사는 어찌할 도리가 없다고 느끼는 경우이다. 2016년의 출생아 수는 97.7만 명이었다. 구순구개열의 발생빈도는 0.18%, 식도폐쇄증도 2000명~4000명에 한 명의 빈도로 태어난다. 가정재판소의 심판건수로부터 보아 마츠나가 마사노리(松永正則)의사와 같이 고심하며 간호하는 의사는 현재도 충분히 있을 것으로 생각된다.

　의료현장의 고뇌는 어떻게 하면 줄어들 것인가. 종교적 수혈거부에 대해서는 가이드라인이 책정되어 있다. 그러나 장애가 있는 신생아에 대해서 유효한 가이드라인을 책정하는 것이 가능할까. 1986년부터 87년에 걸쳐 도쿄여자의과대학병원 NICU가이드라인과 1998년에 요도가와(淀川)크리스트교병원 가이드라인이 책정되었다. 무뇌아나 18번 삼염색체증(18トリソミー(Trisomy 18 Syndrome) 또는 에드워즈 증후군) 등 가장 중증의 병명을 예로 들어 완화적 의료나 간호의 의료에 그치도록 하는 것이다.[35] 더욱 새로운 것으로는 2004년에 타무라 마사노리(田村正德) 의사 등에 의해 '위독한 질환을 가진 신생아의 가족과 의료진의 대화 가이드라인'[36]이 작성되었다. 내용은 추상적으로 '아이의 최선의 이익'을 기준으로 하는 것이며, 구체적인 질병명이나 증상 등의 기재는 없었다. 부모가 동석하여 행하는 것이나 '진단명·병태, 실시되는 치료내용, 대체치료방법, 각각의 치료방법을 선택한 경우의 이익·불이익과 예후, 돌봄에 관한 간호정보, 치료교육(療育)에 관한 정보, 사회적 자원 및 복지제도에 관

---

35) 가이드라인에 대해서는 玉井真理子「日本の新生児医療—歷史と倫理問題」전게각수(32)・小山剛=玉井真理子編『子どもの医療と法』・『同・第二版』을 참조했다.
36) http://jsnhd.or.jp/pdf/guideline.pdf

한 정보' 등을 전달하는 매뉴얼이다. "긴요한 '최선의 이익'의 내용에 대해서는 규정하고 있지 않다는 흠결도 있지만, 이는 일정한 병명의 신생아의 경우에는 치료하지 않는다는 것과 같이 획일적이고 경직된 기준 및 그에 따르고 있으면 괜찮다고 하는 관계자의 사고정지에 대한 비판적 태도로부터 굳이 규정하지 않는다는 길을 선택한 결과이다"라고 평가하고 있다.[37]

물론 신생아의 상태에 대해서 어느 정도로 추상적인 구분은 가능할지 모르지만, 조회해보면 답을 알 수 있는 것과 같은 명료한 가이드라인의 책정은 아주 어렵거나 불가능할 것이다. 우선 최첨단의학으로부터 매일 새로운 치료방법이 발견되며, 질병의 성질에 대한 판단도 점차 변화한다. 생각건대 상세한 리스트를 만들어도 그 순간에 과거의 것이 될 것이다. 또한 중증도의 장애아를 안고 살아가는 것에 대한 판단은 부모 자신의 판단에 좌우될 수밖에 없다. 가능한 한 구명하는 방침을 취하고, 예컨대 18번 삼염색체증의 유아가 심장질환을 가지고 있는 경우에 그 외에도 많은 장애가 존재할 수 있으며 연명의 확률도 적은데 의사가 그 심장질환수술을 부모의 반대를 무릅쓰고 강제해야 할까. 이러한 경우에 수술하지 않고, 아이와의 최후의 시간을 보내고자 바라는 부모의 판단은 충분히 수용되어야 한다고 생각한다. 장애아의 고통과 인생의 질을 판단하는 결정에는 고령자에 있어서 연명치료의 가부판단과 동일하게 당사자에게 위임할 수밖에 없는 측면이 있다. 나아가 더욱 큰 전제로서 장애아가 살아가는 사회가 얼마나 그 아이를 지지할 수 있는가 하는 요소도 있다. 현재의 윤택한 일본에서 재활치료 등도 받을 수 있는 상황에서는 구명해야 할 영역이 클 것이지만, 개발도상국

---

[37] 전게각주(33)・永水裕子「医療ネグレクト：同意能力のない未成年者に対する医療行為への同意権の根拠についての一考察」341면.

의 전쟁상황에서 상처받은 중상해의 아이의 예후 판단은 당연히 이와 다를 것이다

결국 결정은 전문지식을 가진 의사와 부모의 대화 내에서 형성될 수밖에 없다. 그러나 이 결정이 허용되는 폭에도 분명히 한도가 있다. 충분히 구명할 수 있으며 건강한 생활을 보낼 수 있는 생의 가능성이 아주 높음에도 불구하고, 친권자가 구명의 결심이 서지 않아 결론이 나지 않는 '대화'를 반복하는 가운데 시간적 한계가 와서는 안 된다. 이러한 '대화'의 한계는 '대화'를 추천하는 견해에서도 다음과 같이 인식되고 있다. "병원윤리위원회를 중심으로 하는 '대화'에 의한 자율적 해결을 중시하는 경우에 있어서도 그 내용이 아이의 '최선의 이익'의 보전이나 권리옹호에 관한 것인 이상 '대화'의 안전망 또는 방패로 될 수 있는 것과 같은 법적개입수단의 존재가 없어서는 안 될 것이다. 나아가 '대화'에 의한 자율적 해결은 오히려 법적개입수단이 정비된 후에야 말로 이와의 상승효과에 있어서 실효성을 발휘한다고도 할 수 있다."[38]

본고의 관심사는 근대법 국가로서는 아직 '진행중'이며 그러한 법적 개입수단이 갑자기 정비될 전망이 없는 일본에서 현재 필요한 구명을 어떻게 행하는가이다. 우선 아동상담소가 훨씬 적극적으로 행동할 필요가 있다. 어느 정도 시간의 여유가 있으면, 가정재판소에 친권정지를 신청하는 것을 망설일 것은 아니다. 나아가 아동상담소가 일시보호 조치를 취하고, 일시보호 하에서 수술하는 선택지를 적극적으로 채택할 수 있으면, 의사는 아동상담소에 연락하는 것으로 안심할 수 있다. 아동상담소가 다른 의사와 제휴하여 차선책(세컨드 오피니언)을 취할 수 있는 절차를 설계하면, 더욱 안정적으로 운영할 수 있을 것이다. 대형

---

38) 保条成宏·永水裕子「日本法の現状と課題」전게각주(32)·小山剛=玉井真理子編『子どもの医療と法』(尚学社, 2008年)60면.

소아과병원에 항상 상담할 수 있는 위원회를 마련해도 좋을 것이다.[39] 나아가 비상수단으로 의사가 사무관리로서 부모의 의사에 반하여 치료할 수 있는 경우도 고려되어야 할 것이다.[40] 자살하고자 하는 사람을 구조하는 경우 등 본인의 의사가 동서양속·강행법규에 위반하는 경우 사무관리를 계속할 수 있는 것은 과거부터 판례가 인정하는 바이다(大審院大正8年4月18日判決·民錄25輯574면).

재판소의 허가없이 가족동의로 강제입원을 인정해 온 의료보호입원 제도는 근대법국가로서는 어울리지 않는 것이지만, 필요성이 요구되는 제도이기는 했다. 아이의 구명도 '좋으면 좋았지 나쁜 것은 아닐' 필요성이 있다. 다만 아이의 피해를 대변하는 자가 없기 때문에 소송에서 다투어지는 것이 없을 뿐이다. 모두에서 소개한 아사한 신생아의 피해가 불법행위소송에서 다투어졌으면 어떻게 될까. 친권자가 제소하는 것은 생각하기 어렵지만, 만약 이 아기의 조부모가 아동상담소의 과오를 이유로 국가배상법상의 손해배상청구를 제기한다면 재판소는 인정할까. 의사를 불법행위청구소송의 대상으로 하는 것에는 겸억적이어야 한다고 생각하지만, 아동상담소의 과오는 물어야 하지 않을까. 일본사회에서 불법행위소송이 규범을 형성하는 힘을 생각하면, 구명되었어야 할 신생아의 대변자를 창설하는 것을 구상해도 좋을지 모른

---

39) 법원이 관여하기 이전의 절차로서 미국에서도 병원의 윤리위원회가 기능하고 있는 것이나 헬스케어팀, 세컨드 오피니언 등의 공부가 소개되고 있다. 전게각주(15)·橫野惠 「イギリス法における未成年者に対する医療と同意：判例研究のための前提作業として」 108-109면.

40) 프랑스법에서는 종기의 치료중지·제한에 대해서 환자의 의사가 표명될 수 없는 경우, 치료팀 외의 제3자적 입장인 의사 및 환자가족들과의 합의절차가 공중위생법전 R.4127-37-2 등에 규정되어 있지만, 합의수단을 거쳐도 어디까지나 최종적인 결정권은 담당 의사에게 있다. 이 현행법에 대해서는 磯部哲교수의 조언을 받았다. 또한 합의절차에 대해서는 磯部哲「フランスの生命倫理への視点」高橋隆雄＝浅井篤編『日本の生命倫理―回顧と展望』(九州大学出版会, 2007年)329면 이하 참조.

다. 일본사회가 가정 내의 약자구제에 적절하게 개입할 수 있는 사회로 되기 위해서는 먼저 사법이라는 왕도 이외에도 다양한 방법을 모색할 필요가 있을 것이다.

색인

|A|
ABS 167, 174

|C|
COP 171

|D|
dead donor rule 230
deCode프로젝트 217

|E|
EG세포(embryonic germ cells) 98
ES세포 39, 73
ES세포(embryonic stem cells) 98
ES세포의 수립 및 사용에 관한 지침 6
EU임상시험규칙(Regulation) 124
EU임상시험지침 123

|G|
GLP(Good Laboratory Practice. '비임상시험관리기준') 175

|H|
Habermas 79

|I|
IND(Investigational New Drug: 연구신약규제)규제 134
iPS세포 72

|M|
MAT모델계약조약 175

|N|
NHB 공여자(Non-Heart-Beating Donor) 229

|P|
PHS규칙 137
PIC 172, 174

|S|
Significant Financial Interest(SFI) 186
soft law 8

|T|
TRIPS 협정 150, 155, 168

|W|

Warnock보고서 40
WHO 158
WIPO 158
WTO 149
WTO 분쟁해결기관(DSB) 156

|ㄱ|

강제실시권 158
강제실시권제도 159, 161
개량발명 164
개인정보보호 198
개인정보의 보호에 관한 법률 56
거절권 269
게놈분석 217
게놈·유전자분석연구에 관한 윤리지침 200
게놈지침 57
게놈편집기술 48
공민권 운동 5
공익성 110
공적 자금에 의한 연구지원 27
공중위생을 위한 의약품 특허심사 가이드라인 164
공평성 원칙 127
과학자의 사회적 책임 119
관리된 심장사 244
관리된 심장사 상태의 장기공여 243
관세 및 무역에 관한 일반협정(GATT) 154
광고규제 140
국가론 87

국가후견주의 274
국제경제법 149
국제출원 제도 153
규제 근거의 명확성 24
규제방식 8
규제 소극파 40
규제의 실효성 24
규제의 효율성 24
규제 적극파 45
기술유전자원을 이용할 기술 170
기업 등으로부터의 자금제공상황의 공표에 관한 가이드라인 189
기업자금의 투명성 보호 18

|ㄴ|

나고야의정서 172
나치즘 67
남북문제 177
내국민대우원칙 153
내용규제 21
놀란(ノ−ラン Nolan)원칙 127
뇌사 233
뉘른베르크 강령 4, 67
뉘른베르크 재판 4, 55

|ㄷ|

도덕법칙 77
도덕적 해이(moral hazard) 259
독립된 합의체가 판단하는 방식 23
동료에 의한 평가(peer review) 111
동의권 269

색인 281

|ㅁ|

마스트리히트 카테고리(Maastrichit
　　　categories) 242
메가 다양성국 172
메디아토르(Mediator メディアトール)
　　　사건 127
메디아토르사건 185
모니터링 125
무위해(nonmaleficence) 5
물다양성의 구성요소(생물자원)의
　　　지속가능한 이용 169
물질특허 156
미국 생명윤리학의 일반적인 윤리 원칙
　　　5
미셸 푸코(Michel Foucault) 69
미주 보건후생장관회의(PAHO) 165
밀레니엄 프로젝트 6

|ㅂ|

바이돌법(Bayh-Dole Act) 182
바이오뱅크 재팬(BBJ) 214
바이오 테크놀로지 77
반대이익 17
반대이익에 대한 보호필요성 21
배아를 이용한 연구 78
법률에 의한 규제 11
베르트랑법 127
벨몬트 보고서(Belmont report) 5
보조금적정화법 11
복제양 돌리 68
복제의약품 160
복제인간 40

불가지론 84
불이익 당사자의 인간의 존엄 75
불이행규칙 272
비식별가공정보 205

|ㅅ|

사망한 태아·신생아의 장기 등을 연구에
　　　이용하는 것의 옳고 그름이나
　　　허용범위에 대한 견해 104
사무관리구성 269
사법적 개입 264
사전 동의 67
사전 동의(Informed Consent) 5
사전승인(Informed Consent 내지
　　　informed assent) 91
사체장기이식우선주의 230
사회의 과학 이용책임 119
사후적인 감시(monitoring) 20
산학관 연계에 의한 공동연구강화를
　　　위한 가이드라인 194
3단계 심사방법 89
상호 합의하는 조건(Mutually Agreed
　　　Terms, MAT) 174
생물다양성의 보전(생물 간의 변이성
　　　169
생물다양성조약(Convention on
　　　Biological Diversity, CBD)
　　　167
생식보조의료 40
생식의료기술 40
선샤인법(Sunshine Act) 188
선행(beneficence) 5
세계지식소유권기구(WIPO) 153

수익적 당사자의 자기결정권 75
스트라스부르협정 153
슬로터다이크(Sloterdijk) 84
시원생식세포(primordial germ cells) 98
신생아의 의료방임 273
심폐사 234

|ㅇ|

아동보호국립감독국(l'Observatoire national de la protection de l'enfance(ONPE)) 258
아동학대에 대한 개입 255
약물감시(Pharmacovigilance) 132
에버그리닝(evergreening) 162
역학연구에 관한 윤리지침 6, 204
연구공정국(ORI) 139
연구 규제 3
연구 규제 일반법 33
연구기금 지원 32
연구 부정 129, 138
연구 부정방지 19
연구에서의 개인정보보호규칙 9
연구에서의 유전정보의 취급에 관한 논의 59
연구윤리 93
연구윤리시침에 의한 규제 97
연구윤리컨설팅 93
연구의 자유와 공공성 110, 112
연구자의 COI 127
연구자 커뮤니티의 신뢰 회복 114
연구지원제도 26
온조혈 236

우선권제도 153
원주민의 사회 및 지역사회 (Indigenous and Local Communities, ILCs) 174
웨이크필드 의사사건 129
위독한 질환을 가진 신생아의 가족과 의료진의 대화 가이드라인 275
유네스코 53
유전자분석 기술 36
유전자원의 이용으로부터 발생하는 이익의 공정하고 공평한 배분 (Access and Benefit-Sharing, ABS) 169
유전자원접근과 이익배분에 관한 본 (Bonn) 가이드라인 171
유전자원접근과 이익배분에 관한 임시작업회의(Ad hoc Open-ended Working Group on Access and Benefit-Sharing, WGABS) 171
유전자원 접근과 이익배분에 관한 전문가패널(Panel of Experts on Access and Benefit-Sharing, PEAB) 171
유전적 개량 82
윤리심사 63
윤리심사위원회 13
윤리심사위원회(IRB) 137
윤리적 정당성 73
의료방임 253
의료보호입원제도 278
의사·연구자의 학문의 자유 75
의사직업윤리법전 129

의약품 임상시험 122
의약품 임상시험의 실시 기준에 관한
　　성령(GCP후생노동성령) 6
의약품 프로모션 133
의학·생명과학과 관련된 학회 94
의학·생명과학 연구 2
의학·생명과학 연구 규제 15
의학연구규제 61
의학연구에 관한 기본법 61
의학연구의 규제 37
이성적 동물(animal rationale) 85
이식 투어리즘(ツーリズム tourism) 231
이익형량방식 52
이해충돌 128, 137, 184
이해충돌규제 18
익명가공정보 205
인간가치의 불가양성 72
인간게놈과 인권에 관한 세계선언 53
인간게놈과 인권의 세계선언 68
인간게놈에 관한 기본원칙 54
인간게놈·유전자분석연구에 관한
　　윤리지침 54
인간게놈·유전자해석연구에 관한
　　윤리지침 6
인간게놈 프로젝트 67, 199
인간배아연구 39
인간배아의 연구이용 43, 46
인간배아의 취급에 관한 기본적 사고
　　방식 48
인간배아줄기세포 43, 72
인간배아줄기세포를 중심으로 한
　　인간배아 연구에 관한 기본적
　　사고방식 43, 99
인간복제 39

인간복제배아 43
인간 본성의 기본도덕 83
인간시료 55
인간에 관한 복제기술 등의 규제에
　　관한 법률 41
인간유래시료 215
인간을 대상으로 하는 연구(les
　　recherches impliquand la
　　personne humaine) 125
인간을 대상으로 하는 의학계연구에
　　관한 윤리지침 61
인간을 대상으로 하는 의학연구에
　　관한 윤리지침 6, 194
인간의 바이오뱅크 및 유전학연구용
　　데이터베이스에 관한 OECD
　　가이드라인 208
인간의 존엄원리 78
인간 존엄의 보장 44
인간줄기세포를 이용하는 임상연구에
　　관한 지침 100
인간체세포 복제배아 72
인류로서의 윤리적 자기 이해
　　(gattungsethische
　　Selbstverständnis) 79
인문주의(Humanismus, Humanitas)
　　84
인체실험에 관한 윤리원칙 55
일본군 731부대 67
임상시험규제 123, 134
임상연구 55
임상연구법 123
임상연구에 관한 윤리지침 6, 55
임상연구의 이해충돌정책 책정에 관한
　　가이드라인 187

임상의학 69

|ㅈ|

자기결정권 67
자율 존중(respect for autonomy) 5
장기이식법 229
재생의료 7
재생의료 등의 안전성의 확보 등에
  관한 법률 61, 102
재생의료 등 제공기준 11
재생의료안전성확보법 7, 13
재생의료연구 48
적극적 안락사 78
적정절차의 보장을 위한 각종 규정
  63
전국연구윤리서비스(NRES) 126
전문가집단으로서의 관리
  (governance) 96
전문심사기관 31
전체주의 67
절차적 합리성 91
접근 및 이익배분(Access and Benefit
  Sharing, ABS) 150
정의(justice) 5
정치적 인간술(politische
  Anthropotechnik) 87
제삼자를 위해서 행하는 계약구성
  269
종교적 수혈거부 263
종교적 수혈거부에 관한 가이드라인
  263
지식소유권보호합동국제사무국
  (BIRPI) 153

지식재산권 154
지침규제 8
지침규제의 문제점 12

|ㅊ|

착상 전 진단 78
첨단의료 66
첨단의료의 규제 방법 66
체세포 복제 68
초월적 힘(transzendierende Macht) 81
초주관적인 힘(transsubjektive
  Macht) 81
충분한 논의를 한 것은 아니므로 일단
  금지 47
친권정지제도 260
친권제한 253

|ㅋ|

커뮤니케이션적 간주관성 89

|ㅌ|

태국정부약품국(GPO) 161
태아조직의 연구이용 98
태양규제 21
터스키기(Tuskegee) 사건 5
토호쿠 메디컬 메가뱅크계획 218
특정배아의 취급에 관한 지침 46
특정임상연구 14
특허권과 건강에 대한 권리 177
특허법조약(Patent Law Treaty, PLT)
  교섭 171

|ㅍ|

파리조약 153
판단대치형 엄격심사 90
판 덴 데레(van den Daele) 76
플라톤 87
피험자 보호 125, 136
피험자보호국(OHRP) 185
피험자 보호제도 134
피험자에 대하여 일상 진료 이상의
　　　리스크를 부담시키지 않는
　　　임상시험('저 개입시험') 124
피험자의 권리·이익의 보호 23
피험자의 자기결정권 17

|ㅎ|

하버드 특별위원회가 보고서 240
하버마스(Habermas) 79
하이데거에 의한 존재론적인
　　　양치기의 연극(Heideggers
　　　ontologische Hirtenspiele)
　　　86
학문의 자유 16, 109
헬싱키선언 4, 55, 67
홀로코스트 82
환자·피험자에 대한 충분한 설명과
　　　동의 62
후생노동과학연구에 있어서의 이해충돌
　　　(Conflict of Interest : COI)
　　　187
후쿠시마현오오노병원사건 270
히포크라테스 선서 67
힘으로의 의지(Wille zur Macht) 80

편저자 요네무라 시게토(米村滋人)

2000년 3월 동경대학 의학부 의학과 졸업
2000년 5월 ~ 2001년 5월 동경대학 의학부속원 병원 비상근의원(연수의)
2001년 6월 ~ 2002년 3월 공립 쇼와(昭和)병원 내과 레지던트
2004년 3월 동경대학 대학원 법학정치학 연구과 석사과정 졸업
2004년 5월 ~ 2005년 8월 일본 적집사자 의료센터 제1순환기과 의사
2005년 9월 ~ 2007년 3월 토호쿠대학 대학원 법학연구과 조교수
2007년 4월 ~ 2013년 9월 토호쿠대학 대학원 법학연구과 준교수(직명변경)
2013년 10월 ~ 2017년 12월 동경대학 대학원 법학정치학연구과 준교수
2017년 12월 ~ 현재 동경대학 대학원 법학정치학연구과 교수

옮긴이 김혁돈

- 현 가야대학교 경찰소방학과 부교수
- 2006 경북대학교 대학원 법학과 법학박사
- 2002 경북대학교 대학원 법학과 법학석사
- 1997 경북대학교 법과대학 법학사

〈저서〉
- 치료중단, 자살인가?, 준커뮤니케이션즈, 2013
- 21세기 의료와 법, 준커뮤니케이션즈, 2012

〈논문〉
- 임상시험에 있어 피험자의 자기결정권의 실질적 보장, 법학논고, 2021
- 비대면시대의 아동학대의 문제점과 대응방안, 보호관찰, 2021
- 재학대피해아동의 보호에 관한 소고, 피해자학연구, 2020
- 미성년자의 연명치료중단에 관한 소고, 동아법학, 2019
- 아동복지적 관점을 고려한 아동'학대'개념, 2018
- 의사의 설명의무와 형사책임, 법학논고, 2017
- 임상시험과 자기위태화, 법학연구, 2013 외 다수

옮긴이 김성룡

- 현재 경북대학교 법학전문대학원 교수
- 독일 Westfälische Wilhelms-Universität Münster, Doktor der Rechte
- 독일 Westfälische Wilhelms-Universität Münster, Magister Legum
- 경북대학교 대학원 법학과 박사과정 수료
- 경북대학교 법학사

⟨저서 및 역서⟩
- 법적 논증의 기초, 경북대학교 출판부, 2006
- 법적 논증론(I)-발전사와 유형, 준커뮤니케이션즈, 2009
- 법 수사학, 준커뮤니케이션즈, 2012
- 프란츠 비들린스키·페터 비들린스키 지음/김성룡 옮김, 법적 방법론 강요, 제3판, 준커뮤니케이션즈 2021

⟨논문⟩
- 임상시험,의학적 연구와 관련한 국가,기관위원회 구성의 적정성 및 시험자,의뢰자에 대한 실효적 형사처벌필요성, 비교형사법연구, 2018
- 임상시험에서 피험자의 동의에 관한 국제기준과 관련 국내법의 개선 방향, 법학논고, 2018
- 언론의 범죄보도와 재판의 공정성, 형사정책, 2019
- 직접성 원칙의 비교법적 검토를 통해 본 향후 개정 과제, 형사소송 이론과 실무, 2022
- 현행법에서 과학적 증거의 증거능력과 증명력, 형사법연구, 2012 외 다수

옮긴이 황헌순

- 현 한국법제연구원 기후변화법제팀 부연구위원
- 2021 경북대학교 법학전문대학원 법학박사
- 2020 일본 오사카대학(大阪大学) 법학연구과 박사과정 수료
- 2014 경북대학교 대학원 법학과 법학석사
- 2011 경북대학교 법학부 법학사

- 2014 JAPAN FOUNDATION(日本国際交流基金) 문화학술전문가 과정 수료
- 2017. 4.~2019. 3. NOMURA FOUNDATION(野村財団) 외국인장학생
- 2021. 2. 한국세법학회 우수논문상 수상
- 2022. 1. 한국조세법학회 우수박사학위논문상 수상

생명과학과 법의 가까운 미래

초판 1쇄 발행 2022년 12월 30일

편　집 | 요네무라 시게토
옮긴이 | 김혁돈·김성룡·황헌순

발행인 | 박준성
펴낸곳 | 준커뮤니케이션즈
출판신고 | 2004년 1월 9일 제25100-2004-1호
주소 | 대구광역시 중구 명륜로 129 삼협빌딩 3층
전화 | (053)425-1325
팩스 | (053)425-1326
홈페이지 | www.junecom.co.kr

ISBN 979-11-6296-036-3 (93360)

값 20,000원

* 이 책은 저작권법에 따라 보호받는 저작물이므로 무단 전재와 무단 복제를 금하며, 이 책 내용의 전부 또는 일부를 이용하려면 반드시 저작권자와 준커뮤니케이션즈의 서면 동의를 받아야 합니다.
* 잘못 만들어진 책은 구입처에서 바꿔드립니다.